Silvia von der Weiden

Die Suche nach Leben im All

Silvia von der Weiden

Die Suche nach Leben im All

Droemer

Die Deutsche Bibliothek – CIP-Einheitsaufnahme

Weiden, Silvia von der: Die Suche nach Leben im All /
Silvia von der Weiden. – München : Droemer, 1998
ISBN 3-426-26981-3

Die Folie des Schutzumschlages sowie die Einschweißfolie
sind PE-Folien und biologisch abbaubar.
Dieses Buch wurde auf chlor- und säurefreiem Papier gedruckt.

Umschlaggestaltung: Agentur ZERO, München
Umschlagfoto: NASA/JPL und Max-Planck-Institut, Garching
Satz und Herstellung: Barbara Rabus
Druck und Bindung: Spiegel Buch, Ulm
Printed in Germany
ISBN 3-426-26981-3

5 4 3 2 1

Inhalt

Sind wir allein im Universum?

Seit Forscher entdeckt haben, daß Planeten auch um andere Sterne in unserer Nachbarschaft kreisen, brennt uns die Frage immer mehr unter den Nägeln. Freilich, wie Captain Kirk und Co. so eben mal zu den Sternen reisen und selbst nachsehen, welche Überraschungen fremde Welten für uns bereithalten, das ist uns noch lange nicht vergönnt. Dafür aber setzen irdische Astronomen die raffiniertesten Kniffe ein, um die lichtschnell durch Raum und Zeit reisenden Botschaften einzufangen, die uns die einzige Kunde von fremden Sonnensystemen bringen. Welche faszinierenden Geheimnisse haben sie nicht schon der elektromagnetischen Strahlung in ihren vielfältigen Erscheinungsformen entlockt? Erst seit wenigen Jahren wissen wir, daß nicht nur sonnenähnliche Sterne, sondern sogar Sternenungeheuer wie die superdichten Neutronensterne über Planeten verfügen können. Doch tragen die exotischen Welten auch Leben? Der Antwort auf die wohl spannendste aller Menschheitsfragen waren wir noch nie so nahe.

Erst vor kurzem ließen Wissenschaftler wieder eine Bombe platzen. Nur kam die diesmal vom Mars. In einem Meteoriten, der vom roten Planeten stammt, wurden versteinerte Spuren gefunden, die an einstige Bakterien erinnern. War das der lang gesuchte Beweis, daß Leben auch auf anderen Planeten entstanden ist? Wie es scheint, ist Leben eine Erscheinung, die buchstäblich über-All zu Hause ist. Die aktuellen Ereignisse diktieren sogleich die nächste Frage: Was ist Leben überhaupt, in welchen Erscheinungsformen kann uns dieses kosmopolitische Phänomen noch überraschen?

Dazu werden wir uns auf eine abenteuerliche Entdeckungsreise in die Geschichte des irdischen Lebens begeben. Zusehends lüften sich auch hier die grauen Schleier, welche die Geheimnisse der

Entstehung des Lebens auf der Erde bisher vor unseren Augen verbargen und geben erstaunliche Einsichten in die Evolution frei.

Die vielleicht atemberaubendste Entwicklung ist jedoch die unserer eigenen Existenz. Nicht der Mensch im Mittelpunkt des Universums, sondern der Kosmos, der in unserem Kopf Platz findet, ist das Wunder. Nur deshalb können wir heute Fragen nach unserem Ursprung und unserem Schicksal stellen.

1. Der Fingerabdruck fremder Planeten

Die Fahndung nach fremden Planetensystemen läuft seit Jahren auf Hochtouren. Rund um den Globus liegen Astronomen mit Riesenteleskopen auf der Lauer. Im Visier der Forscher: vor allem sonnenähnliche Sterne in unserer kosmischen Nachbarschaft. Sie scheinen ihnen die aussichtsreichsten Kandidaten für Planetenwelten zu sein. Auch Radioteleskope lauschen in die Tiefe des Alls, um mögliche Signale intelligenter Lebensformen aufzufangen. Sogar vom Weltraum aus halten die scharfsichtigen Augen des Hubble-Teleskops nach entstehenden Sonnensystemen Ausschau. Vielen dieser Bemühungen sind die Fragen gemeinsam: Sind wir allein im Kosmos oder sind belebte Welten gar nichts Einzigartiges? Sind Planetensysteme um fremde Sterne vielleicht sogar der Normalfall im All?

Um diesen Grundfragen der Menschheit auf die Spur zu kommen, müssen die Forscher einen großen technischen Aufwand treiben. In ihrem »Labor«, dem Universum, steht ihnen nur eine Information zur Verfügung: das Licht, oder was dasselbe ist, die elektromagnetische Strahlung in ihren verschiedenen Erscheinungsformen. Ihre Geheimnisse wollen sie enträtseln und damit auch die Frage beantworten, ob sich Leben auch an anderen Orten im All entwickeln konnte. Begleiten wir sie dabei auf ihrem spannenden Weg.

Was ist eigentlich Licht? Befragen wir dazu einen Kenner der Materie und des Lichts, den amerikanischen Physiker und Nobelpreisträger Richard B. Feynman. In seinen berühmt gewordenen Vorlesungen, zu denen sich neben Physikstudenten traditionell stets interessierte Laien einfanden, plauderte der 1988 verstorbene Wissenschaftler in seiner tiefgründig-humorigen Art über die Natur des Lichtes: »Wenn ich hier von ›Licht‹ rede, meine ich nicht nur das Licht von Rot bis Blau, das wir sehen können. Wie sich zeigt, ist das sichtbare Licht bloß ein Ausschnitt aus einer langen Skala, vergleichbar einer Tonleiter, die unser Hörvermögen übersteigende tiefere und höhere Töne besitzt. Diese Lichtskala läßt sich durch Zahlen, den sogenannten Frequenzen, beschreiben. Je höher die Zahl, desto weiter wandelt sich Licht von Rot über Blau und Violett zu Ultraviolett. Ultraviolettes Licht können wir zwar nicht mehr sehen, doch ist seine Wirkung auf fotografischen Platten wahrzunehmen. Es ist durchaus noch Licht, nur hat es eine andere Frequenzzahl. Wir sollten nicht so naiv sein, allein das für unser Instrument, das Auge, unmittelbar Wahrzunehmende für die ganze Welt zu halten. Fahren wir nun einfach fort, die Zahl zu verändern, kommen wir zu den Röntgen-, den Gammastrahlen und so weiter. Ändern wir die Zahlen in die entgegengesetzte Richtung, kommen wir von blauen zu roten zu infraroten (Wärme-)Wellen, dann zu den Fernseh- und schließlich zu den Radiowellen.« So erklärte Richard Feynman seinen Zuhörern das Spektrum der elektromagnetischen Strahlung.

Der erste Treffer: eine Sternleiche mit Planeten

Den ersten Erfolg verbuchte im April 1994 Alexander Wolszczan von der Pennsylvania State University. Er hatte gleich drei Planeten gefunden. Eine mächtige Überraschung, denn entgegen den Erwartungen kreiste das erste fremde Planetensystem nicht um einen sonnenähnlichen Stern in unserer Nähe, sondern um einen Neutronenstern.

Neutronensterne sind jedoch keine normalen Sterne wie etwa die Sonne, sondern kompakte Überreste von Sternexplosionen, bei denen eigentlich keine Planeten übrigbleiben sollten. Supernova-Explosionen sind das Schicksal von Sternen mit mehr als acht Sonnenmassen. Dabei schnurrt der wenigstens 1,4 Sonnenmassen

Wie entsteht ein Neutronenstern?

Neutronensterne sind die Endstadien, die von massereichen Sternen übrigbleiben. Wenn bei einem schwereren Stern als der Sonne der atomare Brennstoff zu versiegen beginnt, bläht er sich zu einem Riesenstern auf. Nach Brennschluß kommt es dann zu einem so heftigen Kollaps, daß die Gashülle des Sterns in einer gewaltigen Explosion, einer Supernova, in den Weltraum abgesprengt wird. Übrig bleibt nur der Kern des Sterns, der aus unvorstellbar dichter Materie besteht. Diese Sternleiche ist der Neutronenstern.

schwere Kern des Sterns in wenigen Augenblicken auf eine kleine Kugel von nur fünfzehn bis vierzig Kilometer Durchmesser zusammen. Eine solche ausgebrannte Sternruine ist vergleichbar einem riesigen Atomkern. Im Innern des Neutronensterns können Atome, die normalerweise die uns bekannte Materie bilden, nicht existieren. Die übermächtig gewordene Schwerkraft des geschrumpften Sterns ist so stark, daß sich Elektronen und Atomkerne der Materie gegenseitig durchdringen und zu einem unvorstellbar dichten »Neutronenbrei« gequetscht werden. Ein Fingerhut von dieser Materie hätte auf der Erde ein Gewicht von hundert Millionen Tonnen. Zudem sind große Energiemengen in mächtigen Magnetfeldern gespeichert, die an der Oberfläche des Neutronensterns austreten und wie der Strahlungskegel eines Leuchtturmfeuers mit dem schnell rotierenden Stern kreisen. Dieses Phänomen macht den Neutronenstern zum Pulsar, der sich uns nur zu erkennen gibt, wenn sein Strahlungskegel zufällig die Erdbahn überstreicht. Nur dann können die Astronomen die regelmäßigen Pulse, die nicht nur als Radiostrahlung und sichtbares Licht, sondern auch als Röntgenstrahlung auftreten, erkennen und sie aufzeichnen. Ausgerechnet um so ein seltsames Sternenexemplar, den tausendfünfhundert Lichtjahre entfernten Pulsar PSR B 1257+12 im Sternbild Jungfrau, hatte

Alexander Wolszczan mit dem 305-m-Radioteleskop von Arecibo in Costa Rica das erste Planetensystem außerhalb des unseren entdeckt. Wie aber war ihm der Wissenschaftler auf die Spur gekommen?

Dem Forscher war bei seinen Messungen mit dem Radioteleskop aufgefallen, daß die Strahlungspulse des Pulsars in einem Bereich von wenigen tausendstel Sekunden schwanken. Dies war für ihn ein Hinweis darauf, daß der Stern sich periodisch geringfügig auf die Erde zu- und dann wieder von ihr wegbewegte. Offenbar störte die Massenanziehung eines oder mehrerer »unsichtbarer« Begleiter die Rotationsbewegung des Pulsars. Eine sorgfältige Analyse der Schwankungen führte Wolszczan zu der Annahme, daß der Pulsar von drei Planeten umkreist wird. Dabei dürfte der innerste Planet mit 0,015 Erdmassen kaum größer als der Erdmond sein. Er umrundet den Pulsar in nur fünfundzwanzig Tagen. Nach außen folgen zwei weitere Planeten mit 3,4 und 2,8 Erdmassen; sie benötigen für den Umlauf siebenundsechzig und achtundneunzig Tage.

Freilich war sich der Wissenschaftler der Brisanz seiner präzisen Messungen bewußt und hatte sich daher mit Vorsicht gewappnet. Mit einem Test wollte er seine Hypothesen überprüfen. Er ging von der Annahme aus, daß immer dann, wenn sich die Planeten auf ihren Umlaufbahnen sehr nahe kommen, die gegenseitigen Anziehungskräfte für eine geringfügige Veränderung ihrer Umlaufzeiten sorgen müßten. Genau diesen Effekt konnte Wolszczan nachweisen, als er auf ein 3 : 2-Verhältnis der Umlaufzeiten stieß. Er schloß daraus, daß sich die Planeten oft an derselben Stelle begegnen und dabei der innere Planet stets einen »Schubs« von dem äußeren Partner erhält. Ersten Hinweisen auf das Planetentrio um den Pulsar war Wolszczan bereits im Jahre 1992 auf die Spur gekommen. Doch saß den Astronomen damals noch der Schreck einer peinlichen Panne in den Knochen, die Wolszczan von einer voreiligen Veröffentlichung abhielt.

Ein peinlicher Irrtum

Einen blamablen Reinfall hatten die beiden britischen Radioastronomen Andrew Lyne und Matthew Bailes von der University of Manchester erlitten, als sie 1991 glaubten, mit ihrem Radioteleskop einen Planeten von gut zehn Erdmassen nachgewiesen zu haben. Nach ihren Beobachtungen sollte der Planet den etwa dreißigtausend Lichtjahre entfernten Pulsar PSR 1829–10 umkreisen. Die beiden Forscher hatten auch hier periodische Schwankungen in den vom Pulsar ausgesandten Radiopulsen beobachtet, und auch sie führten das eigentümliche Auf und Ab der Pulse auf die Schwerkraftwirkung eines Trabanten zurück. Dieser unsichtbare Begleiter sollte auf einer Bahn kreisen, die nur wenig näher um den Neutronenstern herumführte als die Erdbahn um die Sonne. Diese vermeintliche Entdeckung sorgte damals für erhebliches Aufsehen in der Fachwelt, sogar die renommierten Fachjournale waren voll davon. Der Aufruhr unter den Wissenschaftlern dauerte jedoch nur wenige Monate, dann wurde es plötzlich still um den Pulsarplaneten. Die beiden britischen Forscher hatten ihre Meldung zurückgezogen. Wie sich herausstellte, waren sie wahrscheinlich einem Rechenfehler aufgesessen.

Um eine solche Peinlichkeit auszuschließen, hatte Alexander Wolszczan seine Resultate immer wieder überprüft und die Meßmethoden verfeinert, bis alle Unsicherheiten ausgeräumt waren. Erst danach wagte er 1994 die Entdeckung gleich eines kompletten Planetensystems um den Pulsar PSR B 1257+12 bekanntzugeben. Die Reaktionen der Kollegen waren verständlicherweise skeptisch. Zwar zweifelte niemand ernsthaft daran, daß sich im Universum auch um andere Sonnen Planeten gebildet haben, doch taten sich die Astronomen trotz aller Mühen bisher mit einem direkten Nachweis schwer. Zu lichtschwach sind Planeten, als daß sie selbst mit den leistungsfähigsten Teleskopen aufzuspüren wären. Das gleißende Licht ihrer Sonne würde einfach alles in der Nähe überstrahlen, der Planet selbst bliebe somit unsichtbar.

Als einzige Chance bleibt den Astronomen derzeit nur der indirekte Nachweis. Auch unsichtbare Planeten hinterlassen »Spuren«, die auf ihre Fährte führen: Winzige Schwankungen etwa, die auf der gegenseitigen Beeinflussung von Himmelskörpern unterschiedlicher Massen beruhen. Pulsare bieten sich als idealer Beobachtungsfall an. Denn die mit der Genauigkeit eines kosmischen Präzisionsuhrwerks ausgesandten Radiopulse verraten die Anwesenheit einer störenden Masse um einen solchen Stern durch eine regelmäßige zeitliche Schwankung.

Dennoch erscheint es vielen Wissenschaftlern als verwunderlich, daß ausgerechnet ein Pulsar Anwärter auf ein Planetensystem sein soll. Den Einwand der Kollegen, wie denn ein Planetensystem die verheerenden Folgen einer Supernova unbeschadet überstehen könne, läßt Alexander Wolszczan jedoch nicht gelten. Er glaubt, daß der eine Milliarde Jahre alte Pulsar nach der kosmischen Katastrophe genügend Zeit hatte, um Materie in einer Scheibe um sich herum anzusammeln, woraus sich dann Planeten bildeten.

»Unser gegenwärtiges Verständnis von der Entwicklungsgeschichte eines Pulsars läßt die Vorstellung von planetarischen Begleitern um sehr alte Neutronensterne keineswegs als völlig abwegig erscheinen«, verteidigte sich Alexander Wolszczan auf einer Konferenz, die 1992 am California Institute of Technology abgehalten wurde, wenige Monate nachdem er die ersten eindeutigen Hinweise auf das Pulsarplanetensystem erhalten hatte. Vor dem Hintergrund der klaren Sachlage mußten sich die Astronomen nun etwas einfallen lassen, um zu erklären, wie Planeten um ein derart exotisches kosmisches Objekt entstehen und Bestand haben können. Und so diskutierten sie im weiteren Verlauf der Konferenz verschiedene Modelle.

Wie Phönix aus der Asche

Die einfachste Hypothese geht davon aus, daß sich Planeten um einen Pulsar bereits gebildet hatten, als dieser noch kein kompakter Neutronenstern war. Dieses Szenario setzt freilich einen massereichen Vorläuferstern von mehr als vierzig Sonnenmassen voraus, der nach einem kurzen Leben von nur wenigen Millionen Jahren als Supernova explodierte. Dabei schleuderte der Stern rund die Hälfte seiner Masse – also etwa zwanzig Sonnenmassen – ins All. Abgesehen von der Frage, wie sich Planeten in so kurzer Zeit bilden können, scheint es derzeit völlig undenkbar, daß sie den Gewaltakt einer Supernova unbeschadet überstehen. Daher schließen die Astronomen diesen Fall aus.

Eine andere Variante setzt voraus, daß die beobachteten Planeten um einen gewöhnlichen, sonnenähnlichen Stern entstanden sind. Irgendwann muß diese Sonne auf ihrer Bahn durch die Milchstraße dann einem Neutronenstern gefährlich nahe gekommen sein. Bei dieser Beinahekollision entriß der schwergewichtige Neutronenstern der masseärmeren Sonne das Planetensystem. Doch auch diese Überlegung hat einen entscheidenden Schönheitsfehler: Nahe Vorübergänge zwischen einem Neutronenstern und einem sonnenähnlichen Stern dürften extrem selten sein. Die Astronomen schätzen, daß sich während der gesamten Lebensdauer unserer Milchstraße von etwa siebzehn Milliarden Jahren höchstens hundert dieser Fälle ereignet haben. Somit scheidet auch diese Vorstellung aus. Als wenig ergiebig erwiesen sich auch verschiedene Modelle, in denen die Partner eines Doppelsternsystems zunächst zu einem massereichen Stern verschmelzen, der dann als Supernova explodiert.

Denkbar erscheint den Experten jedoch die Möglichkeit, daß sich Planeten aus den Trümmern bilden, die eine solche kosmische Katastrophe hinterläßt. Das verwendete Baumaterial stammt ursprünglich von einem Neutronenstern, der durch die übermächtige Schwerkraft eines zweiten Neutronenstern-Partners zerstört wurde. Solche Pulsar-Geschwisterpaare konnte man sogar schon beobachten. Ob sie aber im Verlauf ihrer Entwicklung auch in einer nennenswerten Zahl von Fällen Planeten hervorbringen, läßt doch gewisse Zweifel zu.

Der Frage, wie wahrscheinlich die Bildung von Planeten um einen Pulsar tatsächlich ist, sind 1996 amerikanische Forscher nachgegangen. Mit dem 3-m-Infrarot-Teleskop der Weltraumbehörde NASA haben Wissenschaftler vom Naval Research Laboratory in Washington vier Radiopulsare ins Visier genommen, die zwischen zweitausendzweihundert und knapp sechstausendzweihundert Lichtjahre von der Erde entfernt sind. Sollte die Entstehung von Planeten um Pulsare etwas völlig Normales sein und sich dieser Prozeß ähnlich wie im Falle des frühen Sonnensystems abspielen – nämlich durch allmähliches Zusammenbacken von kleinen Staubteilchen in einer pfannkuchenförmigen Scheibe um den Stern – dann müßte sich der Staub durch eine typische Wärmestrahlung verraten, so die Argumente der Forscher.

Sie haben errechnet, daß Lichtteilchen, die in das starke Magnetfeld des Pulsars geraten, ähnlich wie Wassertropfen von einem Rasensprenger mit hoher Energie fortgeschleudert werden. Wenn die beschleunigten Lichtteilchen dann mit voller Wucht auf die Staubteilchen in einer möglicherweise vorhandenen Materiescheibe um den Pulsar treffen, sollte sich die Materie durch das Bombardement aufheizen. Allerdings fällt der Heizeffekt bescheiden aus. Die Temperatur der Staubpartikel in der Scheibe dürfte nach den Berechnungen des amerikanischen Forscherteams lediglich zehn bis einundzwanzig Grad über dem absoluten Nullpunkt von minus zweihundertdreiundsiebzig Grad Celsius liegen. Diese für unsere Begriffe »kühle« Wärmestrahlung sollte ein Satellit, das Infrarot Space Observatory (ISO) zweifelsfrei aufspüren können. Bislang jedoch konnte ISO noch nichts Verdächtiges entdecken.

Auch die Nachforschungen mit dem 3-m-Infrarot-Teleskop der NASA haben keine Anhaltspunkte für Staubscheiben um Pulsare ergeben. »Soweit wir heute wissen, ist unter den siebenhundertsechs bekannten Radiopulsaren nur ein Pulsar mit einem Planetensystem.

Das Phänomen bedarf daher weitergehender Untersuchungen«, schreiben die amerikanischen Wissenschaftler in ihrem Bericht. Völlig ausgeschlossen scheint, daß Planeten um einen Pulsar Leben tragen können. Neutronensterne bombardieren ihre Nachbarschaft ständig mit einer tödlich wirkenden Dosis energiereicher Strahlung.

Auch wenn sich künftig herausstellen sollte, daß es sich bei der ersten Entdeckung eines fremden Planetensystems um eine Kuriosität der Natur handelt, bleibt das Auffinden dieses Planetensystems eine großartige Leistung der Forscher. Inzwischen hat Alexander Wolszczan sogar Beweise für die Existenz eines vierten Planeten von fünfundneunzig Erdmassen im Pulsarsystem PSR B 1257+12 vorgelegt, den er mit Blick auf die Verhältnisse im Sonnensystem als »saturnartig in einer plutoähnlichen Umlaufbahn« beschreibt.

Auch hier handelt es sich lediglich um einen Indizienbeweis. Mit eigenen Augen hat bisher noch niemand einen Planeten bei einer anderen Sonne gesehen. Daniel Goldin, Direktor der amerikanischen Raumfahrtbehörde NASA, erhob daher das »Paßfoto« eines erdähnlichen Planeten zum Ziel eines neuen Planetensuchprogramms. Noch deutlicher wurde sein Kollege William Borucki vom NASA Ames Forschungszentrum im kalifornischen Mountain View bei einem Forschertreffen des Space Science Institutes im Oktober 1996: »Den ersten erdähnlichen Planeten um einen sonnenähnlichen Stern werden wir spätestens bis zum Jahr 2001 entdeckt haben.«

Die Schwerkraft als Vergrößerungslinse

Als aussichtsreiche Anwärter auf ein Planetensystem gelten nach einer NASA-Studie vor allem sonnenähnliche Einzelsterne mit 0,2 bis 1,8 Sonnenmassen. Auch Doppelsternen, die sich in weitem Abstand umkreisen, gilt das Augenmerk der Astronomen. Insgesamt hundert bis tausend Sterne, die in einem Umkreis von hundert

Lichtjahren liegen, will die NASA in den kommenden Jahren unter die Lupe nehmen. Systematisch soll auch das Heer lichtschwacher roter Zwergsterne in der Milchstraße untersucht werden, denn neue Erkenntnisse lassen die Entstehung von Gasplaneten in einer engen Zone um solche Sterne möglich erscheinen.

Verraten sollte sich bei ihnen ein massereicher Planet, wenn er sich genau vor seinen Stern schiebt. In diesem Augenblick wirkt sein Schwerefeld wie eine Vergrößerungslinse, die das Licht der schwach glimmenden Sonne für kurze Zeit verstärkt. Naturgemäß ist nur sehr selten mit einem solchen Fall zu rechnen. Daher will die NASA viele tausend Sterne gleichzeitig überwachen lassen.

Planeten im Taumeltanz

Ein anderer Effekt der Schwerkraft entlarvte bereits in mehreren Fällen fremde Planetensysteme in der Nachbarschaft unserer Sonne. Wie wir bereits aus dem Beispiel des Pulsarplanetensystems wissen, vollführen Sterne und Planeten durch die gegenseitige Massenanziehung einen Taumeltanz um den gemeinsamen Schwerpunkt. Durch die mächtige Anziehungskraft des Sterns werden die Planeten zwar in Umlaufbahnen gezwungen, umgekehrt zerrt aber auch ihre Anziehungskraft ein klein wenig an der Masse des Sterns. Seine Position am Himmel »wackelt« dadurch um eine Spur hin und her. Für bodenstationierte Teleskope ist dieses Wackeln allerdings nicht meßbar. Das Flimmern der Luft macht den Astronomen einen Strich durch die Rechnung.

Nachweisen läßt sich der Taumeleffekt jedoch im Spektrum des Sterns. Im Spektrum treten dann regelmäßig Verschiebungen der Spektrallinien auf, oder bei einem Pulsar zeigt sich eine Veränderung in der Ankunftszeit der Radiopulse. Die Schwankungen nehmen regelmäßig ab und zu, je nachdem, ob sich ein Planet gerade vor oder hinter dem Stern befindet. Aus ihrer Dauer können die Astronomen auf Umlaufzeiten und Massen der Planeten schließen.

Ein Sonnenzwilling mit einem hautnahen Begleiter

Das gelang den Schweizern Michel Mayor und Didier Queloz vom Genfer Observatorium im Herbst 1995 bei dem vierundvierzig Lichtjahre entfernten Stern 51 im Sternbild Pegasus. Nach monatelangen Beobachtungen an hundertzweiundvierzig sonnenähnlichen Sternen waren sie bei 51 Pegasi endlich auf periodische Geschwindigkeitsschwankungen gestoßen, wie sie nur ein dunkler Begleiter verursachen konnte, der in 4,2 Tagen einmal um den Stern kreist.

Für Aufregung sorgte diesmal aber nicht die Entdeckung selbst. Verblüfft waren die Forscher, daß ein Planet vom Kaliber des Jupiter sein Muttergestirn »hautnah« umkreisen sollte. Die Entfernung zu 51 Pegasi beträgt nur acht Millionen Kilometer. Verglichen mit unserem Planetensystem entspricht das etwa einem Achtel der Distanz zwischen dem innersten Planeten Merkur und der Sonne.

Auszusetzen gibt es an dem Befund nichts. Gleich drei amerikanische Forschergruppen haben die Resultate der Schweizer bestätigt. Trotzdem hat die Sache einen Haken: Ein Planet von Jupitergröße, der in so enger Tuchfühlung um seinen Stern kreist, muß sich auf tausenddreihundert Grad aufheizen. Bei dieser Gluthitze kann aber die Atmosphäre eines Gasplaneten keinen Bestand haben. Sie müßte in kürzester Zeit verdampfen. Was von einem Gasriesen wie Jupiter dann übrigbliebe, wäre lediglich ein ärmlicher kleiner Kern.

Damit stellt sich die Frage, ob um den Stern 51 Pegasi überhaupt ein jupiterähnlicher Planet kreist. Vorsichtig sprachen denn auch Michel Mayor und Didier Queloz von einem »Begleiter mit einer Jupitermasse«. Sie erweitern damit die Möglichkeit, daß es sich um einen Braunen Zwerg handeln könnte, einen kosmischen Zwitter, der weder Stern noch echter Planet ist. Dagegen spricht allerdings die zu geringe Masse des Begleiters. »Wir haben noch keine Ahnung, welche Mechanismen zur Bildung des Begleiters um den Stern 51 Pegasi geführt haben«, räumten die beiden Forscher ein.

Erstaunt sind die Astronomen, weil die modernen Modelle zur Planetenentstehung einen solchen Extremfall nicht vorsehen. Danach sollten sich Gasplaneten in den kühlen Außenregionen einer Materiescheibe um junge Sterne bilden. Einige Astronomen mutmaßten bereits, daß es sich bei dem Begleiter von 51 Pegasi gar um einen riesigen Gesteinsplaneten handeln könnte. Dieser wäre vielleicht Merkur, dem innersten Planeten unseres Sonnensystems, nicht unähnlich. Eine öde, atmosphärenlose Wüstenwelt also, von vielleicht dem fünffachen Erddurchmesser.

Gesteinsplaneten entstehen, wenn die Staubteilchen in der Materiescheibe zusammenstoßen und dann aneinander haftenbleiben. Die zunächst nur korngroßen Materieklümpchen wachsen rasch zu immer größeren Brocken heran, ähnlich wie Hagelkörner in einer Gewitterwolke. Haben sie schließlich die Größe von kilometergroßen Asteroiden erreicht, ist ihre Anziehungskraft stark genug, um sich zu einem festen Planeten zusammenzuballen.

Doch auch diese Hypothese stößt im Falle von 51 Pegasi auf Widersprüche. Nicht wenige Forscher zweifeln, ob es überhaupt möglich ist, daß ein großer und massereicher Gesteinsplanet so nahe bei einem jungen Stern entstehen kann. Denn die intensive Strahlung von 51 Pegasi müßte in kürzester Zeit den inneren Teil der Staubscheibe leergefegt haben. Wie aber sollte sich da ein Riesenplanet bilden können? Daher spekulieren einige Wissenschaftler, daß es sich bei dem Planeten von 51 Pegasi vielleicht um den zu kurz gekommenen Partner eines Doppelsternsystems handelt. Eine wenig überzeugende Vorstellung, für die es nur sehr spärliche Anhaltspunkte gibt. Andere Forscher glauben, daß der Planet zunächst weiter außen entstanden ist und ihn dann eine Kollision mit einem größeren Materiebrocken auf Abwege gebracht hat. Die Wucht des Zusammenpralls könnte den Planeten in eine enge Umlaufbahn um den Stern 51 Pegasi katapultiert haben. Beispiele für solche dramatischen Ereignisse zwischen planetaren Körpern gibt es auch in unserem Sonnensystem.

Der Mond – Kind einer kosmischen Katastrophe

Seit amerikanische Astronauten unseren Trabanten näher inspizierten und sogar dreihundert Kilogramm Gesteinsproben mit zur Erde brachten, ist klar, daß der Erdmond beim Zusammenstoß eines planetenartigen Körpers mit der noch glutheißen Urerde geboren wurde. Die Katastrophe, die sich vermutlich nur dreißig Millionen Jahre nach der Entstehung der Erde ereignete, läßt sich heute in einer Computersimulation nachstellen.

Vor etwa 4,5 Milliarden Jahren taumelte ein verirrter Planet durch unser Sonnensystem. Vielleicht war dieser Himmelskörper ein Brocken, der beim Zusammenballen der festen Planeten übriggeblieben war und bei dem es nie zu einem echten Planeten auf einer festen Bahn um die Sonne gereicht hatte. Vielleicht war er Teil eines anderen Gesteinsplaneten, von dem wir heute nur noch die abertausenden Bruchstücke kennen, die als Asteroiden die Bahn zwischen Mars und Jupiter bevölkern (siehe Bildteil). Jedenfalls war dieser mindestens marsgroße Brocken auf die schiefe Bahn geraten. Mit einer Geschwindigkeit zehnmal schneller als eine Gewehrkugel raste er auf die Erde zu. Dann kam es zum Crash.

Der Zusammenprall mit der Erde entfesselte ein wahres Inferno, das sich mit Schmelzofentemperaturen durch die Erdkruste fraß und diese wie eine zerdepperte Eierschale zersplittern ließ. Glühende Gesteinsbrocken, so groß wie ein Bergmassiv, wurden in den Weltraum geschleudert. Gewaltige Bebenwellen jagten mehrfach um den Planeten. Für die Erde ging die Kollision trotz allem glimpflich ab. Ramponiert zwar, überlebte sie die Katastrophe, weil ihre größere Masse sie vor der völligen Zerstörung bewahrt hatte. Die andere Welt hingegen wurde bei der Kollision zertrümmert. Und dennoch war das die Geburtsstunde eines neuen Himmelskörpers.

Computersimulationen zeigen, daß sich aus den Milliarden von Gesteinstrümmern und den Staubpartikeln, die nun in einer Bahn um die Erde verstreut waren, in kurzer Zeit unser Mond bilden konnte. Dieser Prozeß dauerte vielleicht nur wenige hundert Jahre. Für diese erstaunliche Geschichte über die Geburt des Mondes haben die Forscher sogar Beweise.

In Mondgesteinen, so fanden sie heraus, kommen bestimmte chemische Elemente, etwa Chlor und Kalium, viel seltener vor als in irdischen Gesteinen oder in Meteoriten. Auffällig ist auch, daß das Gesteinsmaterial vom Mond, anders als das der Erde, keine Spuren von Wasser enthält. Die Wissenschaftler ziehen daraus den Schluß, daß die Mondgesteine einst bis zur Weißglut erhitzt und sehr stark verändert wurden. Eine frühe Kollision mit einem vagabundierenden Himmelskörper wäre eine einleuchtende Erklärung. Wahrscheinlich haben sich solche Kollisionen in der Geschichte unseres Sonnensystems mehrfach ereignet. Warum sollte so etwas nicht auch in anderen Sonnensystemen vorkommen?

Ein weiteres Beispiel für die turbulenten Vorgänge in der Frühzeit des Sonnensystems ist Pluto, der als Außenposten auf einer auffallend geneigten Bahn um die Sonne läuft. Bei ihm handelt es sich sehr wahrscheinlich nicht um einen echten Planeten, sondern um einen entlaufenen Neptunmond. Möglicherweise wurde Pluto durch den nahen Vorübergang irgendeines großen Himmelskörpers aus dem Neptunorbit auf seine heutige Bahn um die Sonne geschleudert.

Ob dem nahen Begleiter von 51 Pegasi ein ähnliches Schicksal widerfahren ist, darüber werden sich die Astronomen wohl noch eine Weile den Kopf zerbrechen müssen. »Woher das verbrannte Ding um 51 Pegasi auch immer stammen mag, seine Entdeckung sollte uns eine Lehre sein. Da nun die Suche nach fremden Planeten richtig in Fahrt gekommen ist, müssen wir mit einigen Überraschungen rechnen«, kommentierte Adam Burrows, Astronom an der University of Arizona in Tucson die Zwickmühle, in der die Forscher nun stecken. Der Wissenschaftler sollte recht behalten. Schlag auf Schlag ging es in der Folgezeit mit weiteren Planetenentdeckungen weiter.

Gasgiganten auf Abwegen

Im Januar 1996 meldeten Geoffrey Marcy und Paul Butler von der San Francisco State University, daß auch die beiden Sterne 70 Virginis und 47 Ursae majoris – sie werden nur durch eine Zahl bezeichnet und liegen im Sternbild Jungfrau beziehungsweise Großer Bär – jeweils von einem Planeten umgeben sind. Mit einer Entfernung von neunundfünfzig beziehungsweise sechsundvierzig Lichtjahren liegen beide Sterne unmittelbar in unserer kosmischen Nachbarschaft.

Den Stern 47 Ursae majoris umkreist ein Planet vom 2,3fachen Kaliber des Jupiter. Ein ordentlicher Brocken also, der in rund dreihundert Millionen Kilometer Entfernung seine Bahn zieht. In unser Sonnensystem übertragen, müßten wir uns den Planeten zwischen Mars und Jupiter denken. Für die Entfaltung von Leben, wie wir es kennen, dürften jedoch kaum Chancen bestehen, auch wenn der Stern 47 Ursae majoris ein mit unserer Sonne vergleichbares Alter erreicht hat. Flüssiges Wasser, jenes Elixier also, in dem sich die Entwicklung frühester irdischer Organismen vor gut vier Milliarden Jahren vollzog, kann es auf dem fremden Planeten nicht geben; dafür ist seine Entfernung zum wärmespendenden Gestirn zu groß. Hinzu kommt, daß den Riesenplaneten wahrscheinlich eine dichte, wild umherwirbelnde Gashülle aus lebensfeindlichen Wasserstoffverbindungen umgibt, ähnlich wie wir sie von Jupiter und Saturn her kennen.

Bei dem Begleiter des Sterns 70 Virginis handelt es sich um ein weitaus schwergewichtigeres Planetenexemplar – vermutlich ein Gasgigant mit mehr als der sechseinhalbfachen Jupitermasse. Dieser Riesenplanet umkreist seinen Stern in nur hundertsiebzehn Tagen auf einer stark exzentrischen Bahn. Genau das ist der Grund, weshalb ihm viele Forscher nicht über den Weg trauen. Seine übergroße Masse und die exzentrische Bahn des Begleiters sprechen für einen Braunen Zwerg. Geoffrey Marcy und Paul Butler haben dennoch die Hoffnung, einen Planeten entlarvt zu haben.

Sie spekulieren sogar schon über die Möglichkeit von Leben auf dem Riesenplaneten. Der Grund für ihre Überlegungen: Verglichen mit unserem Sonnensystem, würde die Umlaufbahn des Riesenplaneten im Mittel zwischen Erde und Sonne verlaufen. Wie die Berechnungen der amerikanischen Wissenschaftler ergeben haben, sollte in dieser Region nahe am Zentralgestirn die Oberflächentemperatur eines Planeten rund achtzig Grad Celsius betragen. »Das entspricht recht genau der Temperatur von heißem Tee«, kommentierte Geoffrey Marcy lakonisch. Mithin ist zumindest denkbar, daß es Wasser in flüssiger Form auf dem Planeten um 70 Virginis gibt – falls es denn tatsächlich ein echter Planet ist.

Verraten haben sich die beiden Gasriesen um 47 Ursae majoris und 70 Virginis den amerikanischen Astronomen auf die gleiche Weise, wie schon ihre schweizerischen Kollegen dem Planeten um 51 Pegasi auf die Spur gekommen sind. Seit knapp einem Jahrzehnt lagen die beiden Forscher mit dem 3-m-Teleskop des Lick-Observatoriums in Santa Cruz auf der Lauer. Im Visier hatten sie hundertzwanzig Sterne in unserer Nachbarschaft, deren Spektren sie immer wieder aufgenommen und vermessen hatten. Und doch hatten sie nicht damit gerechnet, daß ein massereicher Planet von der Größe des Jupiters so dicht um sein Zentralgestirn kreisen könnte. Entlarvt haben ihn winzige Verschiebungen der Spektrallinien auf den Fotoplatten. Als die schweizerischen Astronomen die Entdeckung eines Planeten um den Stern 51 Pegasi bekanntgaben, durchmusterten auch die amerikanischen Forscher ihre Daten. Und siehe da, sie wurden fündig – und das gleich zweimal. Nachdem sie ihre Betriebsblindheit erkannt hatten, … »dauerte es nur drei Minuten, und wir hatten die Planeten dingfest gemacht«, berichtete Paul Butler.

Was Paul Butler und Geoffrey Marcy trotz des Erfolges mißtrauisch macht, ist der völlig andere Aufbau des fremden Planetensystems, verglichen mit dem Sonnensystem. Das Problem, das den Forschern zu schaffen macht: Die Modelle der Planetenentstehung lassen die Bildung großer Gasplaneten nur in den kühlen Außenregionen einer Materiescheibe um junge Sterne zu. Dem widersprechen jedoch die Befunde bei 51 Pegasi und 70 Virginis entschieden, jedenfalls auf den ersten Blick.

Riesenplaneten hautnah

Inzwischen wurden weitere solcher seltsamen Sonnensysteme entdeckt. Auch die sonnenähnlichen Sterne Tau Bootes (Barenhüter), Ny Andromedae und 55 Cancri werden von schwergewichtigen Planeten umkreist, die zwischen 0,5 und 3,8 Jupitermassen aufweisen. Sie alle kreisen auf »Tuchfühlung« um ihren Mutterstern. Ihre Umlaufbahnen führen sie zwischen sieben und siebzehn Millionen Kilometer an ihn heran. Zum Vergleich: Merkur, der innerste Planet im Sonnensystem, umrundet die Sonne in einem Abstand von 58,5 Millionen Kilometer. Wie es zu der scheinbar paradoxen Situation kommen kann, daß ein jupiterartiger Planet so dicht um seinen Stern kreist, obwohl er sich doch allem Anschein nach nur in den kühlen Außenregionen bilden kann – diesem Rätsel sind Astronomen mit Hilfe von Computermodellen auf die Spur gekommen.

Danach entstehen schwergewichtige Gasplaneten tatsächlich nicht in unmittelbarer Nähe ihres Sterns, sondern – wie im Falle des Sonnensystems – weit draußen. Allerdings kann sich der Riesenplanet hier nicht lange aufhalten. Durch das ständige Bombardement mit Gasteilchen und Staubpartikeln in der pfannkuchenförmigen Materiescheibe, der sogenannten protoplanetaren Scheibe, verliert der Planet Bewegungsenergie. Die Folge: Er bewegt sich nicht mehr auf einer festen Umlaufbahn, sondern er zieht in immer enger werdenden Kreisen um seine Sonne. Irgendwann stürzt er dann in den Stern. Wie lange es dauert, bis ein solcher Planetenriese von seinem Stern »verschluckt« wird, darüber streiten sich noch die Geister. Vielleicht kommt es in manchen protoplanetaren Scheiben zu Prozessen, die den Absturz beschleunigen. Möglicherweise, so vermuten manche Forscher, ist das auch abhängig von der Zusammensetzung der protoplanetaren Scheibe.

Solche Materiescheiben bestehen wahrscheinlich zu neunundneunzig Prozent aus Staub. In ihrem Innern verbirgt sich ein junger Stern, dessen Strahlung ausreicht, um den undurchsichtigen Staub aufzuheizen. Daher sollten sich protoplanetare Scheiben durch einen Strahlungsüberschuß im fernen Infrarot verraten. Doch ausgerechnet in diesem Wellenlängenbereich ist die Erdatmosphäre undurchsichtig. Ihr Gehalt an Wasserdampf verhindert, daß ein großer Teil der Wärmestrahlung aus dem Weltraum bis auf den Boden gelangen kann. Einblicke in die Wiegen von Planetensystemen sind daher vom Erdboden aus nur durch ein schmales Fenster im nahen Infrarot möglich. Doch auch dieses Manko ist nicht das größte Übel, mit dem die Astronomen bei der Suche nach Planeten zu kämpfen haben. Störend macht sich vor allem die Luftunruhe der Erdatmosphäre bemerkbar. Ihr Flirren setzt der Beobachtungsschärfe bodenstationierter Teleskope enge Grenzen. Erst mit dem Hubble-Weltraumteleskop gelangen atemberaubende Einsichten in die Geburtsstätten von Planetensystemen und Sternen.

Sternenbabys im Orion-Nebel

Der Orion-Nebel, eine riesige Ansammlung aus Gas und Staub in der Milchstraße, gleicht einem gewaltigen kosmischen Kreißsaal (siehe Bildteil). In dem schon mit bloßem Auge sichtbaren, rötlich schimmernden Lichtfleck im Wintersternbild Orion, etwas unterhalb der drei auffälligen Gürtelsterne, haben die Astronomen mehr als siebenhundert Sternenbabys gefunden. Sie liegen in einem Sternhaufen nahe des Sterns Theta Orionis, einem Mehrfachsternsystem, das sich uns zufällig in der perspektivischen Ansicht eines Trapezes präsentiert. Diese wenige hunderttausend bis eine Million Jahre jungen Sonnen drängen sich in einem Gebiet, das kleiner ist als der Raum zwischen der Sonne und unserem nächsten Nachbarstern. Ihre Massen liegen zwischen 0,3 und 1,5 Sonnenmassen. Die Sterne weisen sich damit als kosmische Leichtgewichte aus, denen ein mit unserem Heimatstern vergleichbarer Lebenslauf bevorsteht. Weil die jungen Sterne im Orion-Nebel noch viele Jahrmilliarden von ihrem atomaren Brennstoffvorrat zehren können, kommen sie als potentielle Heimstätte für Leben in Frage. Hier bietet die Natur den Astronomen die seltene Chance, als Augenzeugen an einem faszinierenden kosmischen Akt teilhaben zu können: der Entstehung von Sonnensystemen. Kein Wunder also, daß die Forscher mit großer Spannung das Hubble-Weltraumteleskop auf den eintausendfünfhundert Lichtjahre entfernten Orion-Nebel ausrichten.

Einer der genau das tat, ist Mark McCaughrean vom Max-Planck-Institut für Astronomie in Heidelberg: »Aus Beobachtungen glauben wir zu wissen, daß unser Sonnensystem aus einer protoplanetaren Scheibe entstanden ist. Die Optimisten unter uns sind davon überzeugt, daß auch um andere Sterne Planeten kreisen. Doch solange man sie nicht sehen konnte, wußte niemand etwas Genaues zu sagen.« Was der Wissenschaftler zusammen mit seinem Kollegen Robert O'Dell von der Rice University in Texas im Orion-Nebel entdeckte, übertraf selbst die kühnsten Erwartungen.

Die beiden Forscher spürten hier mehr als hundertfünfzig protoplanetare Scheiben auf. Die meisten dieser Sonnensysteme befinden sich noch in einem sehr frühen Entwicklungsstadium. Darauf weist die beachtliche Ausdehnung der protoplanetaren Scheiben hin. Sie erreichen die zwei- bis siebzehnfache Größe unseres Sonnensystems. Bei ihnen ist der Mutterstern noch in einen undurchsichtigen Kokon aus Gas und Staub eingehüllt und somit unsichtbar. Vor dem von hellen Sternen angestrahlten Hintergrund des Orion-Nebels heben sich diese dunklen Staub- und Gasscheiben klar und deutlich wie ein Scherenschnitt ab. Mark McCaughrean ist begeistert: »Der Orion-Nebel entpuppt sich als wahre Brutstätte für neue Planetensysteme. Jetzt wissen wir auch, daß protoplanetare Scheiben eine häufige Erscheinung sind und damit wohl auch Planeten.«

Vom Sonnen- und Sternwind

Die äußerste Gasschicht der Sonne und anderer Sterne ist so unruhig, daß sie die Gestirne mit ihrer enormen Schwerkraft nicht mehr fest an sich zu binden vermögen. Deshalb geht ständig ein nach allen Seiten gerichteter Strom elektrisch geladener Teilchen von ihnen aus. Er strömt von der Oberfläche des Sterns in das Weltall ab, ähnlich wie der Dampf über einer Tasse mit heißem Kaffee aufsteigt und sich verflüchtigt. Der Teilchenwind der Sonne wurde von Satelliten analysiert. Er setzt sich aus Protonen, Heliumkernen und Elektronen zusammen und kann eine Geschwindigkeit von bis zu tausend Kilometer pro Sekunde erreichen. Gelegentlich wird er auch für das bloße Auge sichtbar: Polarlichter über dem Nord- oder Südpol der Erde zeigen an, wenn die Sonnenwindteilchen auf die hohen Atmosphärenschichten der Erde prallen.

Allerdings entdeckte man mit dem Hubble-Weltraumteleskop auch junge Sterne mit Scheiben, die bei der Bildung von Planetensystemen wohl leer ausgehen werden. Der Grund: Der von heißen Nachbarsternen ausgehende heftige Teilchenwind fegt die protoplanetaren Scheiben in kürzester Zeit leer. Er jagt hier mit solcher Wucht durch die Scheiben, daß diese pro Jahr etwa eine halbe Erdmasse an Gas und Staub verlieren. Die herausgewehte Materie sammelt sich im Windschatten der Scheiben wie in einem Kometenschweif.

Freilich wollte es Mark McCaughrean genau wissen. Daher hat er für den Fall des Orion-Nebels so etwas wie eine Volkszählung unter jungen Sternen unternommen. »Rechnen wir alles zusammen, dann besitzen mehr als die Hälfte aller Sterne im Orion-Nebel protoplanetare Scheiben. Nimmt man auch noch die Fälle hinzu, die bislang nicht vollständig gesichert sind, so können wir sagen, daß vermutlich achtzig Prozent aller Sterne im Orion-Nebel protoplanetare Scheiben ausgebildet haben«, faßt der Forscher die Ergebnisse seiner statistischen Auswertung zusammen.

Allerdings soll an dieser Stelle nicht verschwiegen werden, daß die Wissenschaftler nicht in allen Fällen, in denen heute Sterne in den dichten Gas- und Staubwolken der Milchstraße geboren werden, zu einer positiven Einschätzung für die Entstehung von Planetensystemen gelangt sind. In anderen Fällen, von denen noch zu berichten sein wird, mußten die Forscher feststellen, daß es aus einer Reihe von Gründen wahrscheinlich nicht zur Ausbildung von Planeten um junge, sonnenähnliche Sterne kommen kann.

Unser Sonnennachbar – ein Drilling

Freilich halten die Astronomen auch in der direkten Umgebung unseres Sonnensystems Ausschau nach einer »zweiten Erde«. Von unserem nächsten Nachbarn, dem 4,3 Lichtjahre entfernten Stern Alpha Centauri wurden bislang jedoch nur Fehlanzeigen gemeldet. Das muß aber nicht verwundern. Zwar gleicht der nur von südlichen Breiten aus am Himmel beobachtbare Nachbar unserem Heimatstern in vielerlei Hinsicht, so etwa in Masse, Alter und Oberflächentemperatur. In einem entscheidenden Punkt aber unterscheidet sich der Stern von der Sonne: Alpha Centauri ist ein Doppelsternsystem. Beide Komponenten umkreisen sich einmal in achtzig Jahren. Sie liegen dabei nicht weiter auseinander, als der Planet Uranus von der Sonne entfernt ist. Rechnet man noch den weitläufigen Begleitstern Proxima Centauri hinzu – er fällt aus dem Rahmen, weil er im Vergleich zu den beiden Zwillingssternen ein lichtschwacher Winzling ist – handelt es sich sogar um ein Drillingspaar. In solchen Mehrfachsternsystemen, bei denen sich die Partner gegenseitig umkreisen, wechseln die Schwerkraftverhältnisse ständig. Stabile Planetenbahnen sind unter solchen Umständen nur schwer vorstellbar. Doch scheint in der Natur nichts unmöglich.

Es werden immer mehr

Im Oktober 1996 rückten William Cochran von der University of Texas und Geoffrey Marcy von der San Francisco State University auf einer Fachtagung in Baltimore mit der Entdeckung eines solchen Falles heraus. Bei dem Doppelstern 16 Cygni im Sternbild Schwan hatten sie einen Planeten mit anderthalbfacher Jupitermasse entdeckt. Dieser umkreist den sonnenähnlichen Partner 16 Cygni B auf einer stark elliptischen Umlaufbahn. Dabei nähert er sich seinem Stern zunächst bis auf hundertzehn Millionen Kilometer, dann wird er wieder vierhundert Millionen Kilometer weit in den Weltraum hinausgetragen.

Ähnliches Entdeckerglück hatte kurz zuvor schon George Gatewood von der Universität in Pittsburgh. Ihm war das merkwürdige Verhalten eines nur acht Lichtjahre entfernten Sterns mit der Katalogbezeichnung Lalande 21185 aufgefallen. Der Wissenschaftler hatte auf Fotoplatten die Bewegung von Lalande 21185 auf dem Hintergrund sehr weit entfernter und daher scheinbar feststehender Sterne untersucht. Dabei fiel ihm auf, daß die Bahnstrecke, die Lalande 21185 zurücklegt, regelmäßigen Schwankungen unterliegt. Der Stern pendelt zwischen einer gedachten, ideal geraden Bahnspur hin und her. Sein Ausschlag war dabei stets der gleiche. Die Regelmäßigkeit mit der das Auf und Ab vor dem unverrückbaren Himmelshintergrund erfolgte, hatte George Gatewood elektrisiert. War er bei Lalande 21185 einem unsichtbaren Begleiter oder vielleicht gar einem oder mehreren Planeten auf die Spur gekommen? Für die letzte Vermutung spricht einiges.

Könnte man die Sonne aus einigen Lichtjahren Entfernung vor dem Hintergrund weitentfernter Sterne über einen ausreichend langen Zeitraum betrachten, so würden an ihr ähnlich periodische Bewegungen zu beobachten sein. Der Grund für die Schwankungen ist die Anziehungskraft, mit der die Planeten an ihrem Stern zerren und ihn damit ein klein wenig von seiner Bahn durch den Weltraum ablenken. Mit Hilfe von Computersimulationen versuchte George

Übersicht über die bisher entdeckten, fremden Planetensysteme			
Stern	*Planeten*	*Umlaufzeit in Tagen (d) bzw. in Jahren (y)*	*Entfernung in Lichtjahren*
PSR 1257+12 (Pulsar)	0,015 Erdmassen 3,4 Erdmassen 2,8 Erdmassen 95 Erdmassen	25,34 d 66,54 d 98,22 d 170 y	1500
51 Pegasi sonnenähnlich	0,5 bis 0,7 Jupitermassen	4,2 d	44
47 Ursae majoris sonnenähnlich	2,4 Jupitermassen	3,03 y	46
70 Virginis sonnenähnlich	6,6 Jupitermassen	116,6 d	59
Tau Bootis sonnenähnlich	3,8 Jupitermassen	3,3 y	49
Ny Andromedae sonnenähnlich	0,6 Jupitermassen	4,6 d	54
55 Cancri sonnenähnlich	0,8 Jupitermassen	14,6 d	44
16 Cygni B (Doppelstern) sonnenähnlich	1,5 Jupitermassen	2,2 y	72
Lalande 21185 (roter Zwergstern)	0,9 Jupitermassen 1,1 Jupitermassen ?	5,8 y 30 y > 30 y	8
R Coronae Borealis sonnenähnlich	1,1 Jupitermassen	39,5 d	55
HD 114762 sonnenähnlich	10 Jupitermassen evtl. Brauner Zwerg	84 d	91

Gatewood herauszubekommen, wie sich die Bahnunregelmäßigkeiten von Lalande 21185 am besten erklären lassen. Das Resultat seiner Berechnungen überraschte selbst notorische Skeptiker unter den Astronomen. Schließlich ist Lalande 21185 im Vergleich zur Sonne ein Zwerg. Der lichtschwache Stern verfügt nur über vierzig Prozent der Sonnenmasse. Dennoch könnte es sein, daß ihn drei Planeten von jeweils der Größe des Jupiters einmal in knapp sechs, dreißig und mehr als dreißig Jahren umkreisen. Der unscheinbare Stern Lalande 21185 ist so zu ungeahntem Ruhm gekommen. Er ist bislang unser nächster kosmischer Nachbar mit einem Planetensystem.

2. Am Anfang ist die Scheibe

Die aufregenden Entdeckungen von weit über hundert sichtbaren Staubscheiben um junge Sterne im Orion-Nebel lassen die Bildung von Planetensystemen keineswegs als Rarität erscheinen. Sie weisen geradezu darauf hin, daß es sich um eine durchaus planmäßige Entwicklungsphase im Leben der Sterne handeln könnte. Hier gewährt die Natur den Forschern einen rückwärts gerichteten Blick in jene bislang vor unseren Augen verborgenen kosmischen Vorgänge, die zur Entstehung unseres Sonnensystems vor 4,6 Milliarden Jahren geführt haben. Gleichzeitig erhebt sich die Frage, wie protoplanetare Scheiben – also Frühstadien der Planetenbildung – entstehen können, welche Mechanismen sie formen und wie sich aus ihnen so unterschiedliche Himmelskörper wie Gesteins- und Gasplaneten entwickeln können.

Eine phantastische Zeitreise

Um diese Fragen an einem uns vertrauten Beispiel zu beantworten, wollen wir ein Gedankenexperiment unternehmen: Wir wagen einen phantastischen Ausflug in die Vergangenheit unseres Sonnensystems. Nehmen wir einfach an, uns stünde eine Zeitmaschine zur Verfügung, mit der wir uns in eine Zeit vor, sagen wir, fünf Milliarden Jahren zurückversetzen könnten. Stellen wir uns vor, daß wir mit unserer Zeitmaschine aus den Tiefen des Alls kommend, weit außerhalb der Peripherie einer Galaxie kreuzen. Den imposanten Sternenwirbel vor uns sollten wir eigentlich kennen. Und dennoch haben wir diese riesige Spiralgalaxie noch nie zuvor aus dieser Perspektive gesehen. Es ist die Milchstraße, unsere Heimatgalaxie.

Ein Steckbrief unserer Heimatgalaxie, der Milchstraße

Sie hat das Aussehen eines gewaltigen kosmischen Feuerrades, dem rund zweihundert Milliarden Sonnen angehören. Der Durchmesser der riesigen Sterneninsel beträgt hunderttausend Lichtjahre. Sie ist von einem kugelförmigen Halo umgeben, der aus zwei- bis dreihundert alten und kompakten Sternhaufen besteht, die sich gemeinsam mit der Milchstraße durchs Weltall bewegen. Unsere Sonne liegt siebenundzwanzigtausend Lichtjahre vom Zentrum der Milchstraße im äußeren Drittel der Scheibe. Für einen Umlauf um das Zentrum der Milchstraße benötigt die Sonne zweihundert Millionen Jahre. Seit ihrer Geburt vor etwa fünf Milliarden Jahren hat die Sonne fünfundzwanzig Umläufe absolviert.

Anflug auf die Milchstraße

Wollten wir die Sonne unter den Myriaden von Lichtpünktchen ausmachen, müßten wir weit ab vom Zentrum der Galaxie in einem Sternenstrom zwischen zwei Spiralarmen nach ihr Ausschau halten. Allerdings hätte unsere Suche kaum Aussicht auf Erfolg – die Sonne gab es nämlich damals noch nicht. Vielleicht aber würden wir in der Region der Milchstraße, wo heute die Sonne ihren Platz hat, einen leuchtenden Gasnebel im Gewimmel der Sterne entdecken. Das wollen wir uns aus der Nähe anschauen, sagen wir uns, und setzen Kurs auf die diskusförmige Scheibe der Milchstraße.

In einem eleganten Anflug à la Raumschiff Enterprise durchstoßen wir die Mittelebene der Milchstraßenscheibe und befinden uns nun inmitten des Ausläufers eines Spiralarms. Unser Ziel: ein Strom aus hellen, sehr jungen Sternen, der den äußeren Spiralarm mit dem weiter innen liegenden verbindet. In dieser Sternenbrücke, siebenundzwanzigtausend Lichtjahre vom Zentrum der Milchstraße entfernt, treffen wir auf jenen Gasnebel, den wir schon von weit draußen entdeckt hatten. Er sieht aus wie ein kosmischer Farbklecks von vielleicht hundert Lichtjahren Durchmesser und strahlt in intensivem Rot. Die Farbe wird von hauchdünn verteiltem Wasserstoffgas hervorgerufen, das von einigen hellen Sternen in der Nähe zum Leuchten angeregt wird. Die in Gelb und Grün schillernden Filamente, die den Gasnebel durchwirken, weisen auf Beimengungen der Elemente Neon und Sauerstoff hin.

Die Wiegen der Sterne

In das leuchtende Gas schieben sich pechschwarze Finger von kosmischen Ausmaßen. Diese Dunkelwolken bestehen vor allem aus mikroskopisch kleinen, kohlenstoffhaltigen Rußteilchen und Silikatkörnchen. Silikate sind Mineralien, die vorwiegend aus den Elementen Silizium, Aluminium und Sauerstoff bestehen. Auf der Erde machen sie den überwiegenden Anteil der Gesteine aus. Diese Partikelchen sind die Keimzellen, aus denen sich irgendwann einmal feste Planeten bilden können.

Die Erscheinung des Gasnebels macht trotz seiner gewaltigen Größe einen wildbewegten Eindruck – so als ob man Milchkaffee kräftig umgerührt hätte – und erinnert uns ein wenig an den berühmten Orion-Nebel. Doch den kann es hier ebensowenig geben wie unsere Sonne, denn immerhin haben wir einen Zeitsprung von fünf Milliarden Jahren in die Vergangenheit hinter uns. In dem Gasnebel finden sich sämtliche Zutaten versammelt, die für die Entstehung von Sonnensystemen gebraucht werden.

Allerdings fällt uns beim Blick auf die Meßinstrumente unserer Zeitmaschine etwas Merkwürdiges auf. Die Materie, aus der sich der Gasnebel zusammensetzt, weist im Vergleich zur übrigen kosmischen Umgebung einen leicht erhöhten Anteil an Elementen auf, die schwerer als Wasserstoff sind. Wieso aber weicht die chemische Zusammensetzung, die Verteilung der Elemente in unserem Gasnebel, von der des Raumes zwischen den Sternen ab? Eigentlich würden wir doch erwarten, jene ursprünglichen fünfundsiebzig Prozent Wasserstoff und fünfundzwanzig Prozent Helium im Kosmos anzutreffen, die vor etwa achtzehn Milliarden Jahren in der Gluthölle des Urknalls »ausgebrütet« wurden. Woher kommen überhaupt die anderen Elemente wie etwa Kohlenstoff, Sauerstoff, Silizium oder Eisen, die unser Detektor anzeigt?

Aus dieser Abweichung von der ursprünglichen Zusammensetzung schließen Wissenschaftler, daß die Materie einst im Innern einer früheren Sterngeneration »gebacken« wurde. Als die Sterne dieser Generation nach und nach explodierten, zerstreute sich ihre mit schweren Elementen angereicherte Materie in den Kosmos, wo sie sich mit dem umgebenden Gas vermischen und einer nachfolgenden Sterngeneration wiederum als Baumaterial dienen konnte. Daraus entstand auch unsere Sonne mit ihren Planeten. Auf diese Weise stellten sterbende Sterne auch den Rohstoff für unsere eigene Existenz bereit. Das Eisen in unserem Blutfarbstoff, der Sauerstoff in unserer Atemluft, der Kohlenstoff in unserem Erbmolekül oder das Silizium, aus dem wir heute Computerchips herstellen, stammten ursprünglich aus dem Innern einer früheren Sterngeneration, lange bevor es die Sonne gab. In diesem Sinne sind wir sprichwörtlich Kinder des Weltalls. Und auf diese Weise ist die Entwicklung von Leben, ob auf der Erde oder anderswo im Kosmos, stets an einen kosmischen Recyclingprozeß geknüpft, der auf dem Werden und Vergehen von Sternen beruht.

Sternenschwangere Gasnebel

Schauen wir uns noch ein wenig genauer die leuchtende Materiewolke an, die nun in voller Pracht vor dem großen Panoramafenster unseres Raumkreuzers schwebt. Wir haben die abenteuerliche Reise ja unternommen, um die Entstehung unseres eigenen Sonnensystems »live« mitzuerleben. Unser allwissender Navigationscomputer hat im Nu alle nötigen Koordinaten berechnet, so daß wir nun jene Region auf dem Bildschirm vor uns sehen, in der wir die Geburt des Sonnensystems miterleben werden – im Zeitraffer, versteht sich.

Bevor eine interstellare Materiewolke »sternenschwanger« wird, ist sie noch ziemlich groß. Auf durchschnittlich hundert Lichtjahre veranschlagen die Astronomen den Durchmesser einer solchen Wolke, die dann hunderttausend Sonnenmassen Gas und Staub in sich vereinigen kann. Derartige große Massenansammlungen können jedoch nicht ewig stabil bleiben. Obwohl die Materiedichte im Zentrum einer solchen Gaswolke immer noch zehn- bis tausendmal geringer ist als im besten auf der Erde herstellbaren Hochvakuum, müssen in einem so riesigen Gebilde zwangsläufig kleine Dichteschwankungen entstehen. Denn überall im Innern der interstellaren Wolke ziehen sich die Materieteilchen gegenseitig an. Mit der Zeit bilden sich aus anfänglichen Unregelmäßigkeiten kleine Verdichtungen, woanders im Gegenzug Ausdünnungen. Dort, wo sich die Materie schon etwas konzentriert hat, werden die Anziehungskräfte der Teilchen untereinander immer stärker. Diese Entwicklung verläuft zunächst langsam, im weiteren Verlauf dann immer rascher, so daß große Materiezusammenballungen heranwachsen. Schließlich brechen die Materiewolken auseinander und bilden Tochterwolken. Auch die Tochterwolken zerfallen weiter, bis nur noch kleinere Wolkenfragmente übrig sind, die eine bis mehrere Sonnenmassen enthalten können. Sie sind die Kristallisationskerne, aus denen sich schließlich Sterne entwickeln.

Schwerkraftkollaps der Wolken

Tatsächlich können wir beim Blick aus dem Panoramafenster unseres Raumschiffs zahlreiche kleine dunkle Wölkchen, besonders in den dichten Regionen des Gasnebels, ausmachen. Hier also, im Innern der Globulen, wie die kugelförmigen Gebilde auch heißen, werden die Sterne geboren (siehe Bildteil). Manche zeichnen sich wie ausgestanzte schwarze Löcher vor dem leuchtenden Hintergrund des Gasnebels ab. Bei den dunklen Kugeln aus Gas und Staub ahnt man schon, daß sie sich in nicht allzu langer Zeit zu Sternen verdichten werden. Dennoch sind sie in dieser Phase noch so groß, daß unser Sonnensystem mit all seinen Planeten rund tausendmal darin Platz fände.

Leider vollzieht sich die eigentliche Geburt tief im Innern der Gas- und Staubkokons unsichtbar für unsere Augen. Damit wir das Schauspiel dennoch weiter verfolgen können, hat unser kluger Bordcomputer bereits vorgesorgt und schaltet nun auf eine besondere Beobachtungstechnik um. Dieses Meisterwerk technischer Raffinesse macht Wärmestrahlung aus dem Innern der kleinen runden Wölkchen sichtbar. Und nun können wir die Geburt der Sterne und der Sonne auf dem Bildschirm ungestört miterleben.

Der Schwerkraftkollaps der sich immer stärker zusammenziehenden Globulen ist nicht mehr aufzuhalten. Dichte, Druck und Temperatur in ihrem Innern steigen mehr und mehr an. In einigen der kugelförmigen Wölkchen hat sich bereits ein Schwerkraftzentrum ausgebildet, um das sich nun die Materie dreht. Dabei rotieren die einzelnen Wolken um so schneller, je mehr sie sich unter dem Einfluß der Schwerkraft zusammenziehen. Dafür sorgt ein physikalisches Grundgesetz, der sogenannte Drehimpulserhaltungssatz.

Die Situation ist ganz ähnlich wie bei einem Eiskunstläufer, der zunächst mit ausgestreckten Armen eine langsame Pirouette dreht. Sobald er die Arme anzieht, erhöht sich seine Drehgeschwindigkeit. Allerdings wächst damit auch die nach außen gerichtete Fliehkraft. Ist die Fliehkraft stark genug, kann sie der nach innen gerichteten Schwerkraft Einhalt gebieten. Durch dieses wirksame Gegenspiel käme vermutlich der Kollaps der Wolkenteile frühzeitig zum Erliegen, und neue Sterne könnten sich kaum bilden. Allerdings hat noch eine Kraft ihre Hände mit im Spiel. Die Reibung elektrisch geladener Gasteilchen in den Wolken bremst deren Drehbewegung und hält auf diese Weise die Fliehkraft in Grenzen. Diese Reibung wirkt somit wie eine magnetische Bremse. Zusammen mit der Schwerkraft kommt ihr die Rolle eines Geburtshelfers bei der Sternentstehung zu.

Erst wenn sich eine solche Globule unter der eigenen Schwerkraft soweit zusammengezogen hat, daß ein rotierender Zentralkörper erkennbar wird, beginnt die heiße Phase der Sterngeburt. An diesem Punkt entscheidet sich auch, ob noch genügend Material für die Entstehung von Planeten in der diskusförmigen Scheibe um den Zentralkörper übrigbleibt.

Ein Stern im ersten Licht

Bevor wir das weitere Geschehen verfolgen, werfen wir noch einen kurzen Blick auf die Datumanzeige unserer Zeitmaschine. Überrascht stellen wir fest, daß es nur wenige zehntausend Jahre dauert, bis die kollabierenden Gas- und Staubmassen des Nebels Sternembryonen hervorgebracht haben. Diese sogenannten Protosterne sind aber noch weit davon entfernt, im eigenen Licht zu erstrahlen. Das ist erst möglich, wenn sich die Materie so weit verdichtet hat, daß im Innern des Protosterns zum erstenmal die Kernfusion zündet.

Inzwischen hat der Bordcomputer die genaue Position der entstehenden Ursonne errechnet. Die Vergrößerungsoptik hat nun einen der schwach glimmenden Gasbälle ins Visier genommen und projiziert sie auf unseren Bildschirm: unsere Protosonne vor knapp fünf Milliarden Jahren. Wir kommen im entscheidenden Moment: Zum erstenmal im Leben des jungen Sterns zündet die Kernfusion. Noch ungleichmäßig flackernd erstrahlt die frühe Sonne nun im eigenen Licht.

In dieser turbulenten Entwicklungsphase sind viele Sterne von einer Scheibe aus Gas und Staub umgeben, aus der Planeten hervorgehen können. Auch um unsere Sonne rotiert eine solche Materiescheibe. An einigen Stellen, so scheint es, haben sich sogar Klumpen gebildet, sogenannte Protoplaneten, die Vorläufer von

Planeten. Noch schrumpft der Gasball der Ursonne weiter. Währenddessen verdichtet sich die Materie, so daß es immer dann, wenn Druck und Temperatur im Innern der Protosonne stark angestiegen sind, zum spontanen, kurzzeitigen Einsetzen der Kernfusion kommt. Dabei werden geladene Materieteilchen aus der Staubscheibe um den aufflammenden Stern schubweise in den Weltraum ausgestoßen. Wahrscheinlich bilden sich bei sehr vielen der gerade zum Leben erwachenden Sterne keulenförmige Gas- und Staubströme aus. Sie schießen oben und unten aus der Staubscheibe heraus. Ein ständiger Materieregen aus der Staubscheibe prasselt auf den Gasball nieder und sorgt für Nachschub, bis die Sonne ihre endgültige Größe erreicht hat. Ein brillantes Schauspiel, die Geburt unserer Sonne. Mit Hilfe eines Tricks, einer phantastischen Zeitreise, konnten wir diesen bedeutsamen Moment miterleben. Unser Ausflug ist jedoch an sein Ende gelangt. Wir programmieren unseren Computer für die Heimreise. Dann warten wir einen Augenblick, bis unser Raumschiff wieder in der Gegenwart angelangt ist.

Zwillingsgeburten

Sternembryonen verraten sich, wie wir erfahren haben, zunächst nur durch ihre Wärmestrahlung im infraroten Spektrum. Wie aber gelingt es den Astronomen, Protosterne aufzuspüren? Vom Erdboden aus können die Wissenschaftler Sternembryonen nicht beobachten, weil die Atmosphäre für den größten Teil der infraroten Strahlung undurchdringbar ist. Satelliten, die mit infrarotempfindlichen Kameras ausgerüstet sind, können die Wärmestrahlen der Protosterne jedoch empfangen. Ihre Aufnahmen lassen die in einem Kokon aus Gas und Staub eingehüllten Protosterne sichtbar werden.

Solche Beobachtungen zeigen, daß etwa die Hälfte aller Sterne Zwillinge oder gar Mehrlinge sind. Die Sonne ist offenkundig als

Einzelkind auf die Welt gekommen. Ihr nächster und gleichaltriger Nachbar jedoch, der Stern Alpha Centauri, ist, wie wir schon wissen, ein enges Zwillingspaar, in dessen Begleitung sich zudem noch ein massearmer Begleiter, der Stern Proxima Centauri, befindet. Wie läßt sich die Entstehung eines derart ungleichen Sterndrillings erklären?

Sind die Modellrechnungen der Astrophysiker für den »Normalfall« schon aufwendig genug, so ist es noch weitaus schwieriger, die Entstehung von Doppel- oder Mehrfachsternen zu berechnen. Computersimulationen, mit deren Hilfe die Wissenschaftler die Sternentstehung an konkreten Einzelfällen durchspielen können, deuten darauf hin, daß es vor allem rasch rotierende Gaswolken sind, die zur Geburt von Mehrlingen neigen. Sie verformen sich während der Phase des Schwerkraftkollapses zu spiralförmigen Gebilden, die instabil und dann auseinandergerissen werden. Die abgelösten, verschieden großen Globulenbruchstücke rotieren im ursprünglichen Drehsinn weiter und können sich zu normalen Sternen weiterentwickeln, die auch später in enger Nachbarschaft zueinander bleiben.

Der seltene Schnappschuß einer solchen Zwillingsgeburt gelang 1996 dem britischen Astronomen Gary A. Fuller von der University of Manchester, als er die fünfhundert Lichtjahre entfernte Dunkelwolke Lynds 1527 im Sternbild Stier ins Visier einer infrarotempfindlichen Kamera nahm. Auf den Aufnahmen konnten die relativ eng benachbarten Kerne zweier Protosterne, die noch von den Resten einer gemeinsamen Gas- und Staubwolke eingehüllt werden, sichtbar gemacht werden. Beide Sterne trennt eine Distanz, die nur etwa dem siebzigfachen der Entfernung Sonne–Pluto entspricht.

Zwei Sonnen am Himmel

Zweifelhaft bleibt, ob sich Planeten auf stabilen Umlaufbahnen unter den Verhältnissen dauernd wechselnder Anziehungskräfte von sich umkreisenden Doppel- oder Mehrfachsternen ausbilden können. Um das zu testen, sind Computersimulationen hilfreich. Damit lassen sich alle denkbaren Anordnungen der mit unterschiedlichen Massen ausgestatteten Partner von Doppel- oder Mehrfachsystemen nachstellen. Alan P. Boss, Astronom an der Carnegie Institution in Washington, ist einer Vielzahl von Fällen nachgegangen. »Stabile Bahnen sind möglich, sofern sich der Planet entweder nahe bei einem Partner des Doppelsternpaares oder in großer Entfernung davon befindet.«

Boss beschreibt auch das phantastische Naturschauspiel, das sich den Bewohnern eines Planeten, der in sicherem Abstand um einen engen Doppelstern kreist, an ihrem Himmel bieten würde: »Der Taghimmel würde von zwei dicht beieinander stehenden Sonnen erhellt, die innerhalb weniger Tage ihre Positionen vertauschen. Es wäre faszinierend zu beobachten, wie bei Sonnenauf- und -untergängen zuerst der eine und dann der andere glühende Ball über den Horizont auftaucht beziehungsweise hinter ihm versinkt.« Andere Wissenschaftler geben allenfalls weitläufigen Doppelsternpaaren geringe Chancen. Damit aber scheidet die Hälfte der Sterne als Anwärter auf Planeten aus.

Sterne, die Materie ausspeien

Einen tiefen Blick in die Kinderstube der Sterne haben Astronomen der Europäischen Südsternwarte in La Silla/Chile geworfen. Ort des Geschehens war, wie schon so oft, der Orion-Nebel. Auf einer extrem lang belichteten Fotografie des Gasnebels war dem dänischen Astronomen Bo Reipurth 1989 eine strichförmige Lichtspur aufgefallen. Sie verriet dem Forscher, daß hier ein Protostern – er erhielt die wissenschaftliche Bezeichnung HH-111 – offenbar gerade dabei war, sich aus seinem Staubkokon zu befreien. Die beiden Lichtspuren, die von dem noch unsichtbaren Protostern ausgingen, entpuppten sich als zwei Strahlen aus heißem Gas. Noch inkognito, setzt sich der junge Stern schon ein Fanal.

Der Stern speit die Materie mit solcher Wucht aus, daß die Gasteilchen Überschallgeschwindigkeit erreichen können. Dabei fressen sie wie ein Schweißbrenner Löcher in die interstellare Materie. Zurück bleiben »Brandblasen«, die immerhin einen Durchmesser von siebzig Lichttagen haben; das ist mehr als das Dreihundertfache der Strecke Sonne–Pluto.

Die Verwandlung des noch in einem Staubkokon versteckten Gasballs zum echten Stern währt kaum länger als hunderttausend Jahre. In dieser relativ kurzen Phase entscheidet sich die Frage, ob die Bedingungen in der Materiescheibe um den jungen Stern die Geburt von Planeten zulassen. Deren Schicksal ist aufs engste mit dem Lebensweg ihres Muttersterns verknüpft. Ausschlaggebend dafür ist letztlich die Masse des Protosterns. Sie entscheidet, ob dem jungen Stern ein langes, geruhsames Leben als normalgewichtiger, aber unauffälliger Stern ähnlich der Sonne beschieden ist, oder ob ihm eine kurzlebige, dafür aber eindrucksvolle Existenz als massereicher Stern mit spektakulärem Abgang bevorsteht.

Sternbabys, die mit nicht mehr als drei Sonnenmassen auf die Welt gekommen sind, treten dann in ein turbulentes Entwicklungsstadium ein. Man könnte durchaus sagen, der junge Stern muß noch üben, sich wie ein richtiger Stern zu benehmen. Die Dauer dieser Probezeit veranschlagen die Astronomen auf höchstens hundert Millionen Jahre. Während dieser Zeit flackert das Licht dieser T Tauri-Sterne immer wieder unregelmäßig. Es kommt dann in Minutenschnelle zu spontanen Strahlungsausbrüchen, den sogenannten »flares« (engl. Flackern), die enorme Energiemengen freisetzen können.

Der deutsche Röntgensatellit ROSAT hat 1992 eine Region mit T Tauri-Sternen im Sternbild Perseus untersucht und dabei Rönt-

Wenn Sterne in die Pubertät kommen

T Tauri-Stern ist die Bezeichnung für das frühe Entwicklungsstadium sonnenähnlicher Sterne, die erst einige zehn- bis hunderttausend Jahre alt sind. Der Name stammt ursprünglich von dem Prototypen mit der Bezeichnung T im Sternbild Stier (lat. Taurus). Im Protostern hat die Kernfusion noch nicht endgültig gezündet, weshalb T Tauri-Sterne ihre Energie nicht gleichmäßig abstrahlen, wie die Sonne heute, sondern unregelmäßig »flackern«. Aus einigen Sternen fließen gerichtete Gasströme ab, die mit hoher Geschwindigkeit auf die umgebende interstellare Materie prallen. Von einigen wenigen T Tauri-Sternen konnte mit Hilfe einer aufwendigen Technik eine Karte der Oberfläche gewonnen werden. Darauf scheinen sich Sternflecken anzudeuten. Doch handelt es sich offenbar nicht um das von der Sonnenoberfläche her bekannte Phänomen. Die Flecken der T Tauri-Sterne sind größer. Manche sind fünfhundert Grad heißer als die Sternoberfläche, andere wiederum über eintausendfünfhundert Grad kühler als die Durchschnittstemperatur. Viele T Tauri-Sterne sind von Gas- und Staubscheiben umgeben, in denen sich Planeten bilden können.

genstrahlenausbrüche gemessen, deren Intensität die von Strahlungsausbrüchen auf der Sonne um das Hunderttausendfache übertreffen. Den Grund dafür vermuten die Forscher in den kräftigen Magnetfeldern der jungen Sterne.

Der Sternwind räumt auf

Zu Beginn dieser Lebensphase setzt für – astronomisch gesehen – kurze Zeit ein vom Stern ausgehender, intensiver Strom geladener Teilchen ein. Dieser sogenannte Sternwind übertrifft das von der heutigen Sonne her bekannte Phänomen Sonnenwind um viele Größenordnungen. Flares sowie ein recht stürmischer Sternwind sind gewissermaßen die Markenzeichen junger Sterne.

Dem Sternwind kommt für die Planetenentstehung entscheidende Bedeutung zu. Er fegt bei massereichen Sternen so heftig durch die Staubscheibe, daß kaum Zeit für die Planetenbildung bleibt. Um einen solchen Fall handelt es sich bei dem Stern R Monocerotis. Er ist zweitausendfünfhundert Lichtjahre von uns entfernt und liegt im Sternbild Monoceros oder Einhorn, das sich am Himmel in unmittelbarer Nachbarschaft zum Sternbild Orion befindet. Der junge Stern präsentiert sich in einem Kokon aus leuchtendem Gas, der ihm das Aussehen eines geschweiften Kometen verleiht. R Monocerotis bildet die Spitze des Nebels und leuchtet achthundertmal heller als die Sonne. Von diesem Stern geht ein heftiger Teilchenwind aus, der mit einigen hundert Kilometern pro Sekunde in den Nebel hineinbläst. Es wurde sogar ein gebündelter, keulenförmiger Gasstrahl nachgewiesen.

Auf den ersten Blick scheinen die Voraussetzungen gegeben, damit aus der Staubscheibe um R Monocerotis Planeten hervorgehen können. Dennoch stehen bei ihm die Aussichten schlecht. Der Grund: Bei massereichen Sternen wie ihm braust der Sternwind derart stürmisch durch die Staubscheibe, daß diese sich bereits nach einer halben Million Jahre auflöst. Diese kurze Zeitspanne reicht aber zur Bildung von Planeten nicht aus. Offenbar legt die Natur stellaren Schwergewichten keine Planeten mit in die Wiege.

Auch bei normalgewichtigen, jungen Sternen, die sich in der T Tauri-Phase befinden, fegt der Teilchensturm binnen kurzem den Raum leer, so daß die Bildung von gasförmigen und festen Planeten aus der Staubscheibe nur während eines relativ kurzen Zeitraums möglich ist. Sobald der Sternwind in voller Stärke einsetzt, muß die Entwicklung der Planeten abgeschlossen sein, denn der Partikelsturm sorgt dafür, daß leichtflüchtige Gasteilchen aus der Staubscheibe um die T Tauri-Sterne »herausgeweht« werden. Das kann schon nach kurzer Zeit dazu führen, daß nicht mehr ausreichend Materie für die Bildung von Gasplaneten zur Verfügung steht. Auch die Sonne dürfte zu Beginn ihrer Entwicklung vor gut 4,5 Milliarden Jahren eine stürmische Jugendphase als T Tauri-Stern durchlebt haben. Wie wir wissen, hat aber in diesem Fall die Zeit zur Planetenbildung ausgereicht. Glücklicherweise, sonst könnten wir uns jetzt nicht Gedanken darüber machen.

Wie es in dieser sensiblen Phase weitergeht, die von einer Reihe individueller und dazu noch miteinander verketteter physikalischer Faktoren abhängt, läßt sich kaum exakt vorhersagen. Aus diesem Grund sind Modellsimulationen an Großrechnern hilfreich, mit denen die Astronomen die weitere Entwicklung eines bestimmten Sterntyps und die Entstehung von Planeten schrittweise nachvollziehen können.

Die Metamorphose

Grundsätzlich zeigen die sehr aufwendigen Rechenmodelle für sonnenähnliche Sterne, daß nach dem Schwerkraftkollaps der protostellaren Staubwolke ein kompakter Kern entsteht. Daraus entwickelt sich in sehr kurzer Zeit – das sind einige hunderttausend bis eine Million Jahre – der Protostern. Übrig bleibt schließlich eine flache Materiescheibe, die anfangs noch zusammen mit dem Protostern in einen Gas- und Staubkokon eingehüllt ist. Sie rotiert gemeinsam mit dem Protostern im gleichen Drehsinn. In diesem frühen Stadium beansprucht sie mindestens die Ausmaße unseres Sonnensystems und kann dieses sogar um das Zehnfache übertreffen. Die protoplanetare Scheibe besteht vor allem aus einer Mischung von Wasserstoffverbindungen mit Kohlenstoff, Stickstoff und Schwefel sowie winzigen Staubkörnchen aus Eisen, Magnesium, Silizium und Graphit. Aus diesen Ingredienzen, die alle mit Ausnahme des Wasserstoffs ihren Ursprung in der Kernfusion einer früheren Sterngeneration haben, können sich Planeten bilden (siehe Bildteil). So jedenfalls geschah dies im Falle des Sonnensystems vor gut 4,5 Milliarden Jahren.

Erinnerung an die Geburt

An seine verhüllte Geburt im Innern eines Staubkokons erinnert noch heute die Gestalt des Sonnensystems. Würden wir es von weit außen betrachten können, so böte sich uns keineswegs nur das bekannte Bild mit der Sonne im Zentrum und ihren neun Planeten, deren Umlaufbahnen wie auf einer Schallplatte aufgereiht sind. Diese »Schallplatte« würde auch jenseits der Bahn des äußersten Planeten Pluto ihre Fortsetzung finden. Dort verbreitert sie sich rasch zu einem dicken Pfannkuchen und heißt dann Edgeworth-Kuiper-Gürtel, benannt nach ihren beiden Entdeckern. Hier halten sich tiefgefrorene Überreste aus der Frühzeit des Sonnensystems auf, jene urzeitlichen Materiebrocken, die nicht zu Planeten verschmolzen sind. Die sogenannten Planetesimale oder Planetenmutterkörper können stattliche Größen erreichen. Mit einem Durchmesser zwischen hundert und vierhundert Kilometer sind sie so groß wie Asteroiden und bilden noch heute das Reservoir vieler kurzperiodischer Kometen. Aus dieser Region stammt auch der berühmte Komet Halley, der sich der Sonne auf seiner elliptischen Bahn alle sechsundsiebzig Jahre nähert. Vor allem mit dem Hubble-Weltraumteleskop konnten inzwischen mehr als dreißig dieser lichtschwachen Objekte aufgespürt werden. In einer Entfernung, die etwa der zweihundertfünfzigfachen Distanz zwischen Sonne und Pluto entspricht, stößt der Edgeworth-Kuiper-Gürtel dann an seine Grenze. Hier biegt der dicke Pfannkuchenrand in eine Kugelschale um, die das gesamte Sonnensystem wie ein riesiger Kokon einhüllt. Dieser Kokon, den die Astronomen nach ihrem Entdecker als Oortsche Wolke bezeichnen, ist der geschrumpfte Überrest jener Hülle aus Gas und Staub, die einst die Ursonne in ihrem Innern barg. Die kugelschalenförmige Wolke aus einigen Billionen herumschwirrender Eis- und Gesteinsbrocken mit der Sonne im Zentrum erstreckt sich zweitausendfünfhundertmal weiter als die Plutobahn in den Weltraum hinein.

Ab und zu gerät einer der Brocken aus dem Schwarm durch eine Störung auf die »schiefe Bahn«, die ihn dann in das Innere des Sonnensystems führt. In Sonnennähe verdampft ständig ein Teil des Materials von der Oberfläche. Dann entwickelt sich der für Kometen typische Schweif, der durch den Strahlungsdruck der Sonne stets von ihr abgewandt ist. Im Spektrum des Kometen können die Forscher seine chemische Zusammensetzung ablesen. Dort hinterlassen nämlich Elemente und Verbindungen ihren unverwechselbaren Fingerabdruck als feine Linien oder Banden. Auf diese Weise liefert die Natur den Forschern hin und wieder die Gelegenheit, etwas über die ursprüngliche Zusammensetzung der Materie in Erfahrung zu bringen, die sich vor etwa 4,5 Milliarden Jahren zu den Planeten des Sonnensystems verdichtete. Sie spiegelt annähernd jene stoffliche Zusammensetzung wider, wie sie heute die großen Gas- und Staubwolkenkomplexe in der Milchstraße aufweisen. Aus der chemischen Zusammensetzung der Kometenmaterie und den Befunden über junge Sonnensysteme in unserer kosmischen Nachbarschaft, deren Geburt wir heute beobachten, läßt sich die Entstehung von Planeten rekonstruieren.

Planeten, die wie Hagelkörner wachsen

Die ständigen Kollisionen zwischen den Staubpartikeln und die Reibung der Gasteilchen heizen die protoplanetare Scheibe auf. Dadurch kommt ein komplizierter Verteilungsprozeß in der Scheibenmaterie in Gang, in dessen Verlauf sich verschiedene Zonen ausbilden. Im Innern der protoplanetaren Scheibe, wo der Protostern das Material aufheizen kann, setzen sich bevorzugt schwere Silizium- und Eisenpartikel ab. Gelegentlich bleiben nach einem Zusammenstoß einige Teilchen aneinander haften und bilden dann ein etwas größeres Korn. Nach weiteren Kollisionen wächst es, ähnlich wie ein Hagelkorn, weiter heran. Gleichzeitig sinken die größeren und schwereren Körner nach innen, es entstehen metergroße Klumpen. Die wiederum bilden asteroidenartige Brocken. Schließlich haften besonders große Körper aufgrund ihrer Schwerkraft zusammen und verbacken. Sie stellen die unmittelbaren Vorstufen fester Gesteinsplaneten dar. Während sich die leichten, gasförmigen Elemente und Verbindungen in den sonnennahen, warmen Zonen der Scheibe verflüchtigen, können sie sich in den kühlen Außenregionen der immer dünner werdenden Scheibe ansammeln und kondensieren dort zu Eis. Auf diese Weise stellen sich die Astronomen heute die Entwicklung eines Planetensystems aus der protoplanetaren Staubscheibe um einen Stern vor.

Sturzgeburt oder verzögerte Wehen

Was allerdings die Zeit betrifft, die für die Entwicklung zur Verfügung steht, darüber herrscht noch Uneinigkeit. Während einige Forscher nur einige hunderttausend Jahre ansetzen, kalkulieren andere noch mit vielen Millionen Jahren. Die Unsicherheitsfaktoren in der Modellierung dieses Naturprozesses resultieren freilich aus der Beschränkung auf nur ein einziges Beispiel – und das war bis vor kurzem unser Sonnensystem. Licht in dieses Dunkel bringen die jüngsten Entdeckungen von fremden Sonnensystemen, die sich offenbar in unterschiedlichen Entwicklungsphasen befinden. Doch können sie das komplizierte Geschehen nur schlaglichtartig beleuchten, da sie gewissermaßen eingefrorene Momentaufnahmen aus der Evolution von Sonnensystemen darstellen. Hier stecken die Astronomen in der Zwickmühle. Wie ein Botaniker, der nicht eine ganze Vegetationsperiode damit verbringen will, um die Entwicklung eines Gewächses vom keimenden Samenkorn bis zur fruchtenden Pflanze zu studieren, betrachten die Forscher viele sonnenähnliche Sterne »gleichzeitig« oder »nebeneinander«. Sie reihen also die Momentaufnahmen verschiedener Entwicklungsstadien zu einer Filmsequenz aneinander.

Aus diesem Grund hat der Astronom Ralph Neuhäuser vor wenigen Jahren junge Sterne unter die Lupe genommen, die vor nicht mehr als hundert Millionen Jahren geboren wurden. Der Wissenschaftler, der heute am Max-Planck-Institut für Astrophysik in Garching bei München arbeitet, untersuchte T Tauri-Sterne, die sämtlich innerhalb der fünfhundert Lichtjahre entfernten Dunkelwolke des sogenannten Taurus-Auriga-Komplexes liegen. Um fast alle dieser noch unregelmäßig flackernden Sonnen in den Sternbildern Stier und Fuhrmann wurden Gas- und Staubscheiben entdeckt, die in hinreichender Menge Materie besitzen, um daraus Planeten zu bilden.

Gestützt werden diese Beobachtungen durch weitere Untersuchungen. Amerikanische Astronomen des Harvard Smithsonian Center for Astrophysics und der Cornell University nahmen sechsundachtzig T Tauri-Sterne ins Visier. Bei knapp der Hälfte der Sterne wurden die Wissenschaftler fündig. Auch hier reichen die Massen der protoplanetaren Staubscheiben, die zwischen einem tausendstel und einer halben Sonnenmasse schwanken, zur Bildung von Planeten aus.

Eine wichtige Größe ist die Wahrscheinlichkeit, mit der sich die Materieteilchen in den zirkumstellaren Scheiben zu Planeten verfestigen können. Sie wird großteils von der dort herrschenden Temperatur beeinflußt. Nach den Erkenntnissen von Ralph Neuhäuser macht sich dabei aber ein kosmologischer Effekt bemerkbar, der die Bildung von Planetensystemen entscheidend steuern kann.

Die Temperatur muß stimmen

Das Material, aus dem heute Sterne entstehen, wurde, wie wir inzwischen wissen, vor langer Zeit im Innern anderer Sonnen durch Kernfusion produziert. Dabei entstanden auch Elemente, die schwerer als Wasserstoff und Helium sind. Am Ende ihres Lebens schleudern viele der Vorgängersterne einen großen Teil dieser Materie in das All hinaus, wo sie nachfolgenden Sterngenerationen wieder als Baumaterial dienen kann. Diese mit schweren Elementen angereicherte Materie beeinflußt entscheidend den Temperaturverlauf in den Staubscheiben um die T Tauri-Sterne und bestimmt so die Chancen für die Bildung von Planetensystemen.

Neuere Beobachtungsdaten offenbaren, daß die Massen der Gas- und Staubscheiben ursprünglich überbewertet wurden, so daß die Astronomen die Werte in vielen Fällen nach unten korrigieren mußten. Für die untersuchten Sterne konnten nun Scheibenmassen von wenigen Promillen bis höchstens zehn Prozent der Sternmasse ermittelt werden.

Zuwenig Masse für Planeten

Computersimulationen zeigten dann zur Überraschung der Forscher, daß sich zunächst nur ein massereicher Gasplanet sehr dicht am Zentralgestirn bilden kann. Vergleicht man die Lage des Gasplaneten mit der von Jupiter in unserem Sonnensystem, so ist die Lücke für die inneren, festen Planeten nur noch halb so groß. Die Anziehungskraft eines solchen Riesenplaneten reicht im Fall der T Tauri-Sterne aus, um die in der Nachbarschaft herumschwirrenden Materieklumpen daran zu hindern, feste Gesteinsplaneten zu bilden.

Ein ähnliches Phänomen ist auch aus unserem Sonnensystem bekannt. Hier hat Jupiter sehr wahrscheinlich die Entwicklung eines Planeten im Bereich des ihm benachbarten Asteroidengürtels verhindert; vermutlich ist er auch für die unerwartet geringe Masse des

Planeten Mars verantwortlich. Allerdings zieht Jupiter seine Bahn weit genug von der Sonne entfernt, so daß in unserem Sonnensystem die festen Planeten noch genügend Platz zur Bildung hatten.

Der US-Planetologe George Wetherill von der Carnegie Institution in Washington vertritt sogar die These, daß Leben auf der Erde ohne die Existenz der Riesenplaneten Jupiter und Saturn unmöglich wäre. Da Jupiter dreihundertachtzehn Erdmassen und Saturn immerhin noch fünfundneunzig Erdmassen auf sich vereinigen, dürften die beiden massereichsten Gasplaneten des Sonnensystems aufgrund ihrer starken Anziehungskräfte die Rolle von Kometenfängern spielen. Sie würden auf diese Weise die Erde vor Kollisionen schützen, die sonst um das Tausendfache häufiger wären, argumentiert der Wissenschaftler.

Die Planetenlawine rollt

Früher setzten die Astronomen für die Entwicklung der Planeten ein stetiges Wachstum voraus. Doch lieferten die Modelle dann unrealistisch lange Zeiträume von zehn bis hundert Millionen Jahren. Gelegentlich ergaben sich sogar völlig absurde Werte von hundert Milliarden Jahren, eine Zeitspanne, die das Alter des Universums um ein Vielfaches übersteigt. Demnach dürfte es überhaupt keine Planeten geben, und das ist, wie wir aus eigener Erfahrung wissen, barer Unsinn. Irgend etwas an diesen Vorstellungen konnte somit nicht stimmen.

Astrophysikalische Rechnungen zeigen, daß der Prozeß der Planetenbildung nach spätestens zehn Millionen Jahren abgeschlossen sein muß. Nach dieser Zeitspanne setzt der Sternwind ein. Der kräftige Partikelstrom fegt dann zumindest die leicht flüchtigen Elemente aus den Staubscheiben heraus. Wie aber läßt sich das Dilemma lösen?

Sowohl George Wetherill als auch der US-Astrophysiker Jack Lissauer von der University of California in Santa Barbara haben ein Entwicklungsmodell vorgeschlagen, das von einem lawinenartigen Wachstum der Planeten ausgeht. Gesteinsplaneten und die festen Kerne der Gasriesen entwickeln sich danach in rasantem Tempo. Zunächst verklumpen nur kleinere Brocken miteinander und wachsen bis zu Asteroidengröße heran (siehe Bildteil). Diese Planetesimale können dann aufgrund ihrer Anziehungskräfte zu Planeten verbacken. Der Prozeß gleicht einer Lawine, die immer rascher in Bewegung gerät und dabei ständig größer wird. Drastisch macht sich dieser sogenannte »runaway growth«-Effekt vor allem in den Bereichen der Staubscheiben bemerkbar, wo Wassereis kondensieren kann. Dort ist auch die Wahrscheinlichkeit für die Entwicklung von Gasplaneten am höchsten.

Die beiden Forscher haben den Prozeß des lawinenartigen Planetenwachstums auch am Beispiel des Sonnensystems mit dem Computer durchgespielt. Danach sollten nicht mehr als vierhunderttausend Jahre vergangen sein, bis sich der auf zehn Erdmassen geschätzte feste Jupiterkern gebildet hat. Für die Entstehung des ebenfalls auf etwa zehn Erdmassen veranschlagten festen Kerns von Saturn lieferte die Simulation bereits zwei Millionen Jahre. Zehn bis dreißig Millionen Jahre sagt das Computermodell für die Bildung der äußeren Gasplaneten Uranus und Neptun voraus. Ihre Entwicklungszeit übersteigt damit bereits die kritische Grenze von zehn Millionen Jahren.

Jüngste Untersuchungen, die die Astronomen Scott J. Wolk und Frederick M. Walter von der University at Stony Brook in New York 1995 an insgesamt neununddreißig T Tauri-Sternen in der Taurus-Auriga-Dunkelwolke anstellten, haben das Problem sogar noch verschärft. Die Forscher kamen zu dem Schluß, daß der Zeitraum für die Planetenentstehung noch weitaus kürzer sein muß, als man bislang dachte: Lediglich hunderttausend Jahre kann sich nach ihren Berechnungen das Material in den protoplanetaren Staubscheiben aufhalten, bevor es vom einsetzenden Sternwind herausgefegt wird.

Fremde Welten voller Überraschungen

Eine lawinenartige Entwicklung kann zwar die Entwicklung von Gasplaneten um T Tauri-Sterne schlüssig erklären. Allerdings zeigen die Rechnungen auch, daß die Chancen für die Entstehung von Gesteinsplaneten um junge, sonnenartige Sterne heute nicht immer zum besten stehen müssen. Gewiß ein überraschendes Ergebnis, mit dem kaum jemand gerechnet hat. Was also wären die Voraussetzungen, damit sich auch heute noch Planetensysteme bilden können?

Steven Beckwith, Direktor des Max-Planck-Instituts für Astronomie in Heidelberg, formuliert es so: »In Analogie zum Sonnensystem sollte eine protoplanetare Scheibe mehr als ein Prozent der Sonnenmasse an gasförmiger Materie aufweisen. Die Größe der Gasscheibe um den jungen Stern entspräche dann dem Fünfzigfachen des Abstandes Erde–Sonne. Damit sich die Gesteinskerne der Planeten bilden können, muß die Scheibe einige Millionen Jahre stabil bleiben. Die Entwicklung von Gasriesen benötigt wahrscheinlich noch mehr Zeit.«

Scheiben mit deutlich geringeren Massen, mit einer Ausdehnung, die nur einige Male größer ist als der Abstand Erde–Sonne und mit einer Überlebensdauer von vielleicht einer Million Jahre scheinen demnach kaum Chancen zu haben. Was das für die Entwicklungsmöglichkeiten belebter Welten bedeutet, faßt der Wissenschaftler in einem bemerkenswerten Schluß zusammen: »Die neu entdeckten Planeten haben im Vergleich zum Sonnensystem völlig abweichende Eigenschaften. Es ist daher unwahrscheinlich, daß sie Leben, wie wir es kennen, eine Heimstätte bieten können.«

3. Kosmische Zwitter

Zweifellos wurde die Suche nach fremden Planetensystemen durch die jüngsten Entdeckungen beflügelt. Dennoch ist nicht in allen bislang bekannten Fällen mit letzter Sicherheit bewiesen, daß es sich dabei auch um »waschechte« Planeten handelt. Genährt werden diese Zweifel, weil einige Begleiter – legt man die planetaren Maßstäbe des Sonnensystems an – auffällig massereich sind. Dazu gehört zum Beispiel der Begleiter des Sterns 70 Virginis mit sechseinhalb Jupitermassen. Der tiefere Grund für die Unsicherheit über die wahre Natur solcher Schwergewichte liegt vor allem in der fraglichen Bestimmung ihrer Bahn um den Mutterstern.

Planeten laufen auf leicht elliptischen Bahnen um ihre Sonne. Handelt es sich dagegen um einen eigenständigen Begleiter, der nicht gemeinsam mit dem Mutterstern aus der protoplanetaren Gas- und Staubwolke entstanden ist, dann sind die Umlaufbahnen der beiden Partner um den gemeinsamen Schwerpunkt exzentrisch. In diesem Fall zieht der masseärmere Begleiter auf einer stark elliptischen Bahn um den Hauptstern.

Der Witz an der Sache ist nun, daß sich aus der genauen Kenntnis der Umlaufbahn auf die exakte Masse eines unsichtbaren Begleiters schließen läßt. Möglich machen dies jene Gesetzmäßigkeiten, die der Astronom Johannes Kepler formuliert und im Jahre 1609 veröffentlicht hat. Die Natur hat den Wissenschaftlern theoretisch ein elegantes Mittel an die Hand gegeben, um zwischen Planeten und sternartigen Begleitern zu unterscheiden. Allerdings, ganz so einfach ist die Sache dann doch nicht.

Es ist nämlich gar nicht so leicht herauszufinden, ob die Umlaufbahn eines Begleiters leicht oder stark elliptisch ist. Nicht nur, daß höchste Ansprüche an die Meßgenauigkeit der Beobachtungsinstrumente gestellt werden. Eine klare Bestimmung der Form der Umlaufbahn hängt stark von dem Winkel ab, unter dem wir auf das fremde Sonnensystem blicken. Am einfachsten ist die Sache, wie jeder sich leicht vorstellen kann, wenn wir genau senkrecht auf das System blicken. Sehen wir es dagegen genau von der Seite, was der andere Extremfall ist, so zeichnen die Bahnfiguren nur einen Strich. Die räumliche Information geht damit weitgehend verloren, und eine eindeutige Bestimmung des Ellipsentyps ist kaum möglich. Für alle anderen Fälle dazwischen sind Aussagen immer mit einer gewissen Unsicherheit behaftet, da sie, wie gesagt, von unserem Blickwinkel abhängig sind. Und genau in dieser Zwickmühle stecken auch die Astronomen, wenn sie die Identität des dunklen Begleiters von 70 Virginis lüften wollen.

Dabei könnte es sich durchaus auch um eine merkwürdige Sorte von Himmelskörpern handeln, die weder eigentlicher Stern noch echter Planet sind, also eine Art kosmischer Zwitter. Und ebenso seltsam klingt auch die Bezeichnung für diese Objekte: Braune Zwerge. Was steckt dahinter?

Wanderer zwischen den Welten

Geprägt wurde der eigentümliche Name 1975 von der amerikanischen Astronomin Jill Tarter. Sie verfaßte damals gerade ihre Doktorarbeit an der renommierten University of California in Berkeley. Der ungewöhnliche Titel der Arbeit »Braun ist keine Farbe« ließ die Fachwelt aufhorchen. Jill Tarter beschreibt darin die Möglichkeit, daß das All von nicht leuchtenden Gaskugeln bevölkert sein könnte, die deutlich größer als der Planet Jupiter und in ihrer Entwicklung gewissermaßen auf dem Weg zu einem kleinen Stern steckengeblieben sind. Diese Vorstellung galt damals freilich noch als pure Theorie, denn gesehen hatte einen solchen »Braunen Zwerg« noch niemand. Den Steckbrief für diese fiktiven Gesellen hatten die Wissenschaftler jedoch rasch zusammengestellt:

Gesucht wurden Himmelskörper, die von der Natur mit zuwenig Materie ausgestattet sind, als daß sie, wie die Sonne, Jahrmilliarden im selbsterzeugten Licht erstrahlen könnten. Um noch als echter Stern zu gelten, müssen sie nämlich mindestens acht Prozent der Sonnenmasse auf die Waage bringen. Eine Hürde, die ein Brauner Zwerg nicht übersteigen kann. Er sollte in Aufbau und Zusammensetzung einem jupiterartigen Planeten mit einer ausgedehnten Wasserstoffhülle und einem Kern im Zentrum ähneln. Sein Vorrat an Wasserstoff dürfte zehn bis achtzig Jupitermassen betragen. Immerhin reicht der Schwerkraftdruck im Innern eines solchen Objektes aus, um in unregelmäßigen Abständen und nur für kurze Zeit das atomare Feuer der Kernfusion zu zünden. Allerdings handelt es sich nur um ein atomares Strohfeuer, da schon nach einigen hundert Millionen Jahren der Brennstoffnachschub vollends versiegt ist. Der schwachglimmende Braune Zwerg kommt in die Jahre und kühlt langsam aus. Gegen Ende der Lebensgeschichte sagen die Rechnungen der Astrophysiker schließlich ein erkaltetes Objekt voraus, dessen Kern aus hochverdichtetem und daher flüssigem Wasserstoff von einer Hülle aus gasförmigem Wasserstoff umgeben ist. Dabei ähnelt der Aufbau dem von Jupiter. Da der größte Planet des Sonnensystems zudem etwa zweimal soviel Energie abstrahlt, als er durch Sonneneinstrahlung erhält, könnte man Jupiter auch als einen verhinderten Stern ansehen.

Doch zurück zu den Braunen Zwergen. Für sie interessieren sich Astronomen schon seit langem aus zwei Gründen. Erstens, weil die Wissenschaftler mit ihrer Hilfe hoffen, ein drängendes kosmologisches Problem zu lösen. Wenn es genügend dieser Braunen Zwerge gäbe, könnten sie einen deutlichen Beitrag zur fehlenden Materie im Kosmos beisteuern. Sie wäre nötig, um der heute beobachteten, scheinbar ungebremsten Ausdehnung des Universums Einhalt zu gebieten. Die Folge wäre, daß eines fernen Tages die Schwerkraft die Flucht der Galaxien zum Stillstand bringen würde und das Universum zunächst langsam, dann immer schneller und schneller in sich zusammenstürzen ließe. Wenn schließlich alle Materie in einem »Endknall« zu Energie verschmelzte, könnte dieser Zustand wiederum der Ausgangspunkt für die Geburt eines neuen Universums werden. Ein Modell, für das unsere menschliche Denkweise sehr viel Sympathie empfindet. Wie es derzeit aussieht, fehlt jedoch dem Universum die dafür nötige Masse.

Der zweite Grund für das hier sprichwörtlich brennende Interesse der Forscher an den seltsamen Himmelskörpern: Sie stellen in der Natur ein Übergangsstadium dar zwischen zwei völlig verschiedenen Arten kosmischer Objekte, nämlich Planeten und Sternen. Dahinter steckt freilich auch die Frage, wieviel Masse ein Himmelskörper haben kann, bevor aus einem Planeten ein selbstleuchtender Stern wird. Oder anders gefragt: Innerhalb welcher Grenzen können in der Natur eigentlich Planeten entstehen?

Während wir die unteren Grenzen inzwischen aufgrund der Verhältnisse in unserem eigenen Sonnensystem aus eigener Anschauung kennen, klafft nach oben hin eine Wissenslücke. Immerhin lassen theoretische Vorhersagen Braune Zwerge vom zehn- bis achtzigfachen der Jupitermasse erwarten.

Ende eines Schattendaseins

Ein solches merkwürdiges Exemplar eines kosmischen Zwitters ist dem Forscherteam um Tadashi Nakajima vom California Institute of Technology in Berkeley im Herbst 1995 ins Beobachtungsnetz gegangen. Gliese 229 B heißt der dunkle Geselle in knapp zweiundzwanzig Lichtjahren Entfernung, der einen kleinen, aber echten Stern mit Namen Gliese 229 A umkreist. Bei dem Mutterstern handelt es sich um einen massearmen und daher für das bloße Auge unsichtbaren roten Zwergstern, der am Himmel an der Grenze der Sternbilder Großer Hund und Hase zu finden ist. Um den ein Vielfaches lichtschwächeren dunklen Begleiter Gliese 229 B sicher aufspüren zu können, benutzte Nakajima den großen 5-m-Spiegel des Observatoriums auf dem Mount Palomar. Als der Wissenschaftler im Teleskop das Licht des Hauptsterns mit einer kreisrunden Maske abblendete, wurde plötzlich ein winziges Pünktchen dicht daneben sichtbar.

Noch war unklar, ob die Wissenschaftler nicht einer optischen Täuschung aufgesessen waren. Sollte es sich dabei um einen Braunen Zwerg handeln, so hätte er eine Leuchtkraft, die nur einem sechsmillionstel Teil der Sonnenleuchtkraft entspräche. Denkbar wäre, daß sich ein weit entfernter Stern zufällig an dieser Stelle befindet. Spektroskopische Untersuchungen bewiesen jedoch, daß sich der dunkle Begleiter und der Hauptstern mit genau der gleichen Geschwindigkeit und in derselben Richtung durch das All bewegen. Es handelt sich also tatsächlich um ein zusammengehöriges Paar. Dabei umkreist der Braune Zwerg Gliese 229 B seinen Mutterstern in einer Entfernung, die der Bahn des äußersten Planeten Pluto um die Sonne entspricht. Seine Masse schätzen die Forscher auf vierzig Jupitermassen.

Messungen der Wärmestrahlung von Gliese 229 B verrieten den Forschern, daß seine Oberflächentemperatur unter tausend Grad Celsius liegen mußte. Kein echter Stern kann so kühl sein. Die letzten Zweifel an der Identität des dunklen Begleiters waren schließlich ausgeräumt, als die Wissenschaftler im Spektrum von Gliese 299 B die Anwesenheit von Methan nachweisen konnten. Das besondere daran: Diese Kohlenwasserstoff-Verbindung findet sich auch in der Atmosphäre von Jupiter. Auf der heißen Oberfläche eines Sterns kann Methan dagegen nicht existieren. Damit war der erste Braune Zwerg entdeckt und die Sensation perfekt.

Inzwischen haben die Astronomen weitere Kandidaten für Braune Zwerge im Visier. Freilich ist es nicht immer ganz einfach herauszufinden, ob es sich noch um einen Planeten oder schon um einen Braunen Zwerg handelt. Die Astronomen stehen heute vor einem außerordentlich reichhaltigen Sortiment von Planeten und Braunen Zwergen, bei dem sie es mit Massen zu tun haben, die zwischen zehn bis sechzig Jupitermassen liegen. Zwar ist es heute noch zu früh, um eine eindeutige Trennlinie zwischen den unterschiedlichen Arten von Himmelskörpern ziehen zu können. Bis aber weitere Entdeckungen von Braunen Zwergen und Riesenplaneten für Klarheit gesorgt haben, dürften wohl nur wenige Jahre ins Land gehen.

Sterne und ihre dunklen Begleiter, vermutlich Braune Zwerge

Stern	*Masse des Braunen Zwergs in Jupitermassen*	*Umlaufzeit in Tagen (d) bzw. in Jahren (y)*	*Entfernung in Lichtjahren*
HD 110833	17	270 d	55
BD –4°782	21	241 d	?
HD 112758	35	103 d	54
HD 98230	37	3,98 d	?
HD 18445	39	555 d	?
HD 29587	40	3,20 y	147
Gliese 229	40	> 200 y	22
HD 140913	46	148 d	?
HD 283750	50	1,79 d	54
HD 89707	54	198,30 d	82
HD 217580	60	455 d	59

Mit HD werden die im Henry-Draper-Katalog verzeichneten Sterne abgekürzt; BD ist das Kürzel für einen anderen Sternkatalog, die Bonner Durchmusterung.

4. Auf Planetenjagd

Rekorde sind das tägliche Brot der Astronomen. Ihre einzige Information sind winzige Lichtteilchen, die von fernen, nie gesehenen Regionen des Weltalls künden. Um den mit Lichtgeschwindigkeit reisenden, kosmischen Botschaftern habhaft zu werden, fangen Wissenschaftler sie mit riesigen Teleskopspiegeln auf. Die Gigantomanie hat jedoch einen tieferen Grund. Damit auch noch leuchtschwache Objekte in vielen Milliarden Lichtjahren Entfernung sichtbar werden, muß die lichtsammelnde Spiegelfläche sehr groß sein. An der Wende zum nächsten Jahrtausend wartet daher ein Arsenal noch größerer und leistungsfähiger Teleskope auf seinen Einsatz. Ihre spannende Aufgabe: die Entdeckung weiterer, vielleicht sogar erdähnlicher Planeten.

Vier Zyklopenaugen suchen den Himmel ab

Mit großen Erwartungen fiebern die Astronomen der Europäischen Südsternwarte (ESO) dem »ersten Licht« für das Very Large Telescope (VLT) entgegen (siehe Bildteil). Das Teleskop auf dem 2640 Meter hohen Berg Cerro Paranal in der chilenischen Atacama-Wüste ist eigentlich eine Batterie, die aus vier identischen Einzelteleskopen besteht. Jeder Spiegel hat einen Durchmesser von 8,2 Meter, kann also sehr viel Licht einfangen. Um 2002 sollen die vier Riesenaugen in Betrieb gehen. Sie können nicht nur einzeln und unabhängig voneinander agieren. Das VLT kann das Licht auch zu einem Einzelbild kombinieren und erreicht so die Leistung eines 16-m-Spiegels. Auf diese Weise kann genügend Licht gesammelt werden, um auch noch die schwächsten Galaxien in vielen

Ein blinder Koloß

In der Vergangenheit führte der Wunsch der Forscher nach immer größeren Teleskopspiegeln in ein Dilemma. Übergroße Spiegel von mehr als fünf Meter Durchmesser oder mehr trieben das Gewicht in die Höhe. Die fatale Folge: Die Spiegel verbogen sich unter der eigenen Last, und eine mangelhafte Bildqualität war das Ergebnis. Zweifelhaften Ruhm erlangte so in den siebziger Jahren der russische 6-m-Spiegel von Selenchuk im Nordkaukasus, der bis dahin größte Spiegel weltweit. Der Glaskoloß brachte es bei einer Dicke von sechzig Zentimeter auf ein Gewicht von fünfzig Tonnen – etwa soviel, wie vierzig Mittelklasseautos wiegen. Das war das Ende einer Ära, abspecken hieß nun die Devise.

Milliarden Lichtjahren Entfernung sichtbar zu machen. Natürlich steht auch die Suche nach fremden Planeten auf dem Programm. Wie aber erreichen die Forscher, daß die Riesenspiegel nicht unter ihrem eigenen Gewicht zusammenbrechen?

Da kann nur radikales Abnehmen helfen. Mehr als die Hälfte des Glaskörpers für den Spiegel muß eingespart werden. Für das VLT heißt das: eine Spiegeldicke von knapp zwanzig Zentimetern. Dazu mußte der deutsche Glasspezialist Schott in Mainz, bei dem die vier 8,2-m-Spiegel für das VLT gegossen wurden, eine völlig neue Technik entwickeln. Beim Schleuderguß, wie das materialsparende Verfahren heißt, wird die glühende Glasschmelze in eine unten ein wenig vorgewölbte Form gegossen. Wie ein flüssiger Wackelpudding, der in einer Puddingform vorsichtig rundgeschwenkt wird, muß die Form mit der Glasschmelze für ein paar Stunden auf einer Drehscheibe sanft rotieren. Das gemeinsame Spiel aus Flieh- und Schwerkraft bringt den langsam abkühlenden, dünnen Spiegelrohling in die gewünschte, leicht gewölbte Meniskusform.

Solche Spiegel sind nicht nur dünn, sondern auch flexibel. Vor allem beim Schwenken des Teleskops verformen sie sich ähnlich wie eine Kontaktlinse. Um diesen Effekt auszugleichen, benötigt der Spiegel eine Art Stützkorsett. Der verformbare Spiegel wird dabei auf zahlreichen beweglichen Stützen gelagert, die ihn computergesteuert in der richtigen Form halten. Vorreiter dieser sogenannten aktiven Optik waren in den achtziger Jahren die Europäer. Sie erprobten die neue Technik erstmals am vierundzwanzig Zentimeter dicken 3,6-m-Spiegel des New Technology Telescop. Das Pionierinstrument gehört ebenfalls der ESO und steht in der chilenischen Wüste auf dem Bergmassiv La Silla, dem Hausberg der europäischen Astronomen.

Doch auch mit Hilfe der neuen Techniken bleibt die Jagd nach Planeten von der Größe der Erde eine Sisyphusarbeit. Bei der Beobachtung macht den Forschern die Luftunruhe schwer zu schaffen. Sie trägt dazu bei, daß ein Planet, der dicht neben seinem milliardenmal helleren Stern steht, mit diesem zu einem untrennbaren Lichtfleck verschwimmt. Die Schwierigkeit, fremde Planeten direkt zu beobachten, läßt sich in einem Vergleich veranschaulichen: Sie entspricht der kniffligen Aufgabe, die Schrift auf einer hundert Kilometer entfernten, leuchtenden Glühbirne zu entziffern.

Zwar gehen die Astronomen dem für sie unangenehmen Flimmern der Sterne etwas aus dem Weg, wenn sie die störenden Luftschichten unter sich lassen. Das bedeutet, daß sie ihre Instrumente in eine möglichst trockene Region der Erde und auf einen hohen Berg verlegen müssen. Leider läßt sich das Phänomen der Luftunruhe auch dort nicht völlig vermeiden. Einziger Ausweg ist dann ein Teleskop im Weltall, wo keine Luft die Beobachtung stören kann. Deshalb gelangen dem in der Erdumlaufbahn stationierten Hubble-Weltraumteleskop sensationelle Bilder von Staubscheiben um junge Sterne im Orion-Nebel, Schnappschüsse von gerade entstehenden Sonnensystemen.

Um herauszufinden, ob diese bereits mit Planeten »schwanger gehen«, reicht allerdings die Sehschärfe von Hubble nicht aus. Da außerdem Ausflüge in den atmosphärenlosen Weltraum nicht gerade billig sind, müssen sich die Wissenschaftler etwas einfallen lassen, um auch vom Boden aus »scharfe Blicke« auf ferne Welten werfen zu können. Das technische Rezept, mit dem sie das störende Luftflimmern während der Beobachtung austricksen wollen, heißt »adaptive Optik«.

Wie Astronomen vom »Krieg der Sterne« profitieren

Bei dieser Technik verbiegen winzige, elektronisch gesteuerte Stellelemente einen besonderen Hilfsspiegel im Brennpunkt des Hauptspiegels genau im Takt mit der flimmernden Luft über dem Teleskop. Die Korrekturen müssen sehr rasch erfolgen: hundert- bis hundertzwanzigmal in der Sekunde. Dabei werden die im Teleskop eintreffenden, verzerrten Lichtstrahlen auf den zehntausendstel Millimeter genau kompensiert. Ein Vorgang, der eine blitzschnelle Analyse des Luftflimmerns über dem Beobachtungsort erfordert. Nur so können die verschmierten Sternpünktchen durch eine entsprechende Verbiegung des Hilfsspiegels fast augenblicklich ausgeglichen werden.

Das ist freilich eine Leistung, zu der kein herkömmlicher Computer in der Lage ist. Dazu braucht es schon die hochvernetzte Arbeitsweise nach Art des menschlichen Gehirns. In der Tat steuert denn auch ein sogenanntes neuronales Netz die Ausgleichsbewegung des Hilfsspiegels. Das raffinierte Verfahren haben Wissenschaftler dem amerikanischen SDI-Projekt aus der letzten Phase des Kalten Krieges zwischen den Großmächten abgeschaut. Hier diente es dazu, die Zielgenauigkeit von Raketen zu erhöhen. Die Technik aus dem »Krieg der Sterne« sorgt nun für einen klaren Blick in den Himmel. Daher kann ein mit adaptiver Optik ausgerüstetes bodenstationiertes Teleskop ein Auflösungsvermögen erreichen, das die Sehschärfe des Hubble-Weltraumteleskops sogar noch übertrifft.

Riesenzwillinge mit Facettenaugen

Das VLT ist nicht das einzige Großteleskop, mit dem Astronomen auf Planetenjagd gehen. Dafür geschaffen sind auch die beiden amerikanischen Keck-Teleskope auf dem Mauna Kea, einem erloschenen Vulkan auf Hawaii. Sie sind mit einem Spiegeldurchmesser von jeweils zehn Metern die derzeit größten Teleskope. Bei den Ausmaßen wäre selbst mit der neuen Technik ein ganzer Spiegel zu gewagt. Die beiden Keck-Spiegel setzen sich jedoch aus sechsunddreißig jeweils sechseckigen, sehr dünnen und flexiblen Segmenten zusammen. Sie erinnern damit an die Facettenaugen der Insekten.

Die beiden Riesenzwillinge auf dem Gipfel des Mauna Kea liegen etwa hundert Meter auseinander und lassen sich zu einem Interferometer zusammenschalten: Sie wirken dann zusammen wie ein einheitliches riesiges Teleskop. Ihnen räumt das Planetensuchprogramm der NASA eine Schlüsselstellung ein: Ein Sechstel ihrer Beobachtungszeit werden die beiden nach fernen Welten Ausschau halten. Um das technisch Mögliche auszuschöpfen, ist sogar geplant, sie mit adaptiver Optik nachzurüsten. Roger Angel von der University of Arizona, der im Auftrag der NASA die Weiterentwicklung der adaptiven Optik vorantreibt, gibt sich optimistisch.

Spätestens am Ende des Jahrzehnts dürfte die Beobachtungstechnik auf dem Erdboden jedoch ausgereizt sein. Wenn teure Weltraum-Missionen kaum mehr zu finanzieren sind, wie ist dann der Menschheitstraum zu realisieren, fremde, bewohnbare Welten zu entdecken?

Eine schwebende Beobachtungsplattform in der Atmosphäre

Solche Überlegungen lassen Gerhard von Appen-Schnur, Astronom an der Ruhr-Universität Bochum, sprichwörtlich in die Luft gehen, genauer, in die Stratosphäre der Erde. Dorthin soll ein riesi-

Parade der Giganten

Die beiden Keck-Teleskope haben Konkurrenz erhalten. Im Oktober 1997 wurde am McDonald Observatorium in West-Texas das neue Hobby-Eberly-Teleskop eingeweiht. Sein Spiegel ist ebenfalls segmentiert und weist einen Durchmesser von elf Metern auf. Die Modulbauweise hat auch die Kosten gedrückt. Mit etwa vierundzwanzig Millionen Mark ist es fünfmal billiger als jedes der Keck-Teleskope. Allerdings ist der riesige Spiegel fest montiert und kann nur um eine Achse gedreht werden. Die zweite Drehachse »borgt« sich das Teleskop von der Erdrotation, die die Sterne durch das Bildfeld wandern läßt. Die eingeschränkte Beweglichkeit reduziert freilich die Beobachtungsmöglichkeit. Das reicht jedoch dem Projekt, an dem auch die Sternwarten der Ludwig-Maximilians-Universität München und der Universität Göttingen beteiligt sind, um präzise spektroskopische Messungen vorzunehmen. Sie geben Auskunft über chemische Zusammensetzung, Temperatur, Rotation und Entfernung der Himmelsobjekte.

Ein Riesenfernglas aus zwei nebeneinandermontierten 8,4-m-Spiegeln stellt das Large Binocular Teleskop auf dem Mount Graham in Arizona dar. An dem Hundertdreißig-Millionen-Mark-Projekt sind nicht nur amerikanische Universitäten und Forschungsinstitute, sondern auch das italienische Astrophysikalische Observatorium Arcetri in Florenz und drei deutsche Max-Planck-Institute in Heidelberg, Garching und Bonn mit insgesamt 16,6 Millionen Mark beteiligt. Ab 2003/2004 soll das zweiäugige Riesenteleskop, dessen Spiegel auch zusammengeschaltet werden können, den Himmel nach fernen Galaxien und Sonnensystemen absuchen.

Ebenfalls vom Kaliber acht Meter sind die dünnen Spiegel der beiden amerikanischen Gemini-Teleskope (Gemini lat. = Zwilling) und das japanische Subaru-Teleskop. Während das japanische Instrument und einer der »Zwillinge« den nördlichen Himmel über dem Mauna Kea ins Visier nehmen, wird das zweite »Gemini«-Teleskop den Südhimmel über Chile inspizieren.

ges ferngesteuertes Luftschiff sechs Teleskope der 3-m-Klasse tragen. Freilich werden die Teleskope in ultraleichter Kohlefaserverbund-Konstruktion erstellt, die auch schon beim Flugzeugbau zum Einsatz kommt. Außerdem werden die flexiblen Spiegel mit einer sogenannten aktiven Optik ausgerüstet. Bei dieser Technik übernehmen elektronisch gesteuerte Stellglieder unter dem dünnen, flexiblen Spiegel den Ausgleich von Bildunschärfen, die durch mechanische Belastungen verursacht werden. Für das geplante Internationale Stratosphären-Labor für Astrophysik (ISLA) ist die Stratosphäre ein idealer Aufenthaltsort, weil weder Wolken, Wasserdampf noch Turbulenzen die Optik der Teleskope stören. Zusammengeschaltet können sie ihre volle Stärke im sichtbaren Teil des Lichts und im angrenzenden infraroten Teil des Spektrums entwickeln. Damit will der Bochumer Forscher vor allem Planetensysteme um Sterne in unserer kosmischen Nachbarschaft erkunden.

Sternwarte im Jumbo-Jet

Das wohl wagemutigste Projekt haben sich deutsche Forscher und die amerikanische Raumfahrtbehörde NASA vorgenommen. »SOFIA«, so die Kurzform für das Stratosphären-Observatorium für Infrarot-Astronomie, ist ein 2,7-m-Spiegelteleskop, das in einen Jumbo-Jet eingebaut wird. Es soll in wenigen Jahren zu Forschungsflügen in die Stratosphäre starten, wo die Sicht ins All ungetrübt ist. Das Instrument ist wie geschaffen für Beobachtungen in einem sehr weiten Wellenlängenbereich des Lichts. Dieser beginnt beim UV, geht über das sichtbare Licht, den Infrarot- und Submillimeter- bis zum Mikrowellenbereich. Ideale Bedingungen also für die Erforschung der im Optischen undurchdringlichen Staubregionen der Milchstraße und anderer Galaxien, wo sich die Wiegen von Sternen und Planeten befinden.

Das achthundertfünfzig Kilogramm schwere Teleskop wird trotz seiner kompakten Bauweise nicht in einen geschlossenen Jumbo-Jet passen. Der Ausweg: Für das insgesamt auf vierhundertzwanzig Millionen Mark veranschlagte Projekt will die NASA eine Boeing 747 SP so umbauen, daß SOFIA aus einer geöffneten Luke im Heck des Flugzeugs herausschauen kann. Das erfordert freilich höchste Ansprüche an die siebzig Millionen Mark teure Technik des Teleskops, für die ein deutsches Konsortium aus den Unternehmen MAN, Kayser-Threde und Schott verantwortlich zeichnet. Immerhin muß SOFIA Temperaturen zwischen plus vierzig und minus sechzig Grad Celsius, hohe mechanische Belastungen während des Fluges und das Neunfache der Erdbeschleunigung im Falle einer Notlandung aushalten können. Da mutet die prognostizierte Betriebsdauer von zwanzig Jahren mit mehr als fünfundzwanzigtausend Betriebsstunden wie ein kleines technisches Wunder an. Ein astronomischer Höhenflug scheint programmiert.

Die Nachfolger von »Hubble«

Doch damit nicht genug. Fernen Planeten will die NASA in den nächsten zehn Jahren auch vom Erdorbit aus zu Leibe rücken. Ins Auge gefaßt sind drei Satelliteninstrumente – falls Sparprogramme diese Pläne nicht über den Haufen werfen:

- Das Orbiting Stellar Interferometer (OSI), das mit insgesamt drei Interferometern bestückt wird. Zwei davon sind nötig, um die Relativbewegung des Satelliten festzustellen, das dritte Instrument soll sowohl im Optischen als auch im angrenzenden Infrarot Planeten um nahe gelegene Sterne suchen.
- POINTS (Precision Optical Interferometre in Space) ist ein rein optisches Interferometer. Damit können die Positionen vieler tausend Sterne auf ein verräterisches »Wackeln« hin untersucht werden. Seine besondere Stärke: Es kann täglich einige hundert Sterne prüfen.

Die Technik der Interferometrie

Mit einem Interferometer lassen sich etwa Positionsunterschiede zwischen den Komponenten eines Sternpaares sehr präzise messen. Ein im Weltraum stationiertes Gerät sollte auch die Entfernung zwischen Stern und einem benachbarten, großen Planeten feststellen können. Die Distanz ergibt sich aus der Überlagerung von Lichtwellen. Dazu werden die gleichzeitig aufgenommenen Bilder ein- und desselben Objektes wieder zur Deckung gebracht. Mit Hilfe dieser Technik wurden bereits Sternflecken auf der Oberfläche von Riesensternen entdeckt.

- AIT (Astrometric Imaging Telescope) kombiniert die direkte Methode von POINTS mit dem direkten Nachweis. Im Teleskop blendet eine Maske die helle Sternscheibe ab und kann so einen lichtschwachen Begleiter aufspüren und sichtbar machen.

Nachgedacht wird bei der NASA auch über ein optisches Interferometer auf dem Mond, das aber nach vorsichtigen Schätzungen frühestens um das Jahr 2020 realisiert werden kann. Bereits ein bescheidenes Instrument auf dem atmosphärenlosen Trabanten sollte die von einem erdähnlichen Planeten verursachte Taumelbewegung nachweisen können.

Ein Traum bleibt dagegen, durch interstellare Reisen fremden Planeten einen persönlichen Besuch abzustatten. Sogar mit Lichtgeschwindigkeit – auf die sich materielle Körper nach heutigen Kenntnissen nur annähernd beschleunigen lassen – gerät ein Abstecher zum tausendfünfhundert Lichtjahre entfernten Orion-Nebel zum Generationen-Unternehmen: Rund zwanzig Menschenleben lang würde der Ausflug dauern.

Sollten die sprichwörtlich hochfliegenden Pläne der NASA und anderer Forschergruppen nicht der allgegenwärtigen Finanzknappheit zum Opfer fallen, werden wir auf die Entdeckung sogar erdähnlicher Planeten wohl nicht mehr lange warten müssen. Damit aber stellt sich die entscheidende Frage: Wie läßt sich aus einer Entfernung von vielen Lichtjahren feststellen, ob es sich um eine belebte Welt handelt?

Die Erde mit den Augen eines Außerirdischen gesehen

Versuchen wir ein Gedankenexperiment. Nehmen wir an, wir seien forschungseifrige Bewohner des Planeten Mars und wollten unbedingt herausfinden, ob der Nachbarplanet Erde Leben birgt. Was würden wir Marsianer entdecken, wenn wir die Erde durch ein mit dem Hubble-Weltraumteleskop vergleichbares Instrument in Augenschein nähmen?

Zunächst würde uns ganz sicher die kräftig blaue Farbe des Planeten auffallen. Augenfällig sind zudem die weißen Polkappen der Erde. Dieses Merkmal kennen wir auch vom Mars. Da wir aber nur auf jene Informationen angewiesen sind, die uns das sichtbare Licht liefert, müßten wir bei der Frage passen, woraus die Polkappen bestehen. Hier haben wir die Qual der Wahl.

Die irdischen Polkappen bestehen aus Wassereis, das sich im Norden über einem Wasserozean gebildet hat und im Süden als kilometerdicke Schicht eine Landmasse zudeckt. Beim Mars gibt es ein ähnliches Naturphänomen, doch handelt es sich hier nicht um reines Wassereis. Auf ihm ist es heute so kalt, daß im Winter gasförmiges Kohlendioxid aus seiner dünnen Atmosphäre ausfriert und sich an den Polen als zentimeterdicke Reifschicht niederschlägt. Dieser Kohlendioxidreif ist möglicherweise mit etwas Wassereis vermischt. Das Wassereis könnte der klägliche Rest eines ehemals ansehnlichen Wasservorkommens auf dem roten Planeten sein, das heute vielleicht noch als Dauerfrost im Marsboden gebunden ist. Mit dem Blick durchs Fernrohr ließe sich die Geschichte der Polkappen freilich nicht herausfinden.

Auch hätten wir als Bewohner des staubtrockenen Mars wohl erhebliche Probleme, uns einen Reim auf die strahlendblaue Farbe der Erde zu machen. Wasser in flüssiger Form, das den irdischen Ozeanen die tiefblaue Farbe verleiht, kommt auf dem Mars heute so gut wie nicht mehr vor. Woher sollten da Marsbewohner wissen, wie flüssiges Wasser aussieht?

Bei der Identifizierung der rotbraunen Landmassen auf der Erde, den Kontinenten, gäbe es vermutlich kaum Probleme. Was aber bedeuten die seltsamen weißen Spiralen und Bänder, die sich innerhalb weniger Tage bilden, über die »Scheibe« des blauen Planeten wandern und sich wieder auflösen – wie ein wechselhaftes Minenspiel, das über das Gesicht der Erde huscht?

Hier ist von den Wolkensystemen der Erde die Rede, gewaltigen Ansammlungen von Wasserdampf in der irdischen Atmosphäre, die als Tiefdruckwirbel über bestimmten Teilen der Ozeane entstehen oder als weißes Band in Äquatornähe die Bildung mächtiger tropischer Gewitter verraten.

Diese und weitere für das irdische Leben existentielle Naturerscheinungen können wir als fiktive Marsbewohner nicht durch den Einsatz optischer Teleskope herausfinden. Dazu fehlen den Bildern die unverzichtbaren Informationen zur Identifizierung, sowie die physikalischen und chemischen Hintergründe über die Naturvorgänge auf der Erde. Käme man da nicht voreilig zu dem Schluß, die Erde sei unbelebt?

Wissenschaftler, die mit ihren Teleskopen den Himmel nach fremden, belebten Welten absuchen, stehen vor dem gleichen Problem. Angewiesen nur auf die mit den Augen zugängliche Information, kämen sie nicht weiter. Was wir als »Licht« erkennen können, entspricht nur einem winzigen Ausschnitt der elektromagnetischen Strahlung, die den Kosmos erfüllt. Gemessen am gesamten elektromagnetischen Spektrum macht die von unseren Augen wahrgenommene Strahlung den verschwindend geringen Bruchteil von gut einem Trilliardstel aus. Damit liegt auf der Hand: Die Suche nach fremden Welten und außerirdischem Leben darf sich

Wie Bildwelten zu Weltbildern werden

Als Licht bezeichnen wir jenen Teil der elektromagnetischen Strahlung, den wir mit unseren Augen als die Farben Rot, Orange, Gelb, Grün, Blau und Violett erkennen. Tatsächlich entstehen in unserem Kopf aus den mehrfach umgeformten Nervensignalen, die unsere Augen an das Gehirn weiterleiten, jene Sinneseindrücke, die wir als Farbe oder Helligkeit erkennen. Vor unserem Kopf besteht die Welt aus dem farblosen Wechselspiel elektromagnetischer Wellen, vergleichbar dem Muster sich ausbreitender und durchquerender Wasserwellen, wenn Steine in einen See geworfen werden. In der Natur gibt es nicht »Rot« oder »Blau«, weder »glänzend« oder »matt« noch »hell« oder »dunkel«. Diese und alle andere Eindrücke produziert unser Gehirn, indem es die in den elektromagnetischen Wellen enthaltenen physikalischen Informationen in erfahrbare Sinneseindrücke umwandelt. Eine Ahnung davon haben rotgrünblinde Menschen, denn sie können mit den beiden uns so vertrauten Farben nichts anfangen. Auch Insekten sehen die Welt anders als wir, weil sie die für uns unsichtbare ultraviolette Strahlung als »Farbe« wahrnehmen. Die UV-Strahlung der Sonne läßt unsere Haut bräunen; sie ist energiereicher als sichtbares Licht. Im elektromagnetischen Spektrum schließt sie sich an den Bereich des sichtbaren Lichts an, gefolgt von immer kurzwelligeren Röntgen- und schließlich Gammastrahlen. Röntgenstrahlung machen wir uns etwa in der medizinischen Diagnostik zunutze. Natürliche Quellen sind vor allem Sterne, so auch die Sonne. Harte Gammastrahlung ist die energiereichste Strahlung überhaupt. Sie gelangt vor allem von kosmischen Quellen zu uns und kündet von gewaltsamen Ereignissen, wie Supernovae und kollidierenden Galaxien.

Am langwelligen Teil des Spektrums schließt sich dem sichtbaren Licht die Wärme- oder Infrarotstrahlung an, die wir fühlen können. Radiowellen, auf denen die moderne Nachrichtentechnik beruht, entstehen auch im Kosmos. Moleküle in den kühlen Staub- und Gaswolken zwischen den Sternen strahlen wie ein interstellarer Sender in jeweils für sie typischen Radiowellenbereichen.

nicht nur auf die Auswertung optischer Informationen stützen. Sie muß auch die in anderen Wellenlängenbereichen der elektromagnetischen Strahlung versteckten Botschaften entschlüsseln.

Die Erde, ein Planet ohne intelligentes Leben?

Als die interplanetare Raumsonde Galileo während ihrer Reise durch das Sonnensystem im Dezember 1990 unseren Planeten in vielen tausend Kilometer Entfernung passierte, um sich genügend Schwung für weitere Rendezvous zu holen, machte sie auch einige Aufnahmen von der fernen Erde. Würden wir es nicht besser wissen, niemand hätte bei der Durchsicht der Fotografien eindeutige Spuren von Leben auf der Erde gefunden. Das Grün des tropischen Regenwaldgürtels versteckt sich unter Wolken und verschwimmt beim Blick aus der Ferne auf dem rotbraunen Grund der Kontinente zu einem dunklen Schatten. Keine Städte und kein Bauwerk sind zu sehen. Nicht einmal die knapp zweieinhalbtausend Kilometer lange Chinesische Mauer, die amerikanische Astronauten bei früheren Raumfahrtmissionen während der Erdumrundungen in wenigen hundert Kilometer Höhe ausgemacht hatten, war zu erkennen. Als jedoch die mit Spektrometer und Kameras ausgerüstete Raumsonde das Festland genauer ins Visier nahm, hinterließ eine merkwürdige Substanz ihren charakteristischen Fingerabdruck im infraroten Teil des Spektrums.

Des Rätsels Lösung: Galileo hatte bei einer Wellenlänge von etwa 0,7 Mikrometer den chemischen Fingerabdruck von Chlorophyll im elektromagnetischen Spektrum aufgezeichnet. Das Molekül ist zentraler Bestandteil der Photosynthese, mit deren Hilfe pflanzliche Organismen die Energie aus dem Sonnenlicht in Stoffwechselenergie umwandeln. Auf diesem Vorgang beruht fast das gesamte irdische Leben. Chlorophyll trägt somit die unverwechselbare Signatur des Lebens, denn es entsteht in keinem unbelebten Naturprozeß. So »einfach« hatte die Raumsonde den eindeutigen

Beweis für Leben auf der Erde erbracht. Doch ist das nicht die einzige Spur im elektromagnetischen Spektrum, die einem außerirdischen Besucher die Existenz von Lebewesen auf der Erde verraten würde.

Pflanzliche Organismen haben auch auf eine andere Weise die Erde verändert. Seit die belebte Natur vor mehr als 3,5 Milliarden Jahren die ersten photosynthesetreibenden Vorfahren der grünen Cyanobakterien hervorbrachte, begann sich Sauerstoff in der Erdatmosphäre anzureichern. Ein langsamer Prozeß, der Hunderte von Millionen Jahren dauerte. Das irdische Leben prägte so dem jungen Planeten seinen unverkennbaren Stempel auf. Von allen bekannten Welten im Sonnensystem beherbergt nur die Erde mit heute einundzwanzig Prozent einen derart hohen Anteil Sauerstoff in ihrer Atmosphäre. Seit die ersten photosynthesetreibenden Bakterien damit begannen Sauerstoff zu produzieren, hinterläßt das Gas bei 0,76 Mikrometer seinen unverkennbaren Fingerabdruck im infraroten Teil des Spektrums. Seine Existenz verrät somit viel über irdisches Leben und dessen Geschichte auf unserem Planeten.

Wie sich die Ökosphäre selbst erschafft

Zu Beginn der durch Photosynthese geprägten Erdgeschichte lag das reaktionsfreudige Gas zunächst gelöst im Wasser der Ozeane vor, da sich die ersten Lebensformen nur im Schutz des Meerwassers vor der tödlichen UV-Strahlung entwickeln konnten. Nachdem sich Sauerstoff in der Erdatmosphäre allmählich angereichert hatte und das Leben das Festland zu erobern anschickte, dient das Gas der sich explosionsartig ausbreitenden Tierwelt als Atemgas und Lebenselixier.

Im Laufe von Jahrmilliarden konnte sich so ein Stoffkreislauf etablieren, bei dem pflanzliche Organismen aus Sonnenlicht, Wasser und dem reichlich bei Vulkanausbrüchen freigesetzten Kohlendioxid die Lebensgrundlage für die Tiere schafften, indem sie zum einen ihre Biomasse als Nahrungsgrundlage für die Pflanzenfresser und zum andern den lebensnotwendigen Sauerstoff bereitstellten. Von deren Stoffwechselaktivitäten in Form von Kohlendioxid profitieren wiederum die Pflanzen. In diesem Kreislauf werden vor allem Kohlenstoffverbindungen weitergereicht. Sie werden von allen Lebewesen in ihren Zellen aufgebaut, verändert und schließlich nach dem Absterben von anderen Organismen wieder zu einfachen Nährstoffen abgebaut. In ihnen finden die Kohlenstoffverbindungen dann erneut als Baustoff Verwendung. Kohlenstoff, das stoffliche Fundament aller irdischer Lebewesen, ob Mikrobe, Mammutbaum, Maus oder Mensch, wird in diesem globalen, seit Jahrmilliarden existierenden Kreislauf transportiert. Das Leben auf der Erde stellt somit eine gigantische Recyclingmaschine für organischen Kohlenstoff dar. Sauerstoff ist ebenfalls in das Recyclingwerk eingebunden und spielt hier eine wichtige Rolle als Energielieferant.

Als sich Sauerstoff wegen der in Gang gekommenen Photosynthese mehr und mehr in der irdischen Lufthülle ansammelte, kam es in der Atmosphäre in einer Höhe zwischen fünfzehn und fünfzig Kilometer zu einer Reihe komplexer chemischer Reaktionen. In der Stratosphäre bildete sich in winzigen Mengen dadurch eine besondere Form des Sauerstoffs: Ozon. Das Spurengas wirkt dort wie ein globaler Schutzschild. Es filtert die energiereichen, lebensvernichtenden UV-Strahlen aus dem Sonnenlicht großteils heraus. Mit dem Einsetzen der Photosynthese und der allmählichen Bildung einer Sauerstoffatmosphäre schuf das irdische Leben zugleich auch einen Abwehrmechanismus. Der sollte das Leben später bei der Eroberung des Festlandes vor der tödlichen UV-Strahlung der Sonne schützen und seine weitere Verbreitung fördern.

Mit der eigenen Weiterentwicklung begann das irdische Leben gleichzeitig auch seine Umwelt zu organisieren. Es bildeten sich selbstregulierende Kreisläufe heraus, die die Wechselwirkungen zwischen Naturabläufen und Organismen von selbst in Gang halten und steuern können. Die Entstehung des irdischen Ozonschildes war dabei ein wichtiger Schritt, den wir in ähnlicher Form auch bei fremden Welten mit Leben auf Kohlenstoffbasis erwarten dürfen. Da Ozon im infraroten Teil des irdischen Strahlungsspektrums seine unverwechselbare Erkennungsmarke hinterläßt, ist es durchaus sinnvoll, danach auch bei unseren kosmischen Nachbarn mit geeigneten Instrumenten zu suchen.

»Um solche Moleküle aufzuspüren, sollten wir vor allem im infraroten Spektralbereich zwischen sieben und zwanzig Mikrometer nachsehen«, schlägt folglich auch der amerikanische Planetologe David Black, Direktor am Lunar and Planetary Institute in Houston vor. Der Forscher verhehlt nicht, daß er eine systematische Suche nach den Spuren biologischer Aktivität auf erdähnlichen Planeten in unserer kosmischen Nachbarschaft mit den heutigen Instrumenten für aussichtslos hält: »Dafür brauchen wir riesige Teleskope von einigen zehn oder gar hundert Metern Durchmesser. Eine solche Aufgabe läßt sich nur mit einem Interferometer im Weltraum realisieren.« Damit ließe sich nach Ansicht des Forschers sogar Wasserdampf in der Atmosphäre eines fernen Planeten nachweisen.

Für die meisten Wissenschaftler ist die Existenz von Leben auf Kohlenstoffbasis ohne Wasser kaum denkbar. Die Ozeane, die gut siebzig Prozent der Oberfläche unseres blauen Planeten bedecken, gelten als die Wiege des irdischen Lebens. Die Erinnerung an den nassen Ursprungsort tragen wir heute noch mit uns herum: Gut die Hälfte unserer Körpermasse ist Wasser.

Ein erheblicher Teil der Wassermassen auf der Erde schwebt zudem in der Luft. Durch die Sonneneinstrahlung verdunstet jeden Tag eine gewaltige Menge Wasser aus den Weltmeeren. Der Wasserdampf steigt auf, sammelt sich in einigen tausend Meter Höhe und kondensiert dort zu Wolken. Luftströmungen verdriften die Wolken, und als Regen gelangt dann das Wasser wieder in die Ozeane. Als Eis wird es auf dem Festland abgelagert oder schwimmt auf der Meeresoberfläche. Der Kreislauf des Wassers ist nicht nur die gewaltigste Bewegung auf unserem Planeten, er ist auch Motor des irdischen Klimageschehens, vom dem wiederum das Leben auf elementare Weise abhängig ist.

In unserem Sonnensystem ist flüssiges Wasser in größeren Mengen heute sicher nur auf der Erde nachgewiesen. Als sich die Erde in der Urzeit der übergroßen Hitze in ihrem Innern durch intensiven Vulkanismus entledigte, schwitzte sie auch gewaltige Mengen an Wasserdampf aus. Dieser kondensierte in der Uratmosphäre und prasselte in Jahrtausende währenden Regenschauern auf die gerade erstarrte Kruste, wo sich die Wassermassen allmählich zu einem Ozean ansammelten.

Von kosmischer Kybernetik zu belebten Welten

Damals, vor etwa 4,5 Milliarden Jahren, spielte sich dieses Schauspiel vermutlich auch auf einem weiteren Planeten im Sonnensystem ab. Vom Mars haben Raumsonden Bilder zur Erde gefunkt, die stromlinienförmige Inseln in einer flachen Region des Planeten zeigen. Solche Strukturen bilden sich, wenn größere Mengen Wasser um Hindernisse im Gelände herumfließen. Berechnungen zeigen, daß es auf dem Mars einst so viel Wasser gegeben hat, daß sich damit ein Dutzend bis mehrere hundert Meter tiefer, planetenweiter Ozean füllen ließ. Wenn es flüssiges Wasser auf dem Mars gab, muß es dort auch ein gemäßigtes Klima mit Temperaturen gegeben haben, die über dem Gefrierpunkt lagen. Im Unterschied zur Erde ist der Mars heute jedoch nicht nur ein Wüstenplanet, sondern mit einer Durchschnittstemperatur von –53 Grad Celsius auch noch unfreundlich kalt und wohl auch ohne Leben. Wo aber sind die gewaltigen Wasservorräte des Mars geblieben?

Sehr wahrscheinlich sind sie, wie wir in einem späteren Kapitel noch ausführlich diskutieren werden, schon wenige hundert Millionen Jahre nach ihrer Entstehung auf Nimmerwiedersehen in das All entwichen. Die zu geringe Anziehungskraft des nur etwa ein Zehntel Erdmassen schweren Mars vermochte größere Wassermassen nicht für längere Zeit an den Planeten zu binden. An dem völlig verschiedenen Schicksal der beiden Nachbarplaneten Erde und

Mars wird bereits deutlich, welchen fundamentalen Einfluß allein die unterschiedlichen Massen auf die Entwicklungsgeschichte der Planeten haben. Doch ist das nicht der einzige Faktor, der die Chancen für die Evolution von Leben mitbestimmt. Mit Hilfe von Computerprogrammen, wie sie auch für die Modellierung der Planetenentwicklung in protoplanetaren Scheiben benutzt werden, haben Forscher die Einflüsse möglichst vieler physikalischer Faktoren durchgespielt. Von zentraler Bedeutung ist dabei die Masse des Sterns. Sie bestimmt das Geschehen in einem Planetensystem gleich in mehrfacher Hinsicht.

Die Lebenserwartung eines Sonnensystems hängt unmittelbar von der Masse des Sterns ab. Sterne von der bescheidenen Größe unserer Sonne verbrauchen ihren atomaren Brennstoffvorrat nur sehr langsam. Bei der Entwicklung belebter Welten kann sich die Natur somit viele Milliarden Jahre Zeit nehmen. Unsere Sonne hat während der vergangenen 4,5 Milliarden Jahre erst ein Prozent ihrer Masse verbraucht. Die Rechnungen der Astrophysiker zeigen, daß sie sich noch weitere zwei bis drei Milliarden Jahre in einem Gleichgewicht befinden wird. Dafür ist der nach außen gerichtete Druck der Strahlung verantwortlich, die den Stern aufbläht, und die nach innen gerichtete Schwerkraft, die seine Materie zusammenpreßt. Diese beiden Gegenspieler halten sich während des Großteils eines Sternenlebens die Waage.

Wird der Brennstoff mit der Zeit immer knapper, gerät das fein austarierte Gleichgewicht aus dem Takt, und die Sonne schwillt langsam zu einem roten Riesenstern an. Ihre aufgeblähten, glühenden Schichten werden dann die beiden inneren Planeten Merkur und Venus verschlucken. Die Erde wird zwar gerade noch verschont, doch ist auch ihr Schicksal besiegelt. Wenn die kochenden Ozeane und die schützende Atmosphäre unseres Planeten in den Weltraum verdampft sind, wird in ferner Zukunft auf der Erde kein Leben mehr existieren können. In fünf Milliarden Jahren wird die Sonne sämtliche Wasserstoffvorräte zu Helium »verbrannt« haben und hat dann dem Gewicht ihrer eigenen Masse nichts mehr entge-

> *Die Masse bestimmt die Lebenserwartung*
>
> Je massereicher ein Stern ist, desto kürzer ist seine Lebenszeit. Die Massen der Sterne können jedoch erheblich variieren: Es gibt Winzlinge mit nur acht Prozent der Sonnenmasse, die mehr als fünfzehn Milliarden Jahre vor sich hin glimmen können, bis hin zu Schwergewichten mit der fünfzig- oder sechzigfachen Sonnenmasse, die nur wenige Millionen Jahre alt werden.

genzusetzen. Sie schrumpft unaufhaltsam zu einem heißen weißen Zwergstern, der einen Teil seiner äußeren Hülle in den Weltraum abstößt und dann langsam auskühlt.

Sternen, die mit mehr als dem Achtfachen der Sonnenmasse auf die Welt gekommen sind, steht dagegen ein glanzvolles, jedoch kurzes Leben bevor. Sie erreichen ein Alter, das nur einen Bruchteil der Lebensdauer unserer Sonne ausmacht. Ihr Leben endet mit einem spektakulären, kosmischen Feuerwerk, einer Supernova-Explosion. In diesen Fällen stehen die Chancen für höherentwickeltes Leben in ihrer Umgebung schlecht.

Von der Masse des Sterns hängt aber nicht nur sein zu erwartendes Alter und damit die Zeit für die Entwicklung von Leben auf seinen Planeten ab. Die Masse diktiert auch die Größe jener Sphäre um den Stern, in der Planeten Leben hervorbringen können. Diese »bewohnbare Zone« kennzeichnen Temperaturen, die flüssiges Wasser zulassen. »Wir unterstellen fast immer, daß Leben existentiell von Wasser abhängt. Doch heißt das zunächst nur, daß Planeten, die in dieser Zone liegen, einfachen Organismen wie Bakterien eine Überlebenschance bieten. Die Bedingungen müssen nicht zwangsläufig für die Entwicklung höherer Lebensformen ausreichen«, sagt der Planetologe David Black.

Seine Berechnungen verdeutlicht er an einigen Beispielen. Sie zeigen, wie die Lebenserwartung eines Sterns und die Ausdehnung der bewohnbaren Zone von seiner Masse abhängen:

Masse des Sterns (in Sonnenmassen)	*Lebenserwartung des Sterns (in Milliarden Jahren)*	*Bewohnbare Zone (in Millionen Kilometer)*
0,5	30	30–60
Auf das Sonnensystem übertragen, läge die bewohnbare Zone etwa in der Bahn des innersten Planeten Merkur.		
1,0	10	123–210
Im Sonnensystem liegt nur die Erde mit einer Entfernung von durchschnittlich hundertfünfzig Millionen Kilometer innerhalb der bewohnbaren Zone; der Mars bewegt sich mit durchschnittlich zweihundertachtundzwanzig Millionen Kilometer Entfernung von der Sonne knapp außerhalb der bewohnbaren Zone.		
1,5	2	255–420
Übertragen auf das Sonnensystem läge die bewohnbare Zone im Asteroidengürtel zwischen Mars und Jupiter.		

Die Übersicht macht auf einen Blick klar, daß Sterne mit deutlich geringerer Masse als die Sonne zwar sehr viel älter als diese werden – doch schrumpft zugleich auch die bewohnbare Zone drastisch. Bei massereichen Sternen ist die bewohnbare Zone zwar größer, doch nützt das der Entwicklung einer Biosphäre wenig, weil diese Sterne die Strahlungsenergie nicht über Zeiträume von vielen Milliarden Jahren konstant halten können.

Der Effekt macht sich bereits bei Sternen bemerkbar, die über nur wenig mehr Masse als die Sonne verfügen. Sie verbrennen den atomaren Brennstoff so schnell, daß die Zeit kaum mehr für die Entwicklung höherer Lebensformen ausreicht. So hat ein Stern von beispielsweise drei Sonnenmassen nur noch eine Lebenserwartung von etwa einer Viertel Milliarde Jahre. Ein Stern von fünf Sonnenmassen existiert gar nur knappe siebzig Millionen Jahre.

Ein Kosmos der Selbstorganisation …

Wie wichtig der Einfluß der Sonnenstrahlung und damit auch das Vorkommen größerer Wassermengen für die Entwicklung verträglicher Lebensbedingungen auf einem Planeten ist, läßt sich wiederum am Beispiel der Erde verdeutlichen. Hier sind wir Zeugen eines auf den ersten Blick erstaunlichen Naturphänomens: In einem sich selbst organisierenden Wechselspiel zwischen Sonnenenergie und Planet kommt es wie von selbst zur Ausbildung lebensfreundlicher Bedingungen.

Dieser Effekt mag viele Menschen verblüffen. Manchem erscheint die Natur als wissende Allmacht, die nach einem Plan verfahren hat, um Leben zu erschaffen. Hinter dem Phänomen steckt jedoch nichts Unerklärliches und schon gar nichts Übersinnliches.

Selbstorganisation, als Ausdruck eines komplexen und für uns zunächst undurchschaubaren Wechselspiels der Naturkräfte ist buchstäblich allgegenwärtig: Sie beherrscht sowohl die Ausbildung der Spiralstruktur von Galaxien, als auch das Zusammenspiel Tausender biochemischer Reaktionen, die in jeder Sekunde in einer Mikrobenzelle ablaufen, um diese am Leben zu erhalten. Der Prozeß der Selbstorganisation ist auch bei einem Planeten wie der Erde ständig am Werk.

Ein mildes Klima ist eine Voraussetzung, die die Erde zu einer Heimstätte des Lebens werden ließ. Pflanzliche Organismen sorgen durch Photosynthese dafür, daß sich sauerstoffatmende Tiere entwickeln konnten. Pflanzen und Tiere sind als Partner in einem ökologischen Wechselspiel aufeinander angewiesen. Dabei stellt sich ganz von allein ein Gleichgewicht ein, ohne daß jemand von außen eingreifen muß. Diese Selbstregulation unterscheidet lebende Systeme von technischen Regelkreisen, bei denen zunächst der Mensch Größen vorgeben muß. Diese Größen, innerhalb der sich die Lebenswelt eines Planeten bewegen kann, hat die Natur bereits vorgegeben.

Am Anfang eines solchen selbstorganisierenden, globalen Kreislaufs steht stets Energie. In Gestalt der Sonnenstrahlung ist sie der Motor fast aller Prozesse auf einem Planeten. Eine Ausnahme ist jene Energie, die der Planet selbst erzeugt, und das ist im wesentlichen Wärme. Im Falle der Erde existieren zwei Wärmequellen: Einmal der im Zentrum liegende, siebentausend Grad Celsius heiße Eisenkern, zum anderen der Zerfall radioaktiver Elemente wie Uran oder Thorium, die in Erdmantel und Erdkruste verteilt sind. Die Wärme gelangt, ähnlich wie die zirkulierende Flüssigkeit in einem siedenden Kochtopf, durch Konvektion bis zur Erdoberfläche. Bei einem festen Planeten von Erdgröße reicht diese Energie aus, um an seiner Oberfläche mehrere Kilometer mächtige Gesteinsplatten bis zur Größe der Kontinente jährlich um einige Zentimeter zu verschieben. Diese wandern im Laufe vieler Jahrmillionen über den Globus. Dieser Prozeß findet als Kontinentaldrift schon seit der Geburt der Erde statt.

Den größten Teil der Energie erhält unser Planet jedoch von der Sonne. Damit sie Energie erzeugen und als Strahlung in den Weltraum abgeben kann, setzt sie in jeder Sekunde die ungeheure Menge von fünfhundertvierundsechzig Millionen Tonnen Wasserstoff zu Helium um. Das geschieht tief in ihrem Innern durch Kernfusion. Hier verschmelzen bei Temperaturen um fünfzehn Millionen Grad Celsius und einem Druck von etwa zweihundertzwanzig Millionen Bar (= zweiundzwanzig Bio Pascal) leichte Wasserstoffkerne miteinander und bilden Helium. Außerdem wandeln sich auf diese Weise pro Sekunde vier Millionen Tonnen Materie in reine Energie um. Die Sonne verläßt so ein ständiger Strom elektromagnetischer Strahlung in Form von Wärme, Licht, Radio-, UV- und Röntgenstrahlung. Das geschieht in jedem Augenblick, ohne daß seither ihr Brennstoffvorrat nennenswert geschwunden wäre.

Nur ein kleiner Bruchteil der von der Sonne abströmenden Strahlung trifft nach der gut achtminütigen Reise durch das Vakuum des Alls auf die Atmosphäre der Erde. Obwohl sich der größte Teil der Sonnenstrahlung im Weltall verliert, beläuft sich die Energie, die die Erde jährlich von der Sonne empfängt, auf eine Leistung von siebenhundertfünfzig Billiarden Kilowattstunden. Diese unvorstellbare Zahl entspricht etwa dem Achttausendfachen dessen, was die Menschheit jedes Jahr durch Verfeuern fossiler Brennstoffe wie Kohle, Erdöl und Erdgas, aber auch durch Atomstrom sowie Wind- und Wasserkraft verbraucht.

Ein großer Teil der Sonnenenergie trifft jedoch nicht unmittelbar auf den Erdboden, sondern auf Wolken, die entweder aus zarten Eiskristallen oder kleinen Wassertröpfchen bestehen. An ihnen wird ein Teil des Sonnenlichts gestreut und wieder in den Weltraum zurückgeworfen, so daß nur die Hälfte des eingestrahlten Lichts bis zum Boden gelangt. Die Bewölkung, die das Gesicht unseres blauen Planeten beim Blick aus der Satellitenperspektive wie ein Schleier verdeckt, wirkt wie ein Regulator. Sie läßt nur einen Teil der Flut an Sonnenenergie bis auf die Erde gelangen, um dort ihre Wirkung zu entfalten. Pflanzen benötigen von der ankommenden Sonnenstrahlung nur einen winzigen Teil, etwa ein Promille, um die Photosynthese durchzuführen. Dieser biochemische Vorgang steht als der grüne Motor des Lebens am Anfang fast aller irdischen Nahrungsketten. Ohne die Photosyntheseleistung der Pflanzen wären höherentwickelte Lebewesen, uns eingeschlossen, undenkbar. Gäbe es das schwebende Luftmeer nicht, hätte sich die Erde längst, wie ihr roter Nachbar Mars, in einen öden Wüstenplaneten verwandelt.

Zwar bedecken Ozeane rund siebzig Prozent der Erdoberfläche, dennoch beherbergen sie nicht einmal ein Drittel Promille der gesamten Wasservorräte unseres Planeten. Der überwiegende Teil des Wassers zirkuliert im Gestein der Erde oder ist in dessen Mineralen gebunden. Dennoch stellen die Weltmeere, die ihrerseits über Verdunstung die Bewölkung steuern, ein zentrales Steuerglied für das irdische Klima dar.

In diesem Sinne stellen Ozeane und Atmosphäre, verknüpft über Verdunstung, Wolken, Regen, die von Temperaturunterschieden zwischen Meer und Festland angetriebenen Luftströmungen und die Stoffwechselaktivitäten der Organismen ein dichtverwobenes

Netzwerk dar, das auf jede Veränderung seiner Glieder reagiert. Dabei kann es zwar zu Verschiebungen der Maschen kommen, das Netzwerk kann aber dennoch seine Größe beibehalten, weil es sich selbst reguliert. Trotz mancher Einsichten in solche komplexen Vorgänge sind Wissenschaftler heute noch weit davon entfernt, die das Leben steuernden Vorgänge im Detail zu verstehen.

Wenn heute Forscher die Frage beantworten wollen, wie wahrscheinlich Leben auf anderen Planeten ist, fällt ihnen die Antwort schwerer denn je. Das ist nicht etwa so, weil sie die Aussichten skeptischer als früher einschätzen. Das Gegenteil ist der Fall. Die Natur hat ihnen gezeigt, daß es zwar auf bestimmte physikalische und chemische Voraussetzungen ankommt. Von Bedeutung ist ebenso, ob und wie sich die miteinander verflochtenen Wirkungsmechanismen gegenseitig beeinflussen und verändern. In diesem dynamischen Netzwerk der Biosphäre öffnen sich plötzlich für uns unvorhersehbare Spielräume, so daß wir uns wohl noch auf manche Überraschung gefaßt machen müssen.

... schafft Spielräume für Leben

Angesichts der Entdeckungen zahlreicher Welten, die wohl zu den jupiterartigen Planeten zu rechnen sind, denken einige Wissenschaftler bereits ernsthaft über die Aussichten für Leben auf eventuellen Trabanten eines solchen Gasgiganten nach. Auch hier könnte flüssiges Wasser und eine schützende Gasatmosphäre existieren. Beflügelt werden diese Überlegungen durch die jüngsten Entdeckungen der Raumsonde Galileo, die auf einigen Jupitermonden mit großer Wahrscheinlichkeit flüssiges Wasser und Eis festgestellt hat. Die Bilder der Sonde lassen vermuten, daß Ganymed, mit einem Durchmesser von fünftausendzweihundertzweiundsechzig Kilometern der größte Mond im Sonnensystem, aus einem festen Gesteinskern besteht, der von einem dicken, an der Oberfläche zerfurchten Panzer aus »schmutzigem« Eis eingehüllt wird. Auch meten, in deren Gas- und Staubschweif ähnliche Verbindungen nachgewiesen wurden, als »biologische Testfälle«. Hier können vermutlich die ersten Schritte der biochemischen Evolution des Lebens auf der Urerde studiert werden.

»Bislang können wir nur raten, welche Verbindungen auf der Erde existierten, bevor es Leben gab. Bei Titan haben wir die Chance, herauszufinden, mit welchen chemischen Tricks die Sonnenstrahlung in einer urtümlichen Atmosphäre arbeitet«, erläutert Francois Raulin, Koordinator für exobiologische Experimente bei der europäischen Weltraumbehörde ESA, eines der wichtigsten Ziele der Huygens-Mission.

Die Forscher wollen auch ein anderes Geheimnis lüften. Schon lange rätseln sie, warum von allen Monden im Sonnensystem nur Titan über eine eigene Atmosphäre aus Stickstoff verfügt, eine Eigenschaft, in der er dem Planeten Erde ähnelt. Titans Atmosphäre enthält auch geringe Mengen Methan und Argon, die aber nur wenige Prozent ausmachen.

Modellrechnungen zeigen, daß sich bei der Bildung des Sonnensystems vor gut 4,5 Milliarden Jahren in den kühlen Außenregionen der protoplanetaren Gas- und Staubscheibe große Mengen an Stickstoff, Methan, Kohlenmonoxid und Argon angesammelt haben und mit Wassereis eine Verbindung eingegangen sind. Weil diese Verbindungen heute noch auf Titan vorkommen, glauben viele Wissenschaftler, daß die Atmosphäre des Mondes ein direktes Überbleibsel aus der Frühzeit des Sonnensystems ist. Vermutlich besteht der Mond hauptsächlich aus Eis. Sein Kern, so vermuten manche Forscher, könnte aus Silikatgesteinen und etwas Eisen bestehen.

Der Abstieg der Sonde ist für den 27. November 2004 geplant. Dann wird Huygens während des zweieinhalbstündigen Fluges durch die Atmosphäre Titans nicht nur Temperatur, Druck, Windgeschwindigkeiten und elektrische Leitfähigkeit messen, sondern auch Proben aus der mehrere hundert Kilometer mächtigen Dunstschicht nehmen, die dem Mond die typisch orange Farbe verleiht.

Hier bilden sich vermutlich Aerosole aus organischen Verbindungen, die langsam zu Boden regnen. Spannende Fragen stellen sich den Weltraumwissenschaftlern: Setzt Huygens auf festem Grund auf? Ist Titan mit einer dicken Schicht aus teerartigen, organischen Stoffen überzogen? Geht die Sonde gar in einem Ozean aus flüssigen Kohlenwasserstoffen nieder? Hier würde ihre Lebensdauer nur wenige Sekunden betragen.

Damit die Multispektralkamera an Bord von Huygens zum Einsatz kommen kann, hoffen die Wissenschaftler auf eine gute Landung auf festem Boden. Auch soll ein mitgeführter kleiner Bohrer den Boden des Mondes beproben. Vieles spricht dafür, daß Huygens eine bizarre Landschaft auf dem Saturnmond antreffen wird. Einige Modelle sagen eine feste Kruste aus Wasser- und Ammoniakeis vorher, auf der Vulkane und Geysire Ammoniak speien. Die Flüssigkeit könnte unter großem Druck aus unterirdischen Kavernen an die Oberfläche drängen. Wie es jedoch tatsächlich auf Titan aussieht und ob sich auf einer so kalten und für uns scheinbar lebensfeindlichen Welt erste Vorformen von Lebensmolekülen bilden konnten, wird erst die geglückte Landung von Huygens im Jahre 2004 zeigen können.

Der Chemiker und Nobelpreisträger Christian de Duve drückte seine Vorstellungen über die Chancen fremder belebter Welten einmal so aus: »Leben ist das Ergebnis deterministischer Kräfte. Es mußte unter den herrschenden Bedingungen zwangsläufig entstehen und wird sich immer wieder entwickeln, wenn sich irgendwann und irgendwo diese Bedingungen erneut einstellen.«

5. Lauschangriff auf fremde Zivilisationen

Am frühen Morgen des 8. April 1960 startet ein amerikanisches Forscherteam unter Leitung von Frank Drake am National Radio Astronomy Observatory in Green Bank im Bundesstaat West-Virginia ein weltweit für Aufsehen sorgendes Abhörprogramm. Im Visier der Wissenschaftler: ein Stern, der am Nordhimmel in dem unscheinbaren Sternbild Cetus (Walfisch) liegt und nur weit außerhalb der nächtlichen Lichtflut einer Großstadt mit bloßem Auge zu erkennen ist. Auf ihn richten die Forscher voller Spannung das 26-m-Radioteleskop aus. Dann sucht die Antenne nach Funksignalen in der Richtung des sonnenähnlichen Sterns Tau Ceti. Das Projekt »Ozma« war angelaufen. Zum ersten Mal in ihrer Geschichte suchte die Menschheit den Kontakt zu fremden Intelligenzen im All.

Projekt Ozma

Später nahmen Frank Drake und sein Team noch einen weiteren sonnenähnlichen Stern unter die Lupe: Epsilon Eridani, wie Tau Ceti elf Lichtjahre von der Sonne entfernt. Rund vierhundert Stunden lang horchten die Forscher die beiden Sterne nach »verdächtigen« Radiosignalen ab. Doch Frank Drake und seine Mitarbeiter fanden nichts, was auf einen künstlichen Ursprung der Radiosignale hingewiesen hätte. Der erste irdische Lauschangriff auf außerirdische Intelligenzen – ein Fehlschlag?

Keineswegs. Sollten die beiden Welten tatsächlich irgendwann einmal technische Zivilisationen hervorgebracht haben, deren Lebensdauer vielleicht auf einige zehntausend Jahre veranschlagt werden kann, wäre es doch vermessen anzunehmen, daß diese ausgerechnet in jenen vierhundert Stunden auf kosmische »Nachrichtensendung« gehen, während der irdische Radioteleskope in ihre Richtung lauschen. Darüber waren sich freilich auch Frank Drake und sein Team im klaren. »Auch in unseren kühnsten Vorstellungen konnten wir nicht davon ausgehen, tatsächlich ein Signal von fremden Intelligenzen zu finden«, gestand Frank Drake später einmal. Er hatte bereits während seiner akademischen Laufbahn an der Harvard School Berechnungen angestellt, wie erfolgreich die Suche nach Brüdern im All mit Hilfe verschiedener Instrumente ist. Im Jahr 1961 veröffentlichte der Wissenschaftler dann als Ergebnis seiner Kalkulationen eine Formel, die unter seinem Namen Eingang in die einschlägige Literatur fand. Mit der als Drake-Formel bekanntgewordenen Abschätzung versuchte der Wissenschaftler die Wahrscheinlichkeit für einen Funkkontakt mit einer fremden, technischen Zivilisation zu kalkulieren.

Von den insgesamt sieben Faktoren seiner Formel, die miteinander multipliziert die Anzahl der Zivilisationen ergeben, die augenblicklich die Milchstraße beherbergt, sind nur drei astronomischer Natur. Sie berücksichtigen die Rate, mit der sich sonnenähnliche Sterne in der Milchstraße bilden, den Anteil der Sterne mit Planeten und die Zahl der Planeten in einem Sonnensystem, auf denen lebensfreundliche Bedingungen herrschen. Die anderen vier Faktoren erfassen biologische und soziologische Gegebenheiten, die freilich unserer Erfahrungswelt entstammen: der Anteil bewohnbarer Planeten in einem Sonnensystem, die tatsächlich Leben tragen, die Anzahl der Lebensformen, die in ihrer Entwicklungsgeschichte bereits einen intellektuellen Status erreicht haben, die Zahl der technischen Zivilisationen, die auch in der Lage sind, Botschaften ins All zu schicken und schließlich jene Größe, die die durchschnittliche Lebensdauer einer solchen fortgeschrittenen Zivilisation angibt.

Je nachdem, wie optimistisch man bei den einzelnen Faktoren ist, ergeben sich recht unterschiedliche Resultate. Sie reichen von nur

Läßt sich außerirdisches Leben berechnen?

1961 unternahm der Astronom Frank Drake den Versuch, die Zahl der Zivilisationen abzuschätzen, die aufgrund ihrer technischen Entwicklung in der Lage wären, mit der Menschheit in Funkkontakt zu treten. Das Ergebnis seiner Überlegungen ist die Drake-Formel:

$$N = R_s \times f_p \times n_e \times f_l \times f_i \times f_c \times L$$

Darin bedeuten

N = die Zahl der derzeit existierenden technischen Zivilisationen in der Milchstraße

R_s = die Rate, mit der sonnenähnliche Sterne in unserer Galaxie entstehen

f_p = der Anteil der Sterne, um die sich Planeten gebildet haben

n_e = die Zahl der Planeten in einem Sonnensystem, die lebensfreundliche Umweltbedingungen entwickelt haben

f_l = der Anteil der tatsächlich belebten Planeten

f_i = der Anteil intelligenter Lebensformen

f_c = der Anteil technischer Zivilisationen, die in der Lage sind, Botschaften ins All zu senden

L = die Lebensdauer einer technischen Zivilisation

Drake setzte in die Gleichung folgende Werte ein:

$$N = 10 \times 1 \times 1 \times 1 \times 0{,}01 \times 0{,}1 \times L$$

Die Lebensdauer L einer technischen Zivilisation abzuschätzen ist jedoch schwierig. Nimmt man dafür einen Wert von hunderttausend Jahren an, dann können wir damit rechnen, etwa alle tausend Lichtjahre auf eine technische Zivilisation zu treffen.

einer einzigen technischen Zivilisation bis zehntausend innerhalb der Milchstraße. Vielleicht liegt die Wahrheit, wie sooft, irgendwo in der Mitte. Das wäre dann aber immer noch eine beeindruckende Zahl – allein in unserer Galaxie.

Mit dieser ersten kosmischen Abhöraktion kam es Frank Drake vor allem auf den symbolischen Wert an. Einen Treffer auf Anhieb hielt er wohl selbst für höchst unwahrscheinlich. Darauf deutet schon die Bezeichnung des bis dahin einzigartigen Projektes hin: Ozma, entliehen dem Namen der Herrscherin über das wundervolle Märchenland Oz in einer damals sehr populären Kinderbuchserie von Frank Baum. Wie aber hätten die Wissenschaftler eine Nachricht vom anderen Stern überhaupt erkennen können, wo es doch im Weltall nur so von Radiowellen wimmelt?

Mit der Wasserstoffwelle im Kosmos auf Sendung

So wie wir am Frequenzband des Radiogeräts unsere Lieblingssender einstellen können, lauschte auch Frank Drake auf einer festen Frequenz oder Wellenlänge in das All. Er suchte sich für seine kosmische Abhöraktion einen prominenten »Radiosender« aus, nämlich die elektromagnetische Strahlung des häufigsten Elements im Universum, des Wasserstoffs, bei einer Wellenlänge von einundzwanzig Zentimeter. Sie durchdringt die gesamte Milchstraße und stammt von atomarem Wasserstoffgas, das fein verteilt die Räume zwischen den Sternen erfüllt. Man könnte auch sagen, daß die allgegenwärtige 21-cm-Welle so etwas wie der Sender RTL in unserer Medienlandschaft ist: überall präsent und stets auf Sendung. Das war vielleicht einer der wichtigsten Gründe, warum sich Frank Drake für das Abhören der 21-cm-Wasserstoffwelle entschieden hat. »Ansonsten sei diese Wellenlänge so gut wie jede andere«, meinte er einmal.

Wie unterscheiden sich Radiowellen, die etwa von einer fernen Radiogalaxie oder einer Molekülwolke in der Milchstraße abgestrahlt werden, von einer kosmischen Radiosendung, die von einer technischen Zivilisation fabriziert wurde? Schauen wir dazu einmal nach, welche Informationen wir etwa der Aufschrift eines Briefes entnehmen können, von dem wir den Absender nicht kennen.

Was eine Botschaft so alles verrät

Ein handgeschriebener Schriftzug auf dem Brief verrät zunächst, daß der Absender des Lesens und Schreibens mächtig ist. Das klingt banal, doch ein Kleinkind wäre dazu wohl kaum in der Lage. Eine unausgeglichene, krakelige Schrift offenbart wiederum, daß der Absender beim Schreiben der Zeilen keine ruhige Hand führen konnte. Vielleicht war er krank oder beim Schreiben sehr aufgeregt?

Noch einen Schritt weiter gehen wir, wenn wir die grundsätzliche Frage nach der Bedeutung von Schrift stellen. Schriftzeichen sind nichts anderes als willkürliche Zeichen, somit also Symbole, die in einer bestimmten Abfolge, den Wörtern, über unsere Augen eine konkrete geistige Vorstellung in unserem Gehirn hervorrufen. Das ist freilich ein sehr komplexer, intellektueller Vorgang, der ein hohes Maß an Abstraktionsvermögen voraussetzt. Zu einer solchen Leistung ist auf unserem Planeten ausschließlich der Mensch in der Lage. So gesehen, verrät die Schrift auf einem Brief eine Menge über den Absender.

Ähnlich verhält es sich auch mit künstlichen Radiowellen, die von einer fremden Zivilisation in das kosmische Meer elektromagnetischer Wellen abgestrahlt werden. Der Unterschied zu unserem Beispiel mit dem Brief: Der »Empfänger« weiß gar nicht, daß er eine »Nachricht« empfängt. Dennoch heben sich künstliche Signale durch eine gewisse Ordnung hervor. Gerade das bildet eine wesentliche Eigenschaft von Information; ein Beispiel soll das verdeutlichen.

Wenn wir uns ein Fernsehprogramm ansehen, dann steckt die optische Information in der Art und Weise, wie sich die Bildpunkte auf dem Bildschirm zu Strukturen, etwa den Abbildungen menschlicher Figuren oder Gegenstände, zusammensetzen. Wenn jedoch nach Sendeschluß das bekannte schwarzweiße Rieseln über die Mattscheibe flimmert, vermag unser Gehirn in dem »optischen Rauschen« keine Struktur und somit auch keine Information zu erkennen. Auf ähnliche Weise läßt sich auch Radiowellen »ansehen«, ob sie in zufälliger Weise von einem natürlichen Objekt ausgesandt wurden, oder ob ihnen etwa von intelligenter Hand ein ordnendes Muster aufgeprägt wurde. Diese Eigenschaft elekromagnetischer Information versetzte britische Astronomen sieben Jahre nach dem ergebnislosen Lauschangriff ihrer amerikanischen Kollegen in helle Aufregung.

Nachricht von den kleinen grünen Männchen?

Als Anthony Hewish, Professor für Astronomie und seine damalige Doktorandin Jocelyn Bell im August 1967 mit dem Radioteleskop der Universität Cambridge den Himmel absuchten, entdeckten sie in dem kleinen Sternbild Vulpecula (Füchslein) ein merkwürdiges Objekt. Es sandte mit einem verblüffend regelmäßigen Rhythmus von exakt 1,337301117 Sekunden Radiopulse aus. Die ominösen Radiosignale behielten auch in den folgenden Wochen der Beobachtung unbeirrbar diesen Rhythmus bei – und das bis auf die neunte Stelle hinter dem Komma genau.

Ratlos waren Anthony Hewish und Jocelyn Bell, weil sie sämtliche in Frage kommenden irdischen Störquellen als Verursacher der regelmäßigen Radiosignale ausgeschlossen hatten – darunter sogar geheime militärische Einrichtungen. Die übereinstimmende Bewegung der Radioquelle mit dem täglichen Himmelslauf ließ jedoch keinen Zweifel, daß es sich bei dem seltsamen Sender offenbar um ein kosmisches Objekt handelt. Den beiden Forschern gelang schließlich eine Entfernungsschätzung der neuentdeckten Radioquelle. Erstaunt stellten sie fest, daß das Objekt mehrere hundert Lichtjahre von der Erde entfernt sein muß. Wie aber kamen jene regelmäßigen Radiopulse zustande, die mit einer bewundernswürdigen Genauigkeit eingehalten wurden, gerade so, als ob jemand einen Wettbewerb für interstellaren Amateurfunk gewinnen woll-

Die Raumsonde Huygens auf dem eisigen Saturnmond Titan, >
wo einfache Lebensmoleküle vermutet werden

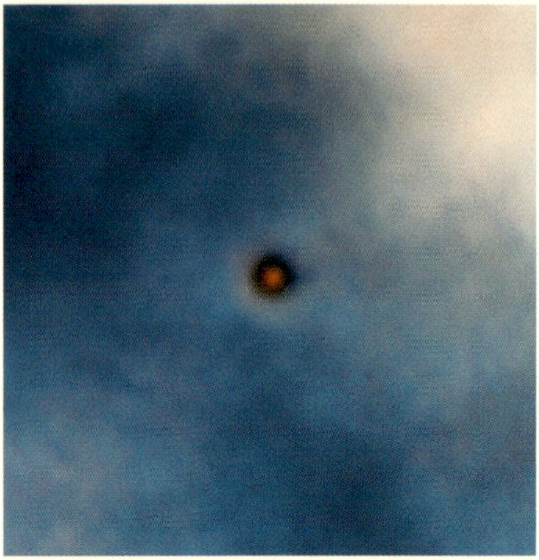

Protoplanetare Scheiben im Orion-Nebel.

In einem Kokon aus Gas und Staub …

… verbergen sich die jungen Sonnen.

Ballt sich die Scheibenmaterie zusammen, …

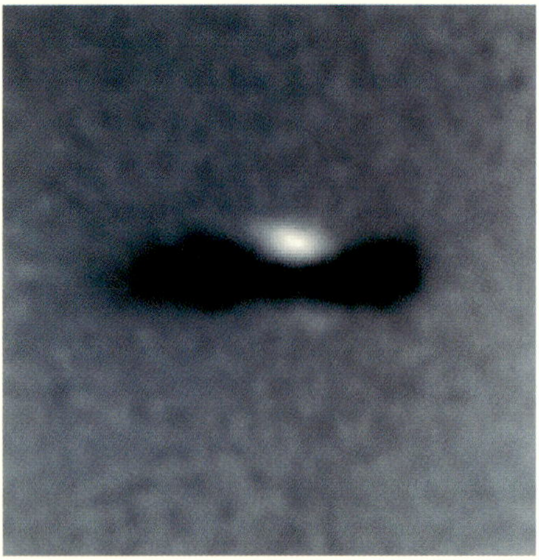

… entstehen hier Planeten, …

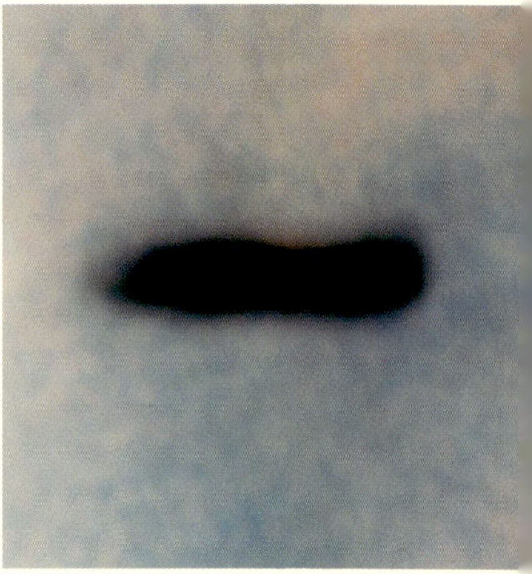

… die vielleicht einmal Leben tragen.

∧ Die Geburtsstätte junger Sonnensysteme: der 1500 Lichtjahre ferne Orion-Nebel
∨ Das Ende eines schwergewichtigen Sterns: ein Schwarzes Loch

∧ Das Very Large Telescope (VLT) vor dem Nachthimmel mit Großer Magellanscher Wolke
∨ Die Europäische Südsternwarte auf ihrem Hausberg in der chilenischen Atacama-Wüste

te? Der Gedanke lag nahe, daß die Forscher die Funkzeichen fremder, intelligenter Lebewesen empfangen hätten. Aus Spaß tauften Anthony Hewish und Jocelyn Bell ihre seltsame kosmische Radioquelle daher auf das Kürzel LGM, das für »little green men« oder »kleine grüne Männchen« steht.

Ein Jahr später war das Rätsel gelöst. Die Wissenschaftler hatten zwar nicht die Funksignale außerirdischer Lebewesen empfangen, dafür aber waren sie dem ersten Pulsar auf die Spur gekommen, einer merkwürdigen Klasse schnell rotierender Himmelskörper, die wir bereits am Anfang des Buches im Zusammenhang mit der Entdeckung des ersten fremden Planetensystems kennengelernt haben. Auch nach dieser ernüchternden (und zugleich erfreulichen) Episode gaben die Forscher nicht auf. Sie suchten den Himmel weiter nach Botschaften fremder Zivilisationen ab.

Im Visier: eine halbe Million Sonnen

Wieder war es Frank Drake, der im Jahr 1974 die Initiative ergriff. Allerdings lauschte der Forscher diesmal nicht einfach nur ins All. Mit dem größten Radioteleskop der Erde, dem 305-m-Spiegel von Arecibo, der fest in ein schüsselförmiges Tal in Puerto Rico eingespannt ist, schickte Frank Drake eine Funkbotschaft in Richtung des Kugelsternhaufens M 13 im Sternbild Herkules. Rund fünfundzwanzigtausend Jahre werden die mit Lichtgeschwindigkeit durch die Milchstraße eilenden Radiosignale von der Erde unterwegs sein, bevor sie ihr Ziel erreichen, eine kompakte Ansammlung aus einer halben Million betagter Sonnen.

Die Nachricht ist in Binärschreibweise verschlüsselt und besteht aus einer denkbar einfachen Sprache. Elektronische Signale in Form von Nullen und Einsen, wie sie auch jeder Computer versteht und die nichts anderes als »Nein« und »Ja« bedeuten, verkünden vor allem eines: »Wir sind da«; so oder ähnlich läßt sich das Motto der Funkbotschaft auf einen Nenner bringen. Sie ist wie ein Rasterbild in dreiundzwanzig Zeilen zu jeweils dreiundsiebzig Bits angeordnet und enthält trotz ihres bescheidenen Informationsgehaltes von insgesamt nur 1679 Bits eine knappe Zusammenstellung der wichtigsten Daten und Fakten über ihre Absender, die Menschen. Die erste Zeile stellt in Binärschreibweise die Zahlen Eins bis Zehn dar, auf denen unser Dezimalrechensystem beruht. Dann folgt eine Übersicht jener wichtigsten chemischen Elemente, auf denen das irdische Leben aufbaut: Wasserstoff, Kohlenstoff, Stickstoff, Sauerstoff, Phosphor und Schwefel. In welcher dominanten organischen Verbindung diese Elemente eine Rolle spielen, erklärt die nächste Bildsequenz: Sie zeigt einen kurzen Ausschnitt aus dem wie eine Doppelhelix aufgebauten Erbmolekül, der Desoxyribonukleinsäure (DNS). Darunter findet sich die Abbildung eines Menschen mit Angabe des Größenmaßstabes sowie der Bevölkerungszahl. Damit mögliche außerirdische Finder wissen, wie die kosmische Heimat der Absender aussieht, trägt die Funkbotschaft auch eine Übersicht des Sonnensystems mit seinen neun Planeten und der Sonne mit sich. Die Erde ist darin durch ein aus der Reihenfolge der Planeten herausgerücktes Symbol hervorgehoben. Den Schluß der Botschaft bildet schließlich die Abbildung jenes Radioteleskops, mit dem die Nachricht losgeschickt wurde. Möglicherweise empfängt in irgendeiner fernen Zukunft eine fremde Zivilisation dieses Mosaik aus Radiosignalen. Und vielleicht bestaunen die Fremden dieses technische Dokument menschlicher Existenz dann auf ähnliche Weise, wie wir heute antike Bildmosaike, Zeugnisse längst versunkener Kulturen, in unseren Museen bewundern.

Radiosender Erde – ein halbes Jahrhundert auf Sendung

Auch wenn die Botschaft des 305-m-Radioteleskops von Arecibo aus dem Jahr 1974 nie ihren Adressaten erreichen sollte, so haben wir doch längst die Kunde von unserer Existenz verbreitet, zumindest im Umkreis unserer kosmischen Nachbarschaft. Seit der Erfindung des Rundfunks vor etwa hundert Jahren verlassen künstliche Radiowellen die Erde und haben sich seither in einer kugelschalenförmigen Zone um das Sonnensystem ausgebreitet. Rechnet man davon nur die Zeit nach dem Zweiten Weltkrieg, seit es regelmäßige Radio- und Fernsehsendungen auf der Erde gibt, die zudem von einigermaßen leistungsstarken Sendern abgestrahlt werden, so hat die wellenerfüllte Kugel inzwischen einen Radius von rund fünfzig Lichtjahren erreicht. Auf diesem Wege müßte die Kunde von unserer Existenz etwa bis zu Capella, dem hellsten Stern im Sternbild Fuhrmann, vorgedrungen sein.

Allerdings ist fraglich, ob das authentische Bild, welches sich fortgeschrittene fremde Zivilisationen innerhalb dieser Radiosphäre von uns machen könnten, vorteilhaft ausfallen würde, sollte es ihnen gelingen, die in den immer schwächer werdenden Radiosignalen enthaltenen Bild- und Tondokumente zu verstehen. Worüber haben wir nicht alles via Radio und TV berichtet? Über das sinnlose Gemetzel in zahllosen Kriegen, die rund um den Globus tobten, den ewigen Sieg der Mächtigen und das sinnlose Elend der Opfer, doch auch über unsere ersten Schritte ins All, die Mondlandungen, über Fußballweltmeisterschaften und unzählige Alltagsbanalitäten. Einen intimeren Einblick in das Zusammenleben der Menschheit kann es wohl kaum geben.

Flaschenpost von der Menschheit

In diesem Zusammenhang müssen freilich auch jene Botschaften an fremde Zivilisationen erwähnt werden, die an Bord von insgesamt vier interplanetaren Raumsonden sich anschicken, unser Sonnensystem zu verlassen, um dann als Flaschenpost im leeren Raum zwischen den Sternen zu treiben. Vorreiter war die am 3. März 1972 von Kap Kennedy gestartete Raumsonde Pioneer 10, die den Riesenplaneten Jupiter während eines nahen Vorbeiflugs erstmals aus nächster Nähe inspizierte. Das Raumschiff trägt an einer Antennenverstrebung eine fünfzehn mal zweiundzwanzig Zentimeter große Aluminiumplakette, die mit Gold beschichtet ist. Darauf sind vor der Darstellung der Raumsonde selbst, die somit einen direkten Größenvergleich ermöglicht, zwei nackte, menschliche Figuren eingraviert: ein Mann, der zum Gruß seine rechte Hand hebt und neben ihm eine ebenfalls den Betrachter freundlich anblickende Frau. Daneben findet sich ein sternförmiges Muster, dessen radial vom Zentrum ausstrahlenden Arme im Binärcode die Perioden einiger für uns markanter Pulsare angeben. Da das Blinklicht dieser galaktischen Leuchttürme überall in unserer Galaxie zu sehen ist und diese somit als kosmische Marksteine dienen, können die Daten von außerirdischen Findern dazu benutzt werden, um den Ursprungsort der Raumsonde zu orten. Weil sich das Leuchtfeuer der Pulsare im Laufe von einigen tausend Jahren immer langsamer dreht und somit diese kosmischen Uhren allmählich und gleichmäßig »nachgehen«, läßt sich mit ihnen auch die Startzeit der Sonde rekonstruieren.

Unter dieser Zeichnung findet sich auch noch eine schematische Darstellung der Planeten des Sonnensystems mit der eingezeichneten Flugbahn von Pioneer 10. Die Plakette, die von dem 1996 verstorbenen amerikanischen Planetologen Carl Sagan und seiner Frau Linda für die NASA entworfen wurde, trägt auch Informationen über das Wasserstoffatom. Wasserstoff ist das einfachste und häufigste aller Elemente im Kosmos. Gemeinsam mit anderen Elementen ist der Wasserstoff ein Grundbaustein irdischen Lebens. Auch die später gestartete Schwestersonde Pioneer 11 trägt eine identische Ausgabe dieser berühmt gewordenen Nachrichtentafel mit sich. Ob jedoch die Flaschenpost von der Erde jemals außerirdischen Intelligenzen »in die Hände« fallen wird, ist fraglich. Allein achtzigtausend Jahre würde die Flugzeit der Sonden bis zu unserem nächsten Nachbarn, der 4,3 Lichtjahre entfernten Zwillingssonne Alpha Centauri dauern. Diese wird gar nicht erst angesteuert, sondern ein fiktiver Punkt am Himmel, zwischen den Sternbildern Orion und Stier. Der interstellare Raum dazwischen ist, mit astronomischen Augen betrachtet, fast leer. Um in die Nähe von fremden Sonnensystemen zu gelangen, müßte die Reise weit in die Tiefen des Alls führen. Ob eine Raumsonde einen vielleicht Jahrmillionen währenden Ausflug unbeschadet überstehen kann, scheint jedoch fraglich.

Ein Bild sagt mehr als tausend Worte

Eine etwas andere Form der »Verpackung« von Informationen über die Erde und ihre Bewohner haben NASA-Wissenschaftler dann bei den Raumsonden Voyager 1 und 2 gewählt. Sie traten mit nur zwei Wochen Abstand im Spätsommer 1977 ihre Erkundungsreise durch das Sonnensystem an. Carl Sagan erzählte Frank Drake von der Idee, diesmal eine Schallplatte auf die Reise zu schicken und darauf sowohl Töne als auch Bilder zu speichern. Allerdings war für diesen Zweck noch kein geeignetes Speichermedium vorhanden, denn die Compact Disc gab es damals noch nicht. Nur mit großem technischen Aufwand wäre die neue Idee zu realisieren gewesen. Um ein Fernsehbild zu speichern, hätten schnellschwingende elektromagnetische Wellen in viel langsamer schwingende Tonwellen »übersetzt« werden müssen. Ein solches Verfahren wäre aber zu umständlich gewesen und hätte auch zuviel Speicherplatz gekostet. So kam es, daß an Bord der Voyager-Sonden neben einer großen Auswahl an Musikstücken aller Kulturen, Grüße in sämtlichen Sprachen der Menschheit, dem Gesang der Wale, dem Geräusch eines Kusses und des menschlichen Herzschlags, dem Getöse einer startenden Saturn-V-Rakete und zahlreichen weiteren Tondokumenten nur ein Bild mit auf die große Reise durchs All ging. Es zeigt den motorstarken Trecker einer Antarktisexpedition, der im Schnee eingebrochen ist und nun hoffnungslos über einer Gletscherspalte festsitzt. Wie ein Sinnbild macht das Motiv auf die Lage einer technisch hochgerüsteten Menschheit aufmerksam, die sich trotzdem den Unbilden der Natur unterordnen muß.

Gleichwohl sind das längst nicht alle wissenschaftlichen Unternehmungen in Sachen »SETI« (Search for Extraterrestrial Intelligence), wie die Projekte inzwischen heißen, die sich mit der »Suche nach extraterrestrischen Intelligenzen« befassen. Amerikanische Forscher horchen schon seit langem mit High-Tech-Ohren in das Weltall hinaus. »Big Ear« oder »Großes Ohr« ist der Spitzname des Radioteleskops an der Ohio State University, mit dem seit 1972 das älteste, durchgehende Suchprogramm dieser Art betrieben wird. Im Oktober 1992 drohte dem SETI-Programm, das bis dahin unter den Fittichen der NASA stand, und an dem außer der amerikanischen Raumfahrtbehörde auch eine Vielzahl universitärer Forschungseinrichtungen beteiligt waren, die Luft auszugehen. Der US-Kongreß hatte 1993 kurzerhand die Mittel für das Programm gestrichen. Chronischer Geldmangel in wirtschaftlich harten Zeiten hieß die Ursache. Dabei hatten die Wissenschaftler im doppelten Sinne des Wortes hochfliegende Pläne.

Sie wollten den gesamten Himmel systematisch nach Geschwistern der Sonne durchforsten, um sie nach möglichen Radiosignalen fremder Zivilisationen abzuhören. Dazu sollten die NASA-Radioantennen des Deep Space Tracking Networks in Goldstone, Kalifornien, und in Tidbinbilla, Australien, eingesetzt werden. Um das mit vertretbarem Arbeitsaufwand und in einem akzeptablen Zeitrahmen zu schaffen, stand nicht mehr Zeit als nur eine Minute zur Verfügung, während der die Antennen jeweils einen bestimmten Ausschnitt des Himmels ins Visier nehmen konnten. Zudem standen rund tausend sonnenähnliche Sterne im Umkreis von hundert Lichtjahren um das Sonnensystem auf dem »Abhörprogramm«. Für diese gezielte Suchaktion sollten die größten und leistungsfähigsten Radioteleskope der Welt eingesetzt werden. Zu ihren Horchposten zählte die NASA das 305-m-Teleskop in Arecibo, die 40-m-Antenne von Green Bank und das in der Südhemisphäre stationierte 64-m-Radioteleskop in Parkes, Australien. Weil die Signalbreite auf dem Radiofrequenzband unbekannt ist, mit der fremde Wesen ihren Funkverkehr in den Kosmos abstrahlen, sollten Hochleistungscomputer der NASA einige zehnmillionen Radiokanäle gleichzeitig überwachen.

Jeder Kanal ist dabei sehr eng; seine Breite beträgt nur ein Hertz. Für Radiowellen stellt das eine hervorragende Trennschärfe dar. Im Vergleich dazu überdeckt ein Rundfunksender etwa im Mittelwellenbereich eine mehrere tausendmal größere Kanalbreite. Davon kann sich jeder überzeugen, wenn er auf dem Frequenzband seines Radiogeräts mit der Anzeigennadel einen bestimmten Rundfunksender ansteuert und dann einmal den Bereich abfährt, auf dem der Sender noch zu hören ist. Der Sendekanal umfaßt in diesem Fall meist eine Breite von einigen tausend Hertz.

Mit dem Projekt SERENDIP hofften die Forscher, gerade durch eine solche engmaschige Überwachung »verdächtigen« Radiosignalen möglichst rasch auf die Spur zu kommen. Das Kürzel steht für »Search for Extraterrestrial Radio Emissions from Nearby Developed Intelligent Populations«, was sich etwa mit der »Suche nach außerirdischen Radiosignalen von nahe gelegenen, hochentwickelten und intelligenten Zivilisationen« übersetzen läßt. Im April 1992 setzten Wissenschaftler von der University of California in Berkeley das empfindliche 305-m-Radioteleskop ein, um den Himmel über Arecibo bei einer Wellenlänge um sieben Zentimeter und auf mehr als vier Millionen Kanälen zu belauschen. Während einer Konferenz, die sich im August 1993 im kalifornischen Santa Cruz mit den bisherigen Ergebnissen des SETI-Programms beschäftigte, berichteten die Forscher über die Ergebnisse ihrer Lauschaktionen, mit denen sie immerhin gut ein Viertel des gesamten Himmels abgehört hatten.

»Wir haben mehr als hundertsechzig Millionen Signale aufgefangen und sie genau analysiert«, erläuterte seinerzeit Professor Stuart Bowyer. »Davon haben wir neunundneunzig Prozent als Störsignale identifiziert, die entweder irdischer Natur sind oder von nahe gelegenen Quellen aus dem Weltraum stammen. Die übrigen 1,5 Millionen Ereignisse haben wir dann einer computergestützten Datenanalyse unterzogen, mit der sich von fremden Intelligenzen erzeugte Signale identifizieren lassen. Schließlich sind noch hundertvierundsechzig interessante Quellen übriggeblieben, die wir uns genauer ansehen sollten«, resümierte der Wissenschaftler seinerzeit. Inzwischen haben sich jedoch alle hundertvierundsechzig »verdächtige« Signale als Nieten erwiesen: Eine Nachricht von ET war leider nicht darunter.

Ähnliche Erfahrungen mußte auch eine Forschergruppe aus Argentinien machen, die mit dem 26-m-Radioteleskop der Harvard University auf der Beobachtungsstation Agassiz am sogenannten META-Projekt teilnahm. Hinter der Bezeichnung verbirgt sich ein Gerät, mit dem die Wissenschaftler in der Lage sind, 8,4 Millionen Radiokanäle auf einmal nach Signalen von Außerirdischen zu durchforsten. Fündig wurden die Forscher schließlich in siebenunddreißig Fällen. Die spannende Frage, ob hinter den Radiosignalen die lang ersehnte »Botschaft« aus dem All steckt, muß auch in diesen Fällen mit großer Wahrscheinlichkeit verneint werden. Vermutlich waren die Wissenschaftler Störsignalen irdischer Satelliten aufgesessen.

Trotzdem tüftelten die meisten schon an Projekten für die Zukunft, als der amerikanische Kongreß die Bewilligung weiterer Gelder ablehnte. Damit schien alles verloren. Inzwischen ist SETI jedoch aus seiner Asche teilweise wieder auferstanden. Ein eigens gegründetes, über Spenden finanziertes Forschungsinstitut im kalifornischen Mountain View führt nun die Suche nach künstlichen Radiosignalen, die von fremden Zivilisationen aus unserer kosmischen Nachbarschaft stammen könnten, unter dem neuen Namen »Phoenix« fort.

Auch die NASA hat sich schließlich über den politischen Unwillen des amerikanischen Kongresses und die Skepsis nicht weniger Wissenschaftler hinweggesetzt und hat die Suche nach möglichen Botschaften außerirdischer Zivilisationen im Oktober 1992 wieder aufleben lassen – allerdings in einem etwas anderen Gewand. Diesmal zielte die Raumfahrtbehörde auf eine hochauflösende Durchmusterung des Himmels im Mikrowellenbereich zwischen tausend und dreitausend Megahertz. An der Suche im Umkreis von hundert Lichtjahren um die Sonne sollen außer der 24-m-Antenne von Goldstone, dem 305-m-Radioteleskop von Arecibo und dem Green-Bank-Radioteleskop in West Virginia auch argentinische, indische und russische Instrumente teilnehmen. Vierzehn Millionen Kanäle können auf diese Weise gleichzeitig abgehört werden. Zugleich will das Jet Propulsion Laboratory der NASA in Pasadena eine lückenlose Überwachung des Himmels im gesamten Mikrowellenbereich bis zehntausend Megahertz übernehmen. Rund zehn Jahre wird das auf hundert Millionen Dollar veranschlagte Mammutprogramm in Anspruch nehmen – wenn nicht wieder Geldmangel zur Aufgabe zwingt.

Auf die von wohlmeinenden Kollegen immer wieder gestellte Frage, ob sie denn schon etwas Interessantes empfangen hätten, hat Projektwissenschaftlerin Jill Tarter vom NASA Ames Research Center in North Carolina inzwischen nur noch ein entnervtes Lächeln übrig: »Jawohl«, antwortet sie dann höflich, »wir haben ein Signal aus Puerto Rico empfangen«. Dort steht nämlich das dem Suchprogramm zugeschaltete Radioteleskop von Arecibo.

Eine Galaxie wird belauscht

Selbstverständlich sind sich die SETI-Forscher der geringen Chance eines Zufallstreffers bewußt. Um ihre Erfolgsaussichten weiter zu erhöhen, gingen sie daran, eine ganze Galaxie zu belauschen. Zwei Tage lang horchte 1995 das australische 64-m-Radioteleskop von Parkes in Richtung der Kleinen Magellanschen Wolke. Zusammen mit ihrer Schwestergalaxie, der Großen Magellanschen Wolke, liegen die beiden Nachbarn der Milchstraße in einer Entfernung von hundertsiebzigtausend Lichtjahren so nahe, daß sie bereits im Jahre 1521 dem portugiesischen Weltumsegler Ferdinand

Magellan am Südhimmel auffielen. Seither avancierten die Zwerggalaxien zu einem bevorzugten Untersuchungsobjekt der Astronomen. Kein Wunder also, daß sie auch die SETI-Forscher nach fremden Radiobotschaften abhörten. Immerhin beherbergt die Kleine Magellansche Wolke rund zweihundert Millionen Sterne. Damit erweist sich unsere nächste Nachbargalaxie als ein lohnendes Objekt für die SETI-Forscher.

Da das Sternsystem ein relativ ausgedehntes Himmelsobjekt ist, beschränkten sich die Wissenschaftler bei ihrer nur auf wenige Tage ausgedehnten Lauschaktion auf drei Bereiche innerhalb der Kleinen Magellanschen Wolke. Immerhin noch zehn Millionen Sonnen lagen damit in Reichweite ihres Radioteleskops. Warum die Forscher dennoch nicht fündig wurden, darf bei der kurzen Beobachtungsdauer kaum verwundern. »Trotz der Fehlanzeige sind wir davon überzeugt, daß wir bei diesem Experiment einen weiteren Versuch wagen sollten«, resümiert Seth Shostak, Leiter des SETI-Instituts die Resultate der Suchaktion. Vielleicht, so hoffen die Forscher, stehen ihre Chancen künftig besser, wenn sie mit leistungsfähigeren Instrumenten auf die Pirsch nach Radiobotschaften aus dem All gehen können.

Als wenig glaubwürdig haben sich bisher immer noch die angeblichen Sichtungen von UFOs (Unidentified Flying Objects) in Gestalt fremder Raumschiffe oder gar Berichte über einen direkten Kontakt zu außerirdischen Wesen erwiesen. Zwar gibt es eine Vielzahl ungeklärter Fälle, die sich heute kaum mehr zweifelsfrei rekonstruieren lassen, aber warum sollte es sich dabei ausgerechnet um Besucher vom anderen Stern handeln?

Wenn eine fremde und uns technisch offensichtlich weit überlegene Zivilisation schon eine Menge Energie investiert, um interstellare Raumfahrt zu betreiben und somit die physikalisch unüberbrückbare Hürde einer lichtschnellen Reise durch Raum und Zeit mit welchen technisch raffinierten Kniffen auch immer außer Kraft setzen könnte, dann würde man doch auch erwarten können, daß die technischen Tausendsassas offiziell mit uns Kontakt aufnähmen. Was hätten sie denn schon von uns vergleichsweisen »Steinzeitmenschen« zu befürchten? Solange schlagende Beweise für die Existenz intelligenten Lebens außerhalb unseres Sonnensystems jedoch ausstehen, müssen solche Berichte über fremde Raumschiffe als unglaubwürdig gelten.

6. Stammt das Leben von den Sternen?

Beinahe unbemerkt wird die Erde Tag für Tag von einer Invasion besonderer Art aus dem Weltraum heimgesucht. Nur gelegentlich bekommen wir etwas von den heimlichen Eindringlingen mit, und meistens hinterlassen sie keine Spuren. Allenfalls ein kurzer Lichtstreif am nächtlichen Himmel macht auf sie für einen Augenblick aufmerksam. Hin und wieder ist es sogar gelungen, ihrer habhaft zu werden. Ihre Überreste sind denn auch unter Forschern begehrte Untersuchungsobjekte. Manchmal können wir sie auch in Museen bestaunen. Nur sehr selten hinterlassen die Invasoren aus dem All eine Spur der Verwüstung auf der Erde. So geschehen am frühen Morgen des 30. Juni 1908.

Invasion aus dem All

Gegen sieben Uhr morgens schreckte ein ohrenbetäubender, dumpfer Knall die Bewohner einiger Städtchen in der sibirischen Taiga aus dem Schlaf. Dann bebte die Erde, Fensterscheiben gingen zu Bruch, Türen wurden aus den Angeln gehoben, die Zeltbehausungen der Rentierhüter wurden von einer sich aus dem Nichts erhebenden Orkanböe durch die Luft gewirbelt, Menschen zu Boden geschleudert. Es gab Verletzte, glücklicherweise waren keine Toten zu beklagen.

Bereits eine Viertelstunde zuvor hatte sich das drohende Unheil aus dem All angekündigt. Reisende der Transsibirischen Eisenbahn, die gerade die Bahnstation Kansk östlich der Stadt Krasnoyarsk passierten, erzählten später von einer blendendhellen Leuchterscheinung am Himmel, einer zweiten Sonne gleich. Sie sei in wenigen Minuten von Ostsüdost nach Westnordwest über den Himmel gezogen. Der Lokomotivführer war darüber so erschrokken, daß er den Zug stoppte, weil er eine Explosion oder ein ähnliches Unglück befürchtete.

Rund um den Globus jagte eine Druckwelle durch die Atmosphäre. Sie wurde von Meßstationen in Washington und Potsdam aufgezeichnet. Aus den Erdbebenwarten Jena und Irkutsk liefen zugleich Meldungen über ein Erdbeben in der sibirischen Taiga ein, das sich in ungewöhnlich geringer Tiefe ereignet hatte. Aufgrund der Beobachtungen und zahlreichen Messungen ließ sich das Bebenzentrum sehr rasch errechnen: Es lag genau bei 60°53'09" nördlicher Breite und 101°53'40" östlicher Länge in einem Waldgebiet, das von der Steinigen Tunguska, einem Nebenfluß des Jenissei, durchflossen wird. Weil das sumpfige Waldgebiet kaum zugänglich war, konnte erst dreizehn Jahre später eine Expedition aufbrechen, um dem merkwürdigen Ereignis auf den Grund zu gehen.

Am Ziel angelangt, bot sich den Expeditionsteilnehmern noch nach über einem Jahrzehnt ein Bild der Verwüstung. Im Umkreis von fünf Kilometern waren alle Bäume verbrannt. Sie hatten sich einfach in Asche aufgelöst, als hätten sie im Zentrum einer gewaltigen Explosion gestanden. Nur verkohlte Baumstümpfe zeigten an, daß hier einmal dichter Nadelwald stand. Innerhalb eines ovalen Gebiets fünfunddreißig Kilometer um das Einschlagzentrum herum war der Boden mit zahllosen entwurzelten und verkohlten Stämmen übersät. Die Szenerie glich einem gigantischen Mikadospiel mit kahlen Telegrafenstangen, die eine unsichtbare Riesenhand so fallengelassen hatte, daß sie alle in Richtung auf das Epizentrum wiesen. Obwohl bis heute kein Einschlagkrater und auch keine Spuren eines Projektils gefunden wurden, sind sich die Experten doch darüber einig, daß die Verwüstung ein ansehnlicher Brocken aus dem Weltall von vielleicht sechzig Meter Durchmesser ausgelöst hat. Vermutlich ist er schon in der Erdatmosphäre verglüht.

Ein ähnlicher Treffer hat vor etwa dreißigtausend Jahren den berühmten Barringer- oder Meteorkrater bei Winslow in Arizona geschlagen, ein Kraterloch mit einem Durchmesser von 1,2 Kilometer und einhundertsiebzig Meter Tiefe. In diesem Fall sind die Wissenschaftler jedoch mit reichlichen Mengen von Meteoreisen fündig geworden. Rekonstruktionen zeigen, daß hier ein etwa dreißig bis sechzig Meter großer Eisenmeteorit niedergegangen ist. Der Metallbrocken hatte schätzungsweise eine Masse von einer Million Tonnen. Die Energie beim Einschlag dürfte die Explosionskraft eines schweren atomaren Sprengkörpers erreicht haben. Ganz selten haben die Geschosse aus dem All noch weit größere »Narben« in der irdischen Gesteinskruste hinterlassen.

Erst vor wenigen Jahren entdeckten amerikanische Geologen auf der Halbinsel Yucatán in Mexiko einen sechzig Kilometer großen Krater bei Chicxulub. Mikroskopisch kleine Glaskügelchen, die in den Gesteinen des verschütteten Kraters entdeckt wurden, weisen auf seine meteoritische Entstehungsgeschichte. Da sie nur bei extremen Drücken und Temperaturen im Gestein entstehen können, schätzt man die Wucht des Aufpralls auf das Zehntausendfache der Energie, die beim Zünden aller Nuklearsprengköpfe frei würde. Hier muß also schon ein asteroidenartiges Objekt aus dem All oder ein Kometenkern, ähnlich wie im Falle des Kometen Shoemaker-Levy 9, der vor wenigen Jahren Jupiter bombardierte, niedergegangen sein (siehe Bildteil).

Keine Frage, eine solche, durch einen kosmischen Treffer ausgelöste Katastrophe muß von globalem Ausmaß sein. Altersdatierungen an Gesteinen des Chicxulub-Kraters lieferten auch einen Anhaltspunkt für den Zeitpunkt des Einschlags. Das Drama fand vor dreiundsechzig Millionen Jahren statt, zu einer Zeit also, als auf der Erde zahlreiche Tiergruppen ausstarben, zu deren prominentesten Vertretern die Dinosaurier gehören. Ob tatsächlich immer Kometentreffer an solchen Massensterben der Erdgeschichte beteiligt waren, dazu werden wir später noch einiges erfahren.

Krater, die von kosmischen Treffern zeugen, haben sich bis heute auf der Erde erhalten. Hier eine kleine Auswahl:

Einschlagkrater	*Durchmesser*	*Alter*
Nördlinger Ries, Süddeutschland	23 Kilometer	14,6 Millionen Jahre
(Barringer-)Meteorkrater bei Winslow, Arizona, USA	1,2 Kilometer	30 000 Jahre
Manicouagan-Krater, Quebec, Kanada	100 Kilometer	210 Millionen Jahre
Chicxulub-Krater, Yucatán, Mexiko (verschüttet)	60 Kilometer	63 Millionen Jahre

Rund sechstausendfünfhundert Tonnen kosmischer Materie durchdringen täglich den atmosphärischen Schutzschild unseres Planeten und prasseln auf die Erde nieder. Doch nur in den seltensten Fällen richten sie Schäden an. Die meisten Materieteilchen sind mikroskopisch kleine Staubkörnchen, gerade einmal zwischen einem Zehntel und einem Tausendstel Millimeter groß. Sie entstehen beim Zusammenprall von Asteroiden und Planetoiden. Außerdem setzen Zigtausende vagabundierender Kometen bei ihren Streifzügen durch das Sonnensystem beträchtliche Mengen Staub frei und sorgen auf diese Weise ebenfalls für ständigen Materienachschub. Doch woraus besteht die Materie, die ständig vom Himmel herunterregnet?

Von gewaltigen Blitzen zusammengebacken

Rund achtzig Prozent der auf den Erdboden fallenden Meteorite sind Gesteinsklumpen. Werden Meteorite aufgeschnitten, wird ein uneinheitlicher Aufbau erkennbar. Meist bestehen sie aus einer homogenen Gesteinsmasse, in die mehr oder weniger große Schmelztröpfchen, sogenannte Chondren, eingebettet sind und dem Gesteinsanschnitt das charakteristisch »gesprenkelte« Aussehen verleihen. Die Chondren haben schließlich auch einer ganzen Familie von Meteoriten den Namen gegeben: den Chondriten. Die Einschlüsse bestehen aus den auf der Erde wohlbekannten Mineralen Olivin und Pyroxen.

Manche Wissenschaftler glauben, daß die Chondren durch kurzzeitige energetische Prozesse in der protoplanetaren Staubscheibe gebildet wurden. Denkbar wäre, daß sich die aneinander vorbeifliegenden und zusammenprallenden Staubteilchen im Mahlwerk der Staubscheibe elektrisch aufgeladen haben. Irgendwann entlud sich die elektrische Energie schlagartig. Ein gewaltiger Blitz durchfuhr die aufgeladene Region in der Staubscheibe und erhitzte Chondren und die daran haftenden Staubteilchen auf Temperaturen weit über tausend Grad Celsius. Das Material wurde dabei regelrecht miteinander verschmolzen und kühlte dann wieder rasch auf Umgebungstemperatur ab. Diese »Gewitterhypothese« mag auf den ersten Blick spekulativ erscheinen. In den Meteoriten haben sich jedoch Hinweise erhalten, die sie als durchaus möglich erscheinen lassen.

Die turbulente Entstehungsgeschichte der Chondren hat sich in der besonderen mineralogischen Struktur erhalten; sie wurde bei deren Geburt gewissermaßen konserviert. Auch die Häufigkeitsverteilung bestimmter chemischer Elemente spricht dafür, daß sich die Partikel während ihrer Entstehung mehrmals kurzzeitig sehr stark aufgeheizt haben müssen. Wissenschaftler können an den Chondren sogar ablesen, wie schnell solche Vorgänge abgelaufen sind: In einigen Fällen dauerten sie nur wenige Stunden.

Zwar ist der genaue Mechanismus, der in einer protoplanetaren Scheibe kurzzeitig soviel Energie freisetzen kann, bislang noch Spekulation. In einem anderen Sonnensystem jedoch konnte eine internationale Forschergruppe unter Leitung der Universität Grenoble ähnlich turbulente Vorgänge aufdecken. Die Wissenschaftler hatten den zwar nicht mehr taufrischen, aber noch jugendlichen Stern Beta Pictoris im südlichen Sternbild Malerstaffelei ins Visier genommen. Um den nur fünfundfünfzig Lichtjahre entfernten Stern war vor etlichen Jahren eine ausgedehnte Staubscheibe entdeckt worden. Ob diese bereits Planeten hervorgebracht hat, ist noch umstritten.

Vom Boden aus und mit Hilfe des Hubble-Weltraumteleskops sowie des International-Ultraviolett-Explorer-Satelliten hatten die Wissenschaftler im Spektrum des Sterns systematisch nach Vorgängen gesucht, die Einfluß auf die Staubscheibe haben. Zu ihrer Freude wurden sie gleich auf Anhieb fündig. Innerhalb weniger Stunden kam es vor allem bei den Metallen Aluminium, Eisen, Calcium, Mangan und Magnesium zu drastischen Änderungen. Diese zeigen nach Ansicht der Forscher an, daß heiße Winde und heftige Gasströme vom Stern in die Materiescheibe geblasen werden. Ähnliche Vorgänge haben vielleicht auch in der Frühzeit des Sonnensystems die Entstehung der Chondriten und damit der festen Planeten in der protoplanetaren Scheibe beeinflußt.

Nachdem die Chondren entstanden waren, sammelten sie bei ihrem Flug durch die Materiescheibe des Ursonnensystems Staub und andere Chondren auf. Diese sind dann recht schnell zu kilometergroßen Gesteinsbrocken herangewachsen und lieferten damit die Bausubstanz für die festen Planeten. Darüber habe ich bereits weiter vorne ausführlich berichtet.

Der zehnte Planet im Sonnensystem zerriß

Die Quelle der Meteoriten sehen viele Forscher in den Asteroiden, die heute zu Hunderttausenden in einem hundertfünfzig Millionen Kilometer breiten Gürtel zwischen Mars und Jupiter ihre Bahnen ziehen (siehe Bildteil). Kollisionen zwischen den bis zu einigen hundert Kilometern großen Brocken produzierten im Laufe der Jahrmilliarden eine Menge Schutt und Trümmer. Geraten die Bruchstücke auf die »schiefe Bahn« in Richtung Erde, können sie schließlich als Meteoriten bei uns niedergehen.

Eine Hypothese nimmt an, daß aus diesen Asteroiden vor mehr als 4,5 Milliarden Jahren beinahe ein Gesteinsplanet entstanden wäre. Aus gewissen Unterschieden in der Zusammensetzung der Meteoriten schließen manche Forscher sogar, daß die Asteroiden einst in sechzig verschiedenen Planetenmutterkörpern vereinigt waren. Daß daraus dann doch nichts wurde, könnte an der übermächtigen Schwerkraft des Jupiters gelegen haben. In der Nachbarschaft des Gasriesen war der vermeintliche Protoplanet enormen inneren Reibungskräften ausgesetzt. Schon sehr früh konnte er der Zerreißprobe nicht mehr standhalten und brach auseinander. Seine Trümmer zerstreuten sich entlang der ursprünglichen Umlaufbahn und füllen heute die Lücke zwischen den Planeten Mars und Jupiter. Es scheint somit durchaus möglich, daß das Sonnensystem in seiner Frühzeit zehn statt heute nur neun Planeten zählte.

Wenn es also tatsächlich einen festen Planeten gegeben hat, der damals seine Bahn im heutigen Asteroidengürtel zog, konnte seine Entwicklung nicht weit gekommen sein. Vielleicht war sie bis zu jenem Punkt angelangt, als sich aus dem gerade geborenen, glutheißen Planetenkörper die schweren Bestandteile wie Eisen und Nikkel in einem zentralen, heißen Kern abgeschieden hatten, der, ähnlich wie bei der Erde, von einem leichteren Gesteinsmantel und einer Kruste umhüllt wurde. Das jedenfalls würde die Existenz von zwei verschiedenen Meteoritenfamilien, einer gesteins- und einer metallbeschaffenen, erklären. In achtzig Prozent der Fälle handelt es sich um Chondriten, etwa zwanzig Prozent der Funde auf der Erde sind Eisenmeteorite. Sie enthalten nicht nur große Mengen an Eisen, sondern auch etwas Nickel und ähneln somit in der Zusammensetzung dem Erdkern.

Unter den Gesteinsmeteoriten gibt es aber noch besondere Fälle – und das ist durchaus wörtlich gemeint. Sie fallen durch ihre kohlrabenschwarze Farbe auf, der sie ihren Namen verdanken: die kohligen Chondrite. Mit einem Anteil von einigen Prozent sind diese Meteorite besonders reich an Kohlenstoff. In ihrem Innern bergen sie nicht selten eine Überraschung.

Botschaft vom Vorgänger der Sonne

Ein solcher Überraschungsbote aus dem All regnete 1969 in einem beeindruckenden Meteoritenschauer auf den mexikanischen Erdboden. Insgesamt zwei Tonnen, so schätzen Experten, müssen damals vom Himmel gefallen sein. Allerdings wurde davon nur ein kleiner Stein gefunden. In dem nach seinem Fundort benannten Allende-Meteoriten entdeckten amerikanische Wissenschaftler winzige Diamanteinschlüsse. Sie sind so klein, daß sie nur ein Elektronenmikroskop sichtbar machen kann. Wie aber kamen die Minidiamanten in den Meteoriten?

Auf der Erde können die aus reinem Kohlenstoff bestehenden Diamanten nur bei sehr hohen Temperaturen zwischen tausendzweihundert und viertausend Grad Celsius entstehen. Auch sind gewaltige Drücke nötig, damit Kohlenstoff, den wir auch in Form von schwarzem Graphit kennen, zu einem Kristall mit Diamantenstruktur gepreßt wird. Sie übertreffen den Druck, der auf den Ozeanböden der Tiefsee lastet um mehr als das Hundertfache. Solche extremen Bedingungen sind in der protoplanetaren Materiescheibe, der Geburtsstätte der Meteoriten, kaum vorstellbar.

Die Forscher vermuten nun, daß die Diamantkörnchen in den Rußfahnen altersschwacher Sterne entstanden, als diese sich an ihrem Lebensende zu mattglühenden Riesensonnen aufgebläht hatten und dann als Supernovae explodierten. Das aber bedeutet, daß die Diamantkörnchen von einem sterbenden Stern stammen, lange bevor es die Sonne gab. Für diese erstaunliche These spricht noch ein weiteres Indiz. Wissenschaftler fanden heraus, daß das normalerweise sehr seltene Edelgas Xenon in dem Allende-Meteoriten häufiger vorkommt. Ein Mechanismus, bei dem Xenon in großen Mengen freigesetzt wird, sind Supernovae-Explosionen.

Damit ist der Allende-Meteorit zu einem wichtigen Zeugen der Entstehungsgeschichte unseres Sonnensystems geworden: Er bestätigt die Annahme der Forscher, daß an diesem Ort der Milchstraße, lange bevor es die Sonne gab, Sterne geleuchtet haben. Als sie explodierten, bildete sich aus einem Teil ihrer Materie eine weitere Generation: die Sonne und mit ihr die Planeten.

Solche versteinerten Erinnerungen an ein »Vorleben« der Materie in einem früheren Stern sind inzwischen auch in anderen Meteoriten gefunden worden. Sie lassen keinen Zweifel daran, daß das Sonnensystem und wir selbst aus Stoffen bestehen, die den Weg des kosmischen Recyclings im atomaren Ofen der Sterne mindestens schon einmal durchlaufen haben.

Fruchtbarer Molekülregen

Mit dem Hagel an kosmischen Staubkörnern und gelegentlich größeren Brocken wird die Erde zugleich auch mit organischem Material aus dem All »beimpft«. Rund dreihundert Tonnen kohlenstoffhaltiger Verbindungen rieseln mit der kosmischen Fracht täglich auf die Erde nieder. Darunter sind fast immer nur sehr einfache Moleküle, etwa Formaldehyd oder die aus ein oder zwei Molekülringen aufgebauten, polyzyklischen aromatischen Kohlenwasserstoffe (PAK oder PAH). Beide Substanzen stehen bei uns zwar in keinem guten Ruf, weil sie als krebserregend eingestuft werden, dennoch gehören sie zum einfachsten Inventar der vielfältigen und komplexen Kohlenstoffchemie, auf der das gesamte irdische Leben beruht. Untersuchungen des auf den Böden der Ozeane abgelagerten Tiefseeschlammes beweisen, daß der Meteoritenregen schon seit vielen Jahrmillionen auf die Erde herabfällt. Auf insgesamt hundert Billiarden Tonnen schätzen Forscher die Mengen an Kohlenstoff und seinen Verbindungen, die seit der Entstehung der Erde niedergeprasselt sind. Wäre es dann nicht auch möglich, daß das Leben auf der Erde auf einen »Keim« aus dem All zurückgeht? Auf ein außerirdisches Urmolekül, das sich schon in der Frühzeit auf unserem Planeten eingenistet hat? Dann wären alle Lebewesen auf der Erde die fernen Nachkommen eines in dunkler Vergangenheit sprichwörtlich vom Himmel gefallenen Moleküls.

Ausschließen läßt sich bislang nicht, daß solche Lebenskeime mit Meteoriten oder Kometen aus dem All auf die Erde gelangt sind und sich hier entfaltet und ausgebreitet haben. Das ist im Grunde die Idee des Panspermien-Gedankens. Danach steht die Wiege des Lebens eigentlich im All, von wo aus der kosmische Samen auf die Erde gelangt ist. Diese Vorstellung wird bereits dem um 500 vor Christus lebenden griechischen Philosophen Anaxagoras nachgesagt, der auch die richtige Erklärung für Sonnen- und Mondfinsternisse ersann. Zu Beginn des 20. Jahrhunderts formulierte dann der schwedische Nobelpreisträger für Chemie Svante Arrhenius die Panspermien-Hypothese aus wissenschaftlicher Sicht. Ihr hängen heute so berühmte Forscher wie der britische Astrophysiker Sir Fred Hoyle an, der in einfachen, bakterienartigen Zellen, die tiefgefroren im Innern eines Kometen auf Reisen gehen, die kosmischen Kolonisatoren der Urerde sieht.

Doch auch die Panspermien-Hypothese löst in dieser Form keineswegs das Problem, wie sich denn das Leben zu Beginn seiner Entwicklung selbst vervielfältigen konnte, ohne dafür auf eine Vorlage seiner selbst zurückzugreifen. Sie verlegt nur den Schauplatz seiner Entstehung von der Erde in den Weltraum. Dennoch hat diese Vorstellung bis heute ihren Charme bewahrt. Ein Grund für ihre Attraktivität mag gerade in dieser Schwäche liegen, denn die Panspermien-Hypothese besagt im Grunde nichts anderes, als daß das Leben eben doch nicht von dieser Welt ist.

Auftrieb erhielt diese Idee zudem durch einen Stein, der am 28. September 1969 gegen elf Uhr vormittags in der Nähe von Murchison im südostaustralischen Bundesstaat Victoria vom Himmel fiel. Bei seinem Flug durch die Erdatmosphäre zerbarst der ursprüngliche Meteorit in zahlreiche Bruchstücke, die schließlich auf einer Fläche von mehreren Quadratkilometern niedergingen. Schon kurze Zeit nach dem Fall suchten Wissenschaftler die Gegend nach den Resten des sogenannten Murchison-Meteoriten ab. Als sie auf einige ähnlich aussehende, teilweise angeschmolzene schwarze Gesteinsfragmente stießen, wurde rasch klar: Bei dem Meteoriten handelte es sich um einen kohligen Chondriten, also um einen jener urtümlichen Gesteinsbrocken aus der Anfangszeit unseres Sonnensystems.

Ein Meteorit mit erstaunlicher Fracht

Ein zehn Gramm großes Stückchen des Murchison-Meteoriten wurde schließlich nach Kalifornien in ein Labor des Ames Research Center der NASA gebracht, um es dort eingehend zu untersuchen. Das Meteoritenbruchstück wurde zu Pulver zerrieben und stundenlang in destilliertem Wasser gekocht, bis sich ein eingedickter Brei aus Gesteinsmehl gebildet hatte. Dann erst konnte das Forscherteam um den Exobiologen Cyril Ponnamperuma daran gehen, den Extrakt auf mögliche Inhaltsstoffe zu untersuchen. Was die Wissenschaftler dabei fanden, war schlichtweg eine Sensation.

Mit Glycin, Alanin, Glutaminsäure, Valin und Prolin hatten sie in dem Meteoriten gleich fünf verschiedene Aminosäuren auf einmal entdeckt. Aminosäuren sind aber die elementarsten Bausteine des Lebens, aus ihnen ist auch das Erbmolekül, die DNS, aufgebaut. Dieses Ergebnis war für sich genommen schon aufsehenerregend genug. Doch hatten andere Forschergruppen schon früher ähnliche Funde bei wenigen Chondriten dieses Typs gemacht. Allerdings wußte dabei niemand eine Antwort auf die Frage zu geben, ob die Aminosäuren mit den Meteoriten auf die Erde gelangt waren, sie also tatsächlich außerirdischer Herkunft sind, oder ob es sich bei ihnen um irdische »Verunreinigungen« handeln könnte. Diese brisante Frage war nun mit einem Schlag eindeutig beantwortet.

Der Grund: Im Murchison-Meteoriten fand das amerikanische Forscherteam immer zwei spiegelbildlich vertauschte Varianten von jeder der fünf Aminosäuren. Diese sogenannten Enantiomere traten zudem im annähernd gleichen Mengenverhältnis auf. Damit hielten die Wissenschaftler den direkten Beweis für den außerirdischen Ursprung der Aminosäuren buchstäblich in Händen.

Ob Mikrobe, Mammutbaum, Maus oder Mensch, irdisches Leben benutzt stets nur eine Form der beiden spiegelbildlichen Varianten von Aminosäuren, um daraus seine Eiweißbausteine aufzubauen. Dabei handelt es sich immer um die linksdrehenden Formen, die sogenannten L-Aminosäuren. Vielleicht ist manchem schon der auf Joghurtbechern aufgedruckte Hinweis »Unter Verwendung von L-Milchsäurekulturen« aufgefallen. Das »L« steht dabei für »laevis«, dem lateinischen Wort für links. Die andere Variante, sogenannte D-Milchsäure, von lat. »dextra«, rechts, kommt bei uns in der belebten Natur nicht vor. Wir könnten diese Form, selbst wenn sie künstlich hergestellt würde, nicht verdauen, weil unser auf die L-Form getrimmter Organismus damit nichts anfangen kann.

Im Murchison-Meteoriten waren aber beide Aminosäure-Varianten, die D- und die L-Form, in annähernd gleichem Verhältnis enthalten. Eine biologische Verunreinigung durch irdische Organismen ist also ausgeschlossen. Damit war erstmals der Nachweis erbracht, daß einfache Moleküle des Lebens auch im lebensfeindlichen All entstehen können.

Die Atome, aus denen die Verbindungen im Murchison-Meteoriten bestehen, sind freilich in den Zentren der Sterne entstanden. Mit Ausnahme des im Feuerball des Urknalls geborenen Elements Wasserstoff haben fast alle Atome, die unseren Körper aufbauen, dieses aufregende Schicksal hinter sich. Sie wurden, wie alle Materie, aus der die Dinge bestehen, und mit denen wir alltäglich umgehen, im atomaren Glutofen der Sterne gekocht.

Materieküche im Innern der Sterne

Das Rezept, nach der die Natur die Materie im Innern der Sterne kocht, heißt Kernfusion. Bei Temperaturen jenseits von fünfzehn Millionen Grad Celsius und unvorstellbar hohen Drücken verschmelzen Wasserstoffkerne miteinander und bilden Helium. Auch in der Sonne läuft diese Art der Energieerzeugung schon seit 4,5 Milliarden Jahren ab. Wenn sie in ihrem Zentrum allen Wasserstoff zu Helium umgewandelt hat – das wird voraussichtlich in rund vier bis fünf Milliarden Jahren der Fall sein – bricht die Fusion ab. Die Masse unseres Sterns reicht nicht aus, um die entsprechend hohen Drücke und Temperaturen zu erzeugen, bei denen auch das entstandene Helium atomar verbrennt. Wenn dann die Kernfusion versiegt, gerät der weitere Lebenslauf der Sonne außer Kontrolle. Zunächst kippt die Balance zwischen dem nach außen gerichteten Strahlungsdruck (der nachgelassen hat) und der Schwerkraft, die die Materie des Sterns nach wie vor zusammenpreßt. Als Folge kann die Sonne dem Gewicht ihrer eigenen Materie nichts mehr entgegensetzen. Sie schrumpft unaufhaltsam zu einem heißen, dichten, sogenannten Weißen Zwerg, der im Laufe vieler Milliarden Jahre langsam auskühlt.

In schwergewichtigeren Sternen als der Sonne können Druck und Temperatur im Innern noch weiter ansteigen. Wenn hundert Millionen Grad erreicht sind, beginnt Helium atomar zu zünden und bildet durch Fusion Kohlenstoff. Damit hat sich der Stern eine neue Energiequelle erschlossen, um dem drohenden Kollaps durch die eigene Schwerkraft zu entgehen. Über kurz oder lang ist aber auch diese Möglichkeit erschöpft, wenn alles Helium im Zentrum zu Kohlenstoff umgewandelt ist. In seinem Aufbau ähnelt der massereiche Stern nun einer Zwiebel mit Schalen. Den Kern aus Kohlenstoff umgibt zunächst eine Schale, in der noch die Verschmelzung von restlichem Helium abläuft. Weiter außen folgt dann die Schale des Wasserstoffbrennens. In immer kürzeren Zeitabständen muß der Stern in seinem Zentrum neue Energiequellen erschließen, damit die Kernfusion weiter ablaufen kann. Wenn sich schließlich in seinem Innern ein Eisenkern gebildet hat, geht durch atomare Verschmelzung nichts mehr. Die Endstation der Kernfusion ist erreicht. Das ist der Moment, an dem das bislang mühsam aufrecht erhaltene Gleichgewicht zwischen Strahlungsdruck und Schwerkraft endgültig aus den Fugen gerät. In einer gewaltigen Explosion schleudert ein solcher Stern dann einen großen Teil seiner Materie ins All. Noch im Glutball der Explosion produziert der sterbende Stern weitere Elemente. Dazu gehören Eisen, Nickel, Kobalt, Argon, Kohlenstoff, Sauerstoff, Neon, Natrium, Magnesium, Silizium, Schwefel, Chlor, Kalium, Calcium und Aluminium.

Die Liste der bei einer Supernova geborenen Elemente ist lang und die dabei freigesetzten Mengen beachtlich. In einer solchen Sternexplosion können viele tausend Erdmassen der Elemente erzeugt werden, die dann einer folgenden Generation von Sonnen mit ihren Planeten als Baumaterial dienen. Damit aber befinden wir uns in der scheinbar paradoxen Situation, daß die materiellen Ursprünge des Lebens an denkbar lebensfeindlichen Orten im Weltall entstanden: Außer dem Urknall ist das auch die atomare Gluthölle im Innern der Sterne.

Später dann, wenn die Sterne längst als Supernovae explodiert sind, oder sie die Materie als allmählich verglühende weiße Zwergsterne, die ihre Hüllen abstoßen, nur langsam an den Weltraum zurückgeben, sammeln sich die Atome wiederum an einem äußerst ungemütlichen Ort, wo sie erneut in den kosmischen Kreislauf gelangen können. Unter dem Einfluß der Schwerkraft bilden sich daraus riesige Staub- und Gaswolken im Raum zwischen den Sternen – bei eisigen Temperaturen, die nur knapp über dem absoluten Nullpunkt von minus zweihundertdreiundsiebzig Grad Celsius liegen. Hier stehen dann die Wiegen einer neuen Generation von Sonnen. Was ist das für ein Stoff, der sich an vielen Stellen in unserer Milchstraße und in anderen Galaxien zusammenklumpt, aus dem sich Sterne, Planeten und auch die Körper von Wesen wie wir formen, die dann staunend das Schauspiel der kosmischen Evolution verfolgen? Woraus besteht der Urstoff des Lebens?

Um das herauszufinden, untersuchen Wissenschaftler die Strahlung, die die Materiezusammenballungen nicht nur in Form von sichtbarem Licht, sondern auch als Röntgen-, UV-, Infrarot- und Radiostrahlung abgeben. Bestimmte Atome und Moleküle verraten sich dabei aufgrund charakteristischer Linien im elektromagnetischen Spektrum, vergleichbar mit dem unverwechselbaren Linienmuster eines menschlichen Fingerabdrucks. Mit dieser Methode haben Astronomen bis heute weit über hundert, zum Teil recht exotische Verbindungen im All entdeckt.

Der Weltraum, ein chemisches Labor

Viele einfache chemische Verbindungen kennen wir natürlich auch auf der Erde, es sind sprichwörtlich die »Kosmopoliten« unter den Stoffen. Dazu gehört zum Beispiel das Kohlenmonoxid (CO), von dem es in der Milchstraße gewaltige Ansammlungen gibt. Eine der nächsten liegt im Sternbild Orion, in einer Region unserer Milchstraße, die heute zu den aktivsten Sternentstehungsgebieten zählt. Hier haben Radioastronomen zwei große Molekülwolkenkomplexe aus Kohlenmonoxid aufgespürt, die sich beide mehr als hundertfünfzig Lichtjahre weit in den Raum erstrecken. Auch in anderen Gebieten der Milchstraße, in denen heute Sterne geboren werden, finden sich ausgedehnte Kohlenmonoxidwolken. Sie entpuppten sich geradezu als Wegweiser zu den Wiegen der Sterne und stehen in enger Verbindung mit Regionen molekularen Wasserstoffs, des häufigsten aller Moleküle im Kosmos.

Sehr oft treffen wir in den Molekülwolken der Milchstraße auf wasserstoffreiche Verbindungen. Darunter sind giftige Gase wie Formaldehyd, Salzsäure, Blausäure oder Ameisensäure, eine im Tier- und Pflanzenreich häufig verwendete Schutzsubstanz. Auch Ammoniak, ein stechend riechendes Gas, gehört dazu. Kein Wunder, daß Ammonik, eine einfache Verbindung aus Wasserstoff und Stickstoff (NH_3) auch in unserem Sonnensystem bei der Entstehung der Gasplaneten eine wichtige Rolle gespielt hat. Die in ihrem chemischen Aufbau ähnlichen, bis heute urtümlich gebliebenen Atmosphären von Jupiter und Saturn bestehen zum größten Teil aus dem wasserstoffreichen Ammoniak und verwandten Verbindungen. In reiner Form bildet das Gas vor allem die weißen Wolkenovale und Zirrusbänder in den hohen Atmosphären der beiden Gasgiganten.

Auch Wasser, für das irdische Leben von existentieller Bedeutung, ist im All durchaus keine Rarität. Es findet sich nicht nur in den Molekülwolken der Milchstraße, sondern sogar in den entlegensten Winkeln des Universums. Radiowellen, die von der zweihundert Millionen Lichtjahre entfernten Galaxie Markarian 1 im Sternbild Fische stammen, weisen auf gewaltige Gaswolken aus Wassermolekülen hin.

Die für das irdische Leben typischen Kohlenstoffverbindungen finden sich aber nicht nur in Form einfacher Moleküle, die aus wenigen Atomen aufgebaut sind. In kühlen Bezirken des Alls können sich Atome dauerhaft zu langkettigen oder ringförmig geschlossenen Molekülen zusammenlagern und so kompliziertere Verbindungen aufbauen. Dabei entstehen gelegentlich sogar ausgesprochene Molekülexoten.

Fußball im All

Ein Beispiel ist das Kohlenstoff-60-Molekül. Die wohl eher als »Buckyball« bekannte Kohlenstoffmodifikation erinnert denn auch in ihrer geometrischen Struktur an einen winzigen, aus zahlreichen Waben zusammengenähten Fußball. Auf der Erde läßt sich diese Verbindung nur unter besonderen Laborbedingungen herstellen. Doch bietet ihre Entdeckung, die 1996 mit dem Nobelpreis für Chemie ausgezeichnet wurde, bislang viel Anlaß zu interessanten Spekulationen über eine künftige Nutzung als winzige elektrische Bauelemente in der Nanotechnik. Während die Jahresproduktion dieser bemerkenswerten Substanz in hiesigen Pilotanlagen nur einige Kilogramm ausmacht, summiert sich die Menge von Kohlenstoff-60 in den Molekülwolken zwischen den Sternen der Milchstraße leicht auf viele Sonnenmassen.

Gilt die Entdeckung von Buckyball-Molekülen im Weltall schon als erstaunlich, so wird sie noch durch den Fund der Aminosäure Glycin in den Schatten gestellt. Die aus insgesamt zehn Atomen aufgebaute, einfachste aller Aminosäuren will der amerikanische Radioastronom Lewis Snyder in einer Molekülwolke der Milchstraße im Sternbild Schütze identifiziert haben. Von ihr hatten wir bereits im Zusammenhang mit dem Murchison-Meteoriten gehört.

Die Bedeutung des jüngsten Fundes erklärt sich aus der Tatsache, daß Aminosäuren die Grundbausteine der Proteine und damit des irdischen Lebens sind. Sollte sich Snyders Entdeckung bestätigen, wäre das nicht nur vordergründiger Stoff für die Verfechter der Panspermien-Hypothese, die sich dadurch erneut in ihrer Vorstellung vom »importierten« irdischen Leben bestätigt sehen werden.

Überdies würde diese erste Entdeckung einer Aminosäure außerhalb des Sonnensystems unsere allzusehr auf den irdischen Erfahrungshorizont eingeengte Sichtweise des Phänomens »Leben« ein wenig zurechtrücken. Leben erscheint heute nicht mehr als ein einmaliger Sonderfall der Natur, sondern als komplexe Spielart der Materie, die buchstäblich über»all« ihre Chance zur Evolution nutzt, wo und wann sie sich auch ergibt.

7. Fossilien aus dem All

Wer schon einmal einen Kometen mit eigenen Augen gesehen hat, ist von dem Anblick beeindruckt, der sich am wundervollsten am nächtlichen Himmel darbietet. Zwischen dem Funkeln unverrückbarer Sternbilder tauchte 1996 unerwartet ein Neuling auf, der auf Anhieb auffiel: Ein bläulich glühender Nebelfleck von beachtlicher Größe. Nach einigen Minuten Gewöhnung an die Dunkelheit zeigte sich auch der ungewöhnlich lange, zartblau schimmernde Schweif des Kometen. So jedenfalls bot sich einer der spektakulärsten Erscheinungen dieses Jahrhunderts, der Komet Hyakutake Ende März 1996 dem Beobachter auf der Nordhalbkugel dar. Kein Wunder also, daß Experten wie Laien rund um den Erdball auf der Lauer lagen, um das seltene Schauspiel am Himmel zu genießen. Immerhin führte die Bahn des Kometen in nur fünfzehn Millionen Kilometer Abstand an der Erde vorbei. Das klingt für astronomische Verhältnisse zwar sehr nahe, ist aber immer noch vierzigmal weiter entfernt als der Mond von der Erde.

Offenbar meinte es der Himmel besonders gut mit den Astronomen, denn genau ein Jahr später hatte der nicht minder eindrucksvolle Komet Hale-Bopp seinen Auftritt. Anders als Hyakutake zeigte der ein gelb-goldenes Farbenspiel. Wer von beiden nun der glanzvollere war, darüber läßt sich trefflich streiten. Sicher ist jedoch: Solche grandiosen Naturschauspiele sind selten.

Was die Boten vom Rande des Sonnensystems für die Wissenschaftler so interessant macht, ist die Zusammensetzung ihrer Materie. Kometen sind tiefgefrorene Relikte und damit Zeitzeugen aus der Frühzeit des Sonnensystems. Ihre uralte Materie liefert nicht nur eine Antwort auf die Frage, woraus ursprünglich das Baumaterial für die Planeten beschaffen war. Nicht wenige Wissenschaftler haben Kometen auch als Stofflieferanten für die ersten Bausteine des Lebens im Visier.

Als sich Hyakutake im zeitigen Frühjahr 1996 der Erde bis auf zweihundert Millionen Kilometer – das entspricht etwas mehr als der Distanz Erde–Sonne – genähert hatte, schleppte er bereits einen beeindruckenden Gasschweif hinter sich her, der sich im Laufe der folgenden Wochen noch verstärkte, je näher der Komet der Sonne kam. Auf dem Höhepunkt seiner Entwicklung erstreckte sich der Schweif über eine Länge, die fast ein Viertel des Himmelsgewölbes einnahm. Ein solcher Gasschweif entsteht, wenn Eis an der Oberfläche des Kometenkerns von der Sonne erwärmt wird und verdampft. Das von der Kometenoberfläche abströmende Gas reißt zudem kleine Materiebröckchen und Staubteilchen mit, an denen das Sonnenlicht reflektiert wird, ähnlich wie an den Wassertröpfchen eines Regenbogens. Nun konnten die Wissenschaftler Hyakutake mit ihren Instrumenten bequem ins Visier nehmen, denn sie interessiert vor allem, woraus Kometen bestehen.

In den fünfziger Jahren verglich der amerikanische Astronom Fred Whipple die tiefgefrorenen Boten aus der Vergangenheit des Sonnensystems mit schmutzigen Schneebällen. Er stellte sich die Kometen einfach als locker zusammengeballte Klumpen aus Gestein, Staub und Eis vor. Mit Eis ist jedoch nicht nur Wassereis, sondern auch tiefgefrorenes Ammoniak und Methaneis gemeint. Diese Verbindungen kommen auch in den eisigkalten Wolkenschichten der großen Gasplaneten vor und stammen wohl noch aus dem ursprünglichen Vorrat der protoplanetaren Scheibe.

Tatsächlich entdeckten die Astronomen im Spektrum der hellleuchtenden Kometen die chemischen Fingerabdrücke zahlreicher einfacher Verbindungen, etwa Kohlenstoff, Zyan, Sauerstoff oder Kohlenmonoxid. Sie sind zum Teil die Reste anderer Moleküle wie Blausäure oder Wasser, die in der Nähe der Sonne von deren Strahlungsenergie aufgebrochen wurden.

Auch die Radioastronomen richteten ihre Antennen auf die »Schweifsterne« und wurden fündig. Sie konnten Verbindungen nachweisen, die auch in den Molekülwolken der Milchstraße vorkommen, zum Beispiel Formaldehyd, Methanol, Kohlenmonosulfid und Wasser. Auffällig ist, daß sich diese häufigen Verbindungen fast immer aus den leichten Elementen wie Wasserstoff, Kohlenstoff, Sauerstoff, Stickstoff, Schwefel sowie Silizium aufbauen. Daneben kommen aber auch die Metalle Eisen und Magnesium vor. Die Kometenmaterie ähnelt somit sehr stark der solaren Urmaterie, aus der vor gut 4,5 Milliarden Jahren die Sonne und die Planeten kondensierten. Damit sind Kometenkerne noch ältere kosmische Fossilien als die Chondriten. Sie sind heute die einzigen bekannten Körper im Sonnensystem, in denen sich das Material der protoplanetaren Wolke unverändert erhalten hat, sieht man einmal vom allgegenwärtigen Bombardement kosmischer Teilchen ab. Außerdem fällt auf, daß die Kometenmaterie zu einem großen Teil jene chemische Zusammensetzung aufweist, die sich auch in der Zusammensetzung unserer Körpersubstanz widerspiegelt.

Vor allem kurzperiodische Kometen, wie der alle sechsundsiebzig Jahre wiederkehrende Halley, stammen aus dem Edgewort-Kuiper-Gürtel, der in der Bahnebene der Planeten liegt und jenseits von Neptun beginnt. Der Ursprungsort der langperiodischen Kometen, die, wie Hyakutake und Hale-Bopp. Tausende Jahre für einen Umlauf um die Sonne benötigen, liegt vermutlich in den tieferen Regionen des Gürtels.

Diese Region ist der Überrest der protoplanetaren Materiescheibe, aus der sich die Planeten des Sonnensystems bildeten. Die eigentliche Heimat der Kometen liegt jedoch noch weiter draußen in der Oortschen Wolke. Sie markiert die äußere Begrenzung jener Gas- und Staubwolke, die einst die Ursonne umgab. Tiefgefroren und in ewiger Dunkelheit, ohne daß je ein Sonnenstrahl ihre Oberfläche getroffen hätte, schwirren hier einige Billionen der kilometergroßen Brocken aus Eis und Gestein herum. Die Schwerkraft der Sonne vermag die relativ kleinen Objekte noch bis in eine Entfernung von einem halben Lichtjahr an sich zu binden.

Hin und wieder wird einer dieser Brocken, etwa durch einen Zusammenstoß mit einem anderen Kometenkern, aus der Bahn geworfen. Er gerät dann auf eine lange Reise ins innere Sonnensystem. Wahrscheinlich ist auch, daß Kometen an der äußersten Peripherie der Oortschen Wolke durch eine Kollision aus dem Sonnensystem herauskatapultiert werden und dann auf Nimmerwiedersehen verschwinden. Dabei kann der eine oder andere Komet in den Einflußbereich der Nachbarsonne geraten. Dann würde er – wie ein Fußballspieler, der zu einem neuen Verein in der Nachbarschaft wechselt – der Oortschen Wolke von Alpha Centauri einverleibt. Freilich ist auch der umgekehrte Fall denkbar. Vielleicht ist so mancher Komet, der über unser Firmament gezogen ist, eigentlich ein Emigrant vom Nachbarstern. Noch stärker dürfte die Vorstellung unsere Phantasie beflügeln, daß ein solcher »Besucher vom anderen Stern« mit der Erde kollidierte und seine Materie über sie verstreute. Seine Moleküle und Atome könnten längst in die organischen Kreisläufe unseres Planeten gelangt sein und würden sich nun auch in unseren Körpern befinden. Freilich bleibt das eine faszinierende Spekulation, denn bislang haben Bahnrückrechnungen der Kometen keine Anhaltspunkte für solche »Überläufer« erbracht.

Die Forscher wüßten nur zu gerne, wie die tiefgefrorenen Boten aus der Frühzeit des Sonnensystems aussehen. Ob die Modelle von der Zusammensetzung der Materie wirklich stimmen, weiß bislang niemand sicher zu sagen. Das soll sich aber bald ändern. Im Jahr 2011 will die Europäische Weltraumbehörde ESA dem dann zu erwartenden Kometen Wirtanen einen Besuch abstatten. Hautnah soll Rosetta, so der Name der geplanten Forschungssonde, dem Kometen auf den Leib rücken und ein automatisches Landegerät auf seiner Oberfläche absetzen. Dort soll der Lander mit einem Bohrer Proben nehmen, untersuchen und die Ergebnisse zur Erde funken.

Was die Sonde bei ihrer Landung auf Wirtanen erwartet und welche physikalischen und chemischen Prozesse sich in den oberflächennahen Schichten eines solchen »schmutzigen Schneeballs«

abspielen können, wollen die an der Rosetta-Mission beteiligten Wissenschaftler bei der Deutschen Forschungsanstalt für Luft- und Raumfahrt (DLR) in Köln herausfinden. Daher holen sie den Kosmos ins Labor, um mit künstlichen Kometen zu experimentieren.

Ein wenig schmunzelnd erläutert der Leiter der Projektgruppe »Kometensimulation« (KOSI), Professor Dietrich Möhlmann, das ungewöhnliche Rezept, nach dem der Komet aus der Retorte angerührt wird: »Unser künstlicher Komet besteht aus Wasser, Ruß und einem zehnprozentigen Mineralgemisch, dem Olivin- und Kaolinstaub zugesetzt wurde. Weil Kometen sehr dunkle Körper sind, haben wir die Lösung mit einem Zusatz künstlich geschwärzt.« Manchmal setzen die Forscher ihrem Rezept auch noch einen Schuß Kohlendioxideis zu, denn Kometeneis besteht nicht nur aus Wasser.

Ein Blick in die Kometenküche von Köln verrät die nicht minder unkonventionelle Herstellungsweise. »Küchenchef« Hermann Kochan ist Physiker und Mitglied der KOSI-Forschergruppe. Er füllt die wäßrige Suspension in eine Sprühpistole, mit der normalerweise Autos lackiert werden. Dann sprüht er das Gemisch in ein Isoliergefäß, das mit flüssigem Stickstoff gefüllt ist. In der minus hundertfünfzig Grad Celsius kalten Brühe gefriert das zerstäubte Wassergemisch schlagartig. Es entsteht ein grobpulveriges samtgraues Eis, das wie Mörtel aussieht.

Mit einer großen Suppenkelle rührt Hermann Kochan in der eisig dampfenden Kometenmaterie herum und füllt eine ordentliche Portion davon in einem riesigen, stählernen Kübel. Im fliegenden Schritt schafft er das Probengefäß in die garagengroße Weltraumsimulationskammer. Sie ist wie eine Thermosflasche isoliert und ähnelt einer Tieftauchkammer.

Für das Experiment wird die Luft aus der Kammer abgepumpt, bis nur noch ein Millionstel des normalen Luftdrucks vorhanden ist. Dann springen die Kälteaggregate an und kühlen den Innenraum bis auf die Temperatur von flüssigem Stickstoff herunter. Um den Anflug eines Kometen auf die Sonne nachzuahmen, schaltet

Hermann Kochan eine Batterie gleißendheller Xenonlampen an. Dann kann es in der mit Meßinstrumenten und Kameras gespickten Weltraumkammer losgehen.

Gespannt verfolgen die KOSI-Forscher, die draußen in der Halle an ihren Computerbildschirmen sitzen, das Geschehen in der Kammer. Plötzlich kommt Leben in die graue Eismasse. In weiten Fontänen fliegen Gas- und Staubteilchen des »Köln-Kometen« wie zerstiebende Funken davon, wie bei einem echten Kometen, der sich der Sonne nähert. Die Wissenschaftler sind begeistert, das Experiment läuft wie geplant.

Spezialkameras zeichnen die Flugbahnen der ausgestoßenen Staubpartikel auf. Mit ihrer Hilfe können die Forscher später die Beschleunigung der Materieteilchen berechnen. Noch mehr interessieren sie die strukturellen Veränderungen, die sich auf der Eisoberfläche und in den Schichten darunter abspielen. In früheren Experimenten hatte sich gezeigt, daß die zuvor lockere Kometenmaterie bei entsprechend langer »Sonnen«bestrahlung eine harte Schale bekommt. »Um eine Stichprobe zu erhalten, mußten wir das Probenrohr mit dem Hammer in die verharschte Kometenmaterie schlagen«, berichtet Hermann Kochan. Doch blieb das nicht die einzige Überraschung.

Die Untersuchung der Proben zeigte auch, daß sich Kometen auffällig verändern, vor allem die kurzperiodischen. Sie haben in ihrem Leben bereits viele Rundreisen durch das Sonnensystem von jeweils nur einigen Jahren Dauer gemacht und waren dabei intensiver Sonnenbestrahlung ausgesetzt. Als die Forscher die Eisklumpen aus der Weltraumkammer aufbrachen, zeigte sich ihr Innenleben wie eine Zwiebelschale aufgebaut. Jede Schicht spiegelt einen Umlauf wider. Die leicht flüchtigen Stoffe, wie etwa Wasser- oder Methaneis, waren verdampft. Zugleich sammelte sich an der Kometenoberfläche eine dicke, dunkle Staubschicht an. Sie bremst die Gas- und Staubausbrüche und kann sie sogar völlig ersticken.

Manchmal jedoch, wenn sich eine Eisscholle von der Oberfläche löst, kommt es wieder zu spontanen Eruptionen, wie bei einem

Die eindrucksvollsten Kometen des 20. Jahrhunderts			
Komet	*Erscheinungsjahr*	*kürzester Abstand zur Sonne (in Millionen km)*	*Umlaufzeit (in Jahren)*
Hale-Bopp	1997	192,2	2380
Hyakutake	1996	34,4	14 000
Halley	1986, 1910	87,8	76
West	1976	29,5	560 000
Ikeya-Seki	1965	153,3	876
Finsterniskomet	1948	29,2	?
Südlicher Komet	1947	16,5	?
Skjellerup-Maristany	1927	26,3	?
Januar-Komet	1910	19,3	?
Viscara	1901	36,7	?

unberechenbaren Vulkan. »Unser Komet zeigt dann Staubfontänen, wie sie die Raumsonde Giotto auch beim Kometen Halley während des Vorbeiflugs aus der Nähe registriert hat«, sagt Hermann Kochan. Diese aktiven Regionen sind frisch aufgebrochene Eisschichten, die bis fünfzig Grad kälter als die übrige Kometenmaterie sind. Bei so vielen unerwarteten Entdeckungen sind sich die Kölner Kometenphysiker sicher, daß auf die Rosetta-Sonde noch einige Überraschungen warten werden. Sie haben ihre Versuche inzwischen abgeschlossen und bereiten sich auf die Rosetta-Experimente vor.

Gespannt blicken viele Wissenschaftler auf die chemischen Prozesse, die sich während der aktiven Phase an der Kometenoberfläche abspielen. Messungen beim Kometen Halley ergaben Hinweise auf komplexe Verbindungen, wie polymerisiertes Formaldehyd und Ameisensäure, aber auch auf Adenin, einem Bestandteil der in der Erbsubstanz vorkommenden Aminosäuren. Vielleicht sind unter den konzentrierten Stoffen an der Kometenoberfläche noch andere Verbindungen, die zum Aufbau von komplexen Molekülen des Lebens dienen können. Dann könnte das in der Frühzeit der

Erde intensive Kometenbombardement tatsächlich etwas zur Entstehung des Lebens beigetragen haben. Die auf unseren jungen Planeten regnende außerirdische Materie hat sich wohl großteils in den Ozeanen gelöst – sie war gewissermaßen das Salz in der Ursuppe. Kometen könnten in grauer Vorzeit somit als Katalysatoren gewirkt haben. Sie sorgten auf der frühen Erde für eine Bereicherung der biochemischen Bedingungen und haben so die Entstehung biologisch aktiver Moleküle beschleunigt. »Wir müssen abwarten, was bei der Rosetta-Mission herauskommt«, meint Hermann Kochan erwartungsvoll.

8. Lebensspuren vom Mars

Der Stein, der vielleicht vom Leben auf fremden Welten kündet, wiegt knapp tausendneunhundertvierzig Gramm und ist so groß wie eine gutgewachsene Kartoffelknolle. Sein Aufenthaltsort: ein Sicherheitslabor der NASA im Johnson Space Center in Houston. Hier lagert »ALH 84001«, so die wissenschaftliche Bezeichnung des einzigartigen Fundstücks, in einer stählernen Vakuumkammer, abgeschirmt von allen irdischen Einflüssen. Durch die doppelwandigen Fenster der wie eine Tiefseetauchkugel gesicherten Stahlkammer dringt nur die grelle Laborbeleuchtung. Sie taucht den graubraunen, kantigen Brocken in der Mitte in ein fremdes, beinahe unheimliches Licht.

Der unscheinbare Stein birgt eine Sensation: In seinem Innern glaubten amerikanische Wissenschaftler 1996 die mutmaßlichen fossilen Überreste winziger Bakterien vom Mars entdeckt zu haben. Ihre Identität offenbart sich jedoch erst beim Blick durch ein Elektronenmikroskop: zahlreiche Abdrücke winziger, fadenförmiger Strukturen, die an eine plötzlich im Leben erstarrte Kolonie irdischer Stäbchenbakterien erinnern – allerdings sind sie hundertmal kleiner als ihre irdischen Verwandten. Die genaue chemische Untersuchung ergab, daß die Marsmikroben etwa 3,6 Milliarden Jahre alt sind. Wie aber kommt ein Stein vom rund achtzig Millionen Kilometer fernen Nachbarplaneten auf die Erde? Gibt es tatsächlich Leben in den eisigen, sturmgepeitschten Steinwüsten des roten Planeten?

Den amerikanischen Forschern müssen dabei sofort die merkwürdigen und nie endgültig aufgeklärten Meßresultate einer Bodenprobe vom Mars eingefallen sein, die die amerikanische Viking-1-Sonde zur Erde funkte, als sie im Sommer 1976 in der äquatornahen Hochebene Chryse planitia auf dem roten Nachbarplaneten landete. Bei dem denkwürdigen Experiment fahndete der ferngesteuerte Greifarm des Viking-Landers nach den Überresten organischer Stoffwechselprodukte im Marsboden. Bereits das erste Experiment mit nicht erhitztem Bodenmaterial schien einen Volltreffer anzuzeigen. Die automatische Auswertung an Bord der Sonde lieferte hier ein Signal, das unter irdischen Bedingungen als ein Hinweis auf Leben hätte gedeutet werden können.

In der Phantasie eine bewohnte Welt

Den Verdacht, daß Mars eine Heimstätte des Lebens sei, hegten die Menschen schon lange. Der Italiener Giovanni Schiaparelli, Direktor der Mailänder Sternwarte, hatte 1877 die Entdeckung von »canali«, also Kanälen, auf dem Mars bekanntgegeben. Der begeisterte Astronom deutete sie just als künstliche Wasserstraßen, zu deren Bau nur intelligente Wesen in der Lage seien. Daß sich die Strukturen später als optische Täuschungen herausstellten, tat der Idee keinen Abbruch. Im Gegenteil: Die Frage, ob Mars eine belebte Welt ist oder nicht, wurde immer interessanter. Kein Wunder also, daß sich ihrer auch die Science-fiction-Autoren annahmen.

Ein täuschend echt inszeniertes Radiohörspiel, bei dem der Schauspieler Orson Welles 1938 in einer Reportage über die Invasion mordlüsterner Marswesen berichtete, löste in mehreren amerikanischen Städten eine Massenhysterie aus. Als habe ein Erdbeben die Nation erschüttert, stürzten Tausende Menschen auf die Straßen und flüchteten in ihren Autos aus Angst vor den vermeintlichen Invasoren, in einem unbeschreiblichen Chaos aufs Land.

In den fünfziger Jahren nahm sich der in Deutschland geborene Raketenpionier Wernher von Braun dem Thema »Besiedelung des Mars« an. Detailliert beschreibt er in seinem Buch »Start in den Weltraum« den Ablauf einer Forschungsexpedition. Seine Visionen der Marslandschaft lesen sich wie eine Vorwegnahme der Fotografien, die ein viertel Jahrhundert später die Viking-Sonden zur

Erde funkten. Darin nimmt von Braun auch die Entdeckung von Bodenbakterien vorweg und schildert darüber hinaus sogar pflanzliches Leben in Form von Flechten und Moosen.

Und nun also war den Wissenschaftlern sogar ein Stein vom Mars gewissermaßen vor die Füße gefallen, der, wie ein Sarkophag, nicht nur die versteinerten Überreste seiner Bewohner zu bergen scheint, sondern in dem sich auch wichtige Details aus der sonderbaren Vergangenheit unserer Nachbarwelt erhalten haben. Am Herkunftsort Mars gibt es heute kaum noch Zweifel.

Den Meteoriten hatte eine von der NASA, der National Science Foundation und der Smithsonian Institution organisierte amerikanische Expedition 1984 während einer Antarktisexpedition aufgelesen. Die Forscher nutzten die vom Eiswind spiegelglatt polierten Blaueisfelder des Südkontinents als Auffangfläche und natürlichen Kühlschrank, die alles, was im Laufe vieler tausend Jahre als Meteorit vom Himmel gefallen war, steril konservieren. Wenn im antarktischen Hochsommer die Sonnenstrahlen genügend Kraft haben, um die Eisdecke ein wenig anzutauen, gibt die Natur ihre lang gehüteten Schätze frei. Dann liegen die dunklen Gesteinsbrocken auf der strahlendhellen Eisfläche wie auf dem Präsentierteller dar; die Forscher brauchen sie nur noch aufzuklauben.

Bombe vom Mars

Gewissermaßen als verspätetes Weihnachtsgeschenk geriet so der amerikanischen Expedition am 27. Dezember 1984 der himmlische Sendbote vom Mars in die Hände. Allerdings war ihm seine außergewöhnliche Herkunft und sein einzigartiges Innenleben noch nicht anzusehen. Laboruntersuchungen sollten jedoch näheren Aufschluß ergeben. Und so bekam der Gesteinsmeteorit von den Wissenschaftlern zunächst eine ordnungsgemäße Katalogbezeichnung verpaßt: ALH 84001. Sie enthält als Kürzel den Fundort und das Fundjahr: ALH für Allan Hills, die Zahl 84 steht für 1984.

Verkannt als ein zerborstenes Stück Gestein, das vom Planetoiden Vesta stammt, schmorte ALH 84001 neun Jahre lang in den Labors vor sich hin, bevor 1993 der Wissenschaftler David Mittlefehldt von Lockheed Martin in Houston seine wahre Natur erkannte. Isotopenanalysen hatten den Forscher auf die richtige Spur gebracht. Die neuerliche, sorgfältige chemische Analyse offenbarte, daß ALH 84001 zu einer wohlbekannten, aber seltenen Gruppe von Meteoriten gehört. Sie werden nach den Anfangsbuchstaben ihrer wichtigsten Fundorte Shergotty in Indien, Nakhla in Ägypten und Chassigny in Frankreich SNC-Meteorite genannt und stammen alle sehr wahrscheinlich vom Mars. Ein wichtiges Argument, das für den Mars als Ursprungsort spricht, ist die verblüffende Übereinstimmung mit den Resultaten chemischer Analysen, die die Viking-Sonden an der Marsoberfläche vorgenommen hatten. Bleibt also noch die Frage, wie ein solcher Stein vom Mars auf die Erde gelangen konnte.

Lange Zeit hielten die Forscher es für unmöglich, daß ein Kometeneinschlag oder ein ähnlich schwerer Treffer aus dem Kosmos Gesteine aus der Marsoberfläche herausschlagen und auf die nötige Fluchtgeschwindigkeit von achtzehntausend Stundenkilometer beschleunigen könnte. Dann aber entdeckten sie unter den vielen tausend Meteoriten, die in irdischen Laboratorien und Museen lagern, Steine, deren chemische Zusammensetzung verriet, daß sie vom Mond stammen müssen. Das legt der direkte Vergleich mit jenen Gesteinen nahe, die Astronauten auf dem Mond gesammelt hatten. Wenn aber Gesteinsbrocken, etwa durch einen Kometentreffer vom Mond in Richtung Erde katapultiert werden können, warum sollte der Mechanismus nicht auch beim Mars funktionieren? Ob die Aufprallwucht eines kometen- oder planetoidenartigen Körpers tatsächlich ausreicht, um einzelne Brocken aus der glutflüssigen Gesteinsschmelze auf Erdkurs zu bringen, konnte jedoch Anfang der neunziger Jahre durch aufwendige Modellrechnungen am Computer nachgewiesen werden.

Als klar war, daß ALH 84001 tatsächlich ein Stein vom Mars ist, und es sich bei dem Meteoriten zudem noch um einen vier Milliarden Jahre alten Splitter aus der ursprünglichen Marskruste handelt, war das Interesse der Forscher an dem außerirdischen Findling schlagartig erwacht. An diesem Punkt setzt auch die ungewöhnliche Geschichte der mutmaßlichen Marsmikroben ein.

Ihre seltsame Irrfahrt begann vor langer Zeit mit einem gewaltigen Kometentreffer auf der Marsoberfläche, der sie mitsamt ihres angestammten Wohnsitzes in Richtung Erde schleuderte. Doch da existierten sie schon nicht mehr. Ausgelöscht wurde ihr Leben von einer Klimakatastrophe, die sich vor vielen Äonen auf ihrem Heimatplaneten ereignete.

Eine Urwelt im Aufbruch

Damals, vor rund vier Milliarden Jahren, also nur eine halbe Milliarde Jahre nach der Bildung des Sonnensystems, muß der Mars eine vergleichsweise lebensfreundliche Welt gewesen sein. Es war die Zeit, in der die Ära des heftigen Meteoritenbombardements aus dem Weltraum sich dem Ende zu neigte. Der kräftige Sonnenwind hatte das innere Sonnensystem größtenteils von Gas und Staub befreit, und auch die abgeschlossene Bildung der Planeten hatte kaum noch Materie übriggelassen. Nur noch Kometen, die in den äußeren Regionen jenseits der Neptunbahn patrouillierten, verirrten sich immer mal wieder ins innere Sonnensystem. Gelegentlich wurde ein solcher Brocken von der Schwerkraft eines Planeten eingefangen und ging dann auf ihm nieder, ähnlich, wie wir es vor wenigen Jahren beim spektakulären Einschlag des Kometen Shoemaker-Levy 9 auf Jupiter beobachten konnten.

Der Brocken, der damals entweder in einer äquatornahen Region unweit des großen Schiaparelli-Kraters oder aber weiter östlich auf Mars niederging, traf eine aufbrechende Welt mit einem feuchtwarmen Klima. Durch die Schluchten und Täler floß damals Wasser in reißenden Flüssen. Manche Ströme transportierten mehr

Wasser als der Amazonas. Noch heute künden ausgetrocknete Flußtäler von dieser paradiesischen Ära. Raumsonden fotografierten ihre gewundenen Umrisse und entdeckten stromlinienförmige Inseln, die verraten, daß hier einst große Mengen von Wasser geflossen sind.

Für sintflutartige Hochwasser sprechen auch die Resultate der amerikanischen Pathfinder-Mission, die am 4. Juli 1997 im äquatornahen Ares Vallis mit einer Sonde samt ferngesteuertem Mini-Rover landete. Die atemberaubenden Fotos der Sonde zeigen ein ebenes, von rostroten Eisenverbindungen eingefärbtes Gelände. Die Gegend um die Landestelle ist von großen und kleinen Felsbrocken übersät und läuft in einer Hügelkette am Horizont aus. Bei näherer Betrachtung entdeckten die Geologen der NASA, daß viele Felsbrocken abgerundete Kanten aufweisen, ein Phänomen, das mit der Schleifwirkung großer Wassermengen erklärt werden kann. Eine wellenartige Bodenstruktur in der Nähe der Pathfinder-Sonde könnte die Hinterlassenschaft einer mächtigen Flutwelle sein, die das Gebiet wohl mehrmals unter Wasser setzte. Vermutlich bildete einst die Ares-Vallis-Ebene den Boden eines riesigen Gewässers von der Größe des Mittelmeeres. Einige Milliarden Kubikmeter Wasser pro Sekunde, so schätzt NASA-Wissenschaftler Matthew Golombek vom Jet Propulsion Laboratory müssen sich hier vor langer Zeit in einer wahren Sintflut durch das Tal gewälzt haben.

Wissenschaftler haben ausgerechnet, daß es auf dem Mars einst so viel Wasser gab, daß es den gesamten Planeten mit einem fünfhundert Meter tiefen Ozean hätte bedecken können. Für größere Wasservorkommen auf dem frühen Mars sprechen auch Untersuchungen, die Allan H. Treiman vom Lunar and Planetary Institute in Houston und James L. Gooding vom dortigen Johnson-Raumfahrtzentrum an anderen Marsmeteoriten vorgenommen haben. Einige der darin gefundenen Minerale weisen chemische Veränderungen auf, die nach Ansicht der Forscher auf kaltes oder auch auf wärmeres Salzwasser zurückzuführen sind. Es braucht nicht viel Phantasie, um sich vorzustellen, wie auf dem frühen Mars heiße, untermeerische Quellen mineralhaltige Lösungen hervorbrachten, die in Spaltensystemen und Kavernen unter dem Meeresboden zirkulierten. An den Austrittsstellen der untermeerischen Geysire lagerten sich die mitgeführten Minerale ab.

Auf der Erde hat, nach allem was wir bislang wissen, an eben solchen Stellen das Leben seinen Anfang genommen. Hier entwickelten sich primitive Bakterien. Fernab vom Sonnenlicht kannten sie noch keine Photosynthese. Ihre Energie bezogen sie aus der chemischen Umwandlung energiereicher Verbindungen, die ihnen die mineralreichen Meeresquellen in vielfältiger Weise anboten. Vielleicht stand an solchen heißen Quellen auch die Wiege des Lebens auf dem Mars.

Freilich ist das Spekulation. Die Voraussetzungen dafür brachte Mars aber zumindest in seiner Frühzeit mit. Ein solcher Wasser- und Nährstoffkreislauf unter dem Meeresboden setzt neben der Existenz von flüssigem Wasser auch einen geologisch aktiven Planeten voraus.

Der mächtigste Vulkan im Sonnensystem

Durch die Bildung einer festen Gesteinskruste stauen sich große Wärmemengen im Planeteninneren. Sie brechen sich in einem intensiven Vulkanismus die Bahn. Wie zahlreiche imposante Vulkanmassive auf Mars beweisen, war unser Nachbarplanet einst geologisch aktiv. Ein Beweis ist Olympus Mons, mit siebenundzwanzig Kilometer Höhe der mächtigste Vulkan im Sonnensystem. Die Grundfläche des Vulkanriesen mißt im Durchmesser siebenhundert Kilometer. Könnte man ihn auf die Erde versetzen, würde er ganz Deutschland unter sich begraben. Die heute sichtbaren Vulkane des Mars scheinen allerdings »nur« 700 bis 100 Millionen Jahre alt zu sein. Auch hat es auf unserem Nachbarplaneten nie wandernde Kontinentalplatten gegeben. Eine Besonderheit, welche die Erde von allen festen Planeten des Sonnensystems auszeichnet.

Atemberaubend sind die Ausmaße der Valles marineris. Dieser Grabenbruch stellt eine vier Kilometer tiefe Narbe in der Marskruste dar und kündet von gewaltigen Kräften. Auf irdische Maßstäbe übertragen, würde sich das Grabensystem von Gibraltar bis zum Ural erstrecken.

In heutiger Zeit scheint Mars seine geologischen Kräfte größtenteils eingebüßt zu haben, was mit seiner relativ geringen Masse zu tun haben könnte. Er ist nur wenig größer als der Jupitertrabant Ganymed, dem größten Mond im Sonnensystem. Bei der für einen Planeten vergleichsweise kleinen Masse muß Mars seine bescheidenen inneren Wärmereserven relativ rasch verlieren.

Allerdings gibt es auch Hinweise, die seine augenblickliche geologische Inaktivität eher als eine Ruhephase deuten. Ein Grund für diese Annahme: Die breite Gipfelcaldera und der hochgelegene, flache Flankenbereich von Olympus Mons weisen eine auffallend geringe Zahl von Einschlagskratern auf. Das deuten manche Wissenschaftler als ein Zeichen für ein niedriges Alter des oberen Vulkanteils. Ihre Schätzungen kommen auf ein für geologische Begriffe jugendliches Alter von »nur« dreißig Millionen Jahren. Olympus Mons war demnach zuletzt aktiv, als sich auf der Erde unsere Vorfahren von der Linie der Affen abzuspalten begannen. Vielleicht legt der Vulkangigant nur eine längere Pause ein, um eines Tages wieder Feuer zu spucken.

Offen ist bis heute, warum Mars in seiner Frühzeit überhaupt so warm sein konnte, daß auf ihm Wasser in flüssiger Form vorkam. Daran schließt sofort die nächste Frage an: Wo sind die erheblichen Wassermengen geblieben, die es zweifellos einmal auf Mars gegeben hat? Klar ist nur, daß vor 3,8 bis 3,1 Milliarden Jahren umwälzende Klimaveränderungen auf dem roten Planeten einsetzten.

Steckbrief vom roten Planeten

Mars ist ein kleiner Planet. Sein Durchmesser von sechstausendsiebenhundertsiebenundachtzig Kilometern ist nur gut halb so groß wie der Erddurchmesser. Seine Masse beträgt gerade elf Prozent der Erdmasse. Entsprechend geringer fällt auch die Anziehungskraft auf der Marsoberfläche aus. Sie beträgt nur noch ein Drittel der Erdanziehung. Dennoch besitzt Mars zwei, wenn auch sehr kleine Monde: Phobos und Deimos. In Anspielung auf den Kriegsgott heißen sie im Griechischen Furcht und Schrecken. Bei ihnen handelt es sich vermutlich um einst streunende Asteroiden, die der Planet mit seiner Massenanziehung einfangen konnte. Die Oberfläche des Mars ist zwar von großen und kleinen Kratern übersät, weist aber weniger Einschlagsnarben als der Mond oder Merkur auf. Das Gelände teilt sich in ältere, kraterbedeckte Gebiete, die meist in größerer Höhe liegen. Diese sogenannten Hochländer finden sich vorwiegend auf der Südhalbkugel des Planeten. Die Tiefebenen liegen vor allem auf der nördlichen Halbkugel. Zusätzlich gibt es auf Mars eine von vulkanischen Kräften geprägte Provinz, die Tharsis-Region. Ihr Markenzeichen sind einige der größten Vulkane im Sonnensystem, allen voran der siebenundzwanzig Kilometer hohe Olympus Mons. Nicht weit von der Tharsis-Region erstreckt sich ein mächtiger Grabenbruch.

Das Valles marineris ist ein knapp fünftausend Kilometer langes und hundert Kilometer breites Canyonsystem. Sein »irdisches Vorbild«, der Grand Canyon in den USA, könnte ein unbedeutendes Seitental dieses gewaltigen Grabenbruchs sein. Der Mars hat heute ein trockenes, eisiges Klima mit Temperaturen, wie sie auf der Erde nur in der Antarktis vorkommen. Seine Atmosphäre besteht zu 95 Prozent aus Kohlendioxid und 2,7 Prozent aus Stickstoff. Der Rest verteilt sich auf Argon und Sauerstoff.

Eine mögliche Ursache für die frühe Klimakatastrophe sehen manche Forscher in der sich verändernden Neigung der Rotationsachse des Planeten. Sie ist gegenwärtig fast um den selben Betrag wie die der Erde, etwa vierundzwanzig Winkelgrad, gekippt. Allerdings kann sie nach den Berechnungen einiger Wissenschaftler spontan umkippen – bis sechzig Winkelgrad. Das plötzliche Kippen der Drehachse um einen so großen Betrag hätte dramatische Auswirkungen auf das Klima: Durch die starke Neigung der Achse käme es auf beiden Hemisphären zu erheblichen Unterschieden bei der einfallenden Sonnenstrahlung und damit zu einem enormen jahreszeitlichen Kontrast zwischen Nord- und Südhalbkugel. Die fatale Konsequenz: Im Sommer schmoren mittlere und hohe Breiten unter einer Hitzewelle, im Winter hingegen fallen die Temperaturen derart in den Keller, daß es dann auf Mars noch kälter wäre als heute.

Allerdings dürfte die ursprüngliche Marsatmosphäre wohl viel dichter als die heutige gewesen sein. Während der Planet heute nur einen Oberflächendruck von sechs Millibar (= sechs Hektopascal) aufweist, was nicht einmal ein Prozent des durchschnittlichen Atmosphärendrucks auf der Erdoberfläche ausmacht, könnte er früher tausendmal höher gewesen sein. Wie auf der Erde muß seine Uratmosphäre aus vulkanischen Gasen gespeist worden sein, die beim Ausgasen der abkühlenden Gesteinskruste aus Vulkanen und Erdspalten freigesetzt wurden. Das anfängliche Meteoritenbombardement dürfte ein übriges dazu beigetragen haben. Die meisten Wissenschaftler gehen davon aus, daß die marsianische Uratmosphäre vor allem aus Wasserdampf, dem Treibhausgas Kohlendioxid und Stickstoff bestand.

Von der Erde wissen wir, daß der größte Teil des ursprünglichen Kohlendioxids durch Niederschläge aus der Atmosphäre ausgewaschen wurde. Mit den Flüssen gelangt es dann in die Meere, wo es küstennah von kalkabscheidenden Organismen als Kalkstein abgelagert wird, bis der Kreislauf mit der Hebung der Meeresböden und der Gebirgsbildung erneut beginnen kann. Auf diese Weise hat die Erde das brisante Treibhausgas aus dem Verkehr gezogen. Nur ein sehr kleiner Teil des anfänglichen Kohlendioxids findet sich heute in der Erdatmosphäre. Ein solcher Mechanismus wäre auch für die Frühzeit des Mars denkbar.

Auf erste Indizien, daß auch auf dem Mars Kohlendioxid in Gesteinen deponiert wurde, ist die amerikanischen Pathfinder-Mission im Sommer 1997 gestoßen. Das ferngelenkte Marsmobil Sojourner entdeckte auf dem geröllhaltigen orangeroten Terrain des Landeplatzes in der Ares-Vallis-Ebene einen hellen Stein, der offenbar aus Kalk besteht. Vielleicht entstand er einst in einem Wasserozean aus Ablagerungen. Als das Wasser schwand, blieb der Stein zurück.

Welche Faktoren die Klimakatastrophe auf Mars schließlich ausgelöst haben, ist noch völlig im dunkeln seiner geheimnisvollen Entwicklungsgeschichte. Fakt ist jedoch, daß sich die anfänglich lebensfreundlichen Umweltbedingungen dramatisch verschlechtert haben. Mars ist heute ein eiskalter, sturmgepeitschter Wüstenplanet, mit einem Klima, wie es auf der Erde nur die Antarktis bietet. Und das sind keine Bedingungen, die höherentwickeltes Leben zulassen würden.

Und noch etwas: Um aufkeimendem Leben eine dauerhafte Heimstatt zu bieten, sollte ein Planet nicht nur über ein lebensfreundliches Klima verfügen, das flüssiges Wasser auf seiner Oberfläche zuläßt. Er sollte auch über ein starkes Magnetfeld verfügen, das lebende Organismen vor der vernichtenden UV-Strahlung der Sonne und der energiereichen kosmischen Strahlung wie ein Schirm schützt. Eine Eigenschaft, die Mars ebenfalls fehlt.

Dennoch scheint Leben in seiner Frühzeit möglich gewesen zu sein. Allerdings muß die Betonung auf »möglich« liegen, denn ein zweifelsfreier Beweis, daß es sich bei den an Bakterien erinnernden Spuren im Marsmeteoriten ALH 84001 tatsächlich um fossile Lebewesen handelt, steht bislang noch aus. Dennoch verführte die faszinierende Vorstellung NASA-Chef Daniel Goldin während einer spektakulären Pressekonferenz im August 1996 zu seinem berühmten Ausspruch: »Uns hat sich eine neue Tür zu erstaunlichen wissenschaftlichen Befunden geöffnet. Sie erzählen eine faszinierende Geschichte, bei der uns zwingende Hinweise zu der Annahme führen, daß es einst Leben auf dem Mars gegeben hat.«

Allerdings ist zwischen den Wissenschaftlern ein heftiger Disput über Einzelheiten in der Indizienkette entbrannt, die die Existenz der Marsfossilien in Frage stellen. Die Kontroverse entzündet sich an der unsicheren Deutung einiger Strukturen im Marsmeteoriten. Dazu zählen auch die sogenannten polyzyklischen aromatischen Kohlenwasserstoffe (PAK), die wir bereits im Zusammenhang mit anderen Meteoriten kennengelernt haben.

NASA-Forscher interpretieren ihr Vorkommen als die Zerfallsprodukte von Marsmikroben. Bekannt ist jedoch, daß PAK auch bei Prozessen entstehen, die nichts mit einer unmittelbaren biologischen Aktivität zu tun haben. So werden die Verbindungen in den Auspuffabgasen von Dieselfahrzeugen oder im Erdöl gefunden. Nicht zuletzt kommen PAK auch in Meteoriten vor, die sicher nicht von Mars stammen. Allerdings weisen die verschiedenen PAK-Arten im Marsmeteoriten ALH 84001 eine Häufigkeitsverteilung auf, die sich von der Zusammensetzung in anderen Meteoriten unterscheidet und eher einer Verteilung ähnelt, wie man sie für abgestorbene und zerfallene Mikroben erwarten würde.

Auf ähnliche Befunde war bereits 1989 ein britisches Forscherteam um den Astronomen Colin Pillinger von der Open University gestoßen. Die Wissenschaftler hatten seinerzeit die Kohlenstoffverbindungen in einem anderen Marsmeteoriten mit der Bezeichnung EETA 79001 entdeckt. Ein Mitarbeiter von Professor Pillinger hatte in einem Zeitungsinterview die Vermutung geäußert, es könne sich dabei um die Überreste primitiver Lebensformen vom Mars handeln. Das war der Zündfunke für die Idee von den Marsmikroben.

Nach der spektakulären Präsentation des Marsmeteoriten ALH 84001 durch NASA-Forscher, die nun auch den Ruhm für sich beanspruchen, als erste auf mögliche Indizien für außerirdisches Leben gestoßen zu sein, fühlen sich die britischen Wissenschaftler von ihren amerikanischen Kollegen getäuscht. Sie monieren, daß ihre Arbeit, die wichtige Hinweise auf die Existenz möglicher Marsmikroben geliefert hätte, von den NASA-Forschern totgeschwiegen wurde.

Umstritten sind röhrenförmige und kugelige Strukturen, die den Ablagerungen im Innern des Marsmeteoriten ALH 84001 das Aussehen dichtgepackter Fadenbakterien verleihen. Einige der Strukturen sind nur ein zehntausendstel Millimeter groß. Die Marsmikroben wären somit zehn- bis hundertmal kleiner als irdische Bakterien. Damit aber erreichen Mikroorganismen bereits eine untere Grenze, von der an zuwenig Platz in einer Zelle vorhanden ist, um darin alle notwendigen Lebensprozesse ablaufen zu lassen. Einspruch erhebt dagegen der US-Forscher Robert Folk von der University of Texas in Austin. Er will zwei Milliarden Jahre alte, irdische Mikrofossilien gefunden haben, die kaum größer sind als die mutmaßlichen Marsfossilien. Doch ist bislang auch dieser Fund noch umstritten.

Viele Experten warnen denn auch vor allzu voreiligen Schlüssen. »Ich halte es für höchst unwahrscheinlich, daß es sich um die Überreste einstiger Lebewesen vom Mars handelt«, meldete sich der Mikrobiologe William Schopf von der University of California in Los Angeles zu Wort. Schopf gilt als international erfahrener Experte in Sachen Mikrofossilien. Er mißtraut der Interpretation der NASA-Forscher. Selbst mit dem Elektronenmikroskop konnten bei den sehr gut erhaltenen mutmaßlichen Marsmikroben keine Reste von Zellbestandteilen erkannt werden.

Über jeden Zweifel erhaben wäre etwa der Abdruck einer sich gerade teilenden Marsbakterie. Ebenso beweiskräftig wären Abdrücke von Zellmembranen oder einer für Bakterien charakteristischen Zellwand. Bislang jedoch hatten die Forscher kein Glück, haben nichts dergleichen gefunden.

Mit solchen Einwänden gibt sich David McKay, Geologe am Johnson Space Center in Houston und sein Forscherteam, die als erste den offiziellen Schluß zogen, es handele sich bei den Ablagerungen in ALH 84001 um mögliche Marsfossillien, noch lange nicht geschlagen. Sie ziehen eine weitere Trumpfkarte im Poker um die Identität der Meteoriteneinschlüsse. Die Forscher haben in unmittelbarer Nähe zu den bakterienartigen Strukturen winzige magnetit- und eisenhaltige Körnchen entdeckt, wie sie auch manche irdischen Bakterien einlagern, um sich mit ihrer Hilfe entlang der Erdmagnetfeldlinien zu orientieren. Da jedoch Mars nur ein äußerst schwaches Magnetfeld besitzt, stellt sich die Frage nach der Funktion der Partikel, falls sie tatsächlich, wie McKay behauptet »biogenen Ursprungs« sind.

Widersprüchliches förderte auch eine erneute Altersbestimmung des Marsmeteoriten zutage, die Meenakshi Wadwha vom Field Museum in Chicago und Günter Lugmair vom Scripps Institute of Oceanography in La Jolla vornahmen. Sie erhielten für ALH 84001 ein Alter von nur 1,3 bis 1,4 Milliarden Jahren. Zu dieser Zeit gab es jedoch kein flüssiges Wasser mehr auf Mars. Sollte sich der Befund bestätigen, wäre damit die These von den Marsmikroben hinfällig geworden.

Doch noch streiten die Experten weiter um die Echtheit der »Fossilien« vom Mars. Eine Debatte, bei der zumindest ein Gewinner jetzt schon feststeht: Die spektakulären Ereignisse lenkten den Blick der Weltöffentlichkeit und des amerikanischen Kongresses, der über die Höhe des Raumfahrt-Budgets der NASA zu entscheiden hat, auf das nächste Ziel der Raumfahrtbehörde: den Planeten

Mars. Ob es hier tatsächlich einmal Leben gab oder vielleicht sogar heute noch an geschützten Orten, zum Beispiel tief im Dauerfrostboden, vor sich hin schlummert, können wohl nur bemannte Raumfahrtmissionen vor Ort klären. Wann Menschen auf dem roten Planeten landen werden, ist ungewisser denn je. Derzeit fehlt das Geld für eine solche Mission. Doch plant die NASA, schon in wenigen Jahren eine Forschungssonde zum Mars zu schicken, mit der ein halbes Kilogramm Gestein gesammelt und im Jahr 2008 zur Erde zurückkehren soll. Ob wir dann mehr über das Geheimnis des roten Planeten wissen werden?

9. Zeitreise in die Urzeit der Erde

Wenn wir die Spuren des Lebens weiterverfolgen wollen, um zu verstehen, wie aus toter Sternmaterie schließlich zu Fleisch gewordene Lebewesen hervorgehen, die sich sogar ihrer erstaunlichen Evolution selbst bewußt sind, kann ein Blick auf die Erde weiterhelfen. Die Evolution des Lebens auf der Erde ist der bislang einzige Fall, von dem wir sicher wissen, und an dem wir das Wirken universeller Regeln und Mechanismen, aber auch irdischer Besonderheiten erkennen können. Sie haben hier zu dieser Erscheinungsform der Materie geführt. Damit die Anfänge des irdischen Lebens erkennbar werden, schlage ich eine Entdeckungsreise in die ferne Vergangenheit unseres Planeten vor. Die erstaunliche Geschichte des irdischen Lebens führt uns durch die Nebel längst vergangener Zeiten mehr als vier Milliarden Jahre zurück in die Epoche des Präkambriums, der Erdurzeit.

Damals hatte sich unser Planet gerade mit einer ersten, festen Gesteinskruste umgeben, die jedoch noch überall feurige Male und Narben trug. Daher kommen wir um einen feuerfesten Schutzanzug mit Atemgerät bei unserer Entdeckungsreise in die Vergangenheit nicht herum. Die Erde zeigte ein völlig anderes Gesicht, als das heute vertraute. Hätte uns jemand auf diesem Planeten ausgesetzt, es wäre die sprichwörtliche Hölle auf Erden geworden, ohne eine Chance des Überlebens. Wie können wir uns die frühe Erde vorstellen?

Die Hölle auf Erden

Mächtige Vulkane mit einer Grundfläche, die größer war als die heutiger Nationalstaaten, speiten ungeheure Mengen an Lavafontänen und Asche aus. Die nackte, glühendheiße Gesteinskruste war übersät von riesigen Spalten, aus denen unaufhörlich Lavaströme hervorquollen. Für einige hundert Millionen Jahre prasselte ein kosmischer Regen aus Meteoriten auf den jungfräulichen Planeten. Die Brocken aus dem All, welche durchaus die Größe eines Bergmassivs erreichen konnten, rissen immer wieder neue Wunden in den sich gerade mit einer festen Kruste überziehenden Globus. Damals hat die Erde große Mengen des Treibhausgases Kohlendioxid, aber auch Wasserdampf und schwefelhaltige Dämpfe ausgeschwitzt. Diese Gase bildeten die Uratmosphäre unseres Planeten. Stickstoff, der heute neunundsiebzig Prozent der irdischen Atmosphäre ausmacht, gab es damals auch schon als Gas oder in einer Verbindung mit Sauerstoff. Höchst unwahrscheinlich ist jedoch die alte These, daß die irdische Uratmosphäre den wasserstoffreichen Atmosphären der großen Gasplaneten glich; darauf werde ich später noch einmal zurückkommen.

Weil die Erde, verglichen mit unserem Nachbarn Mars, eine verhältnismäßig große Masse aufweist, konnte sie ihre Atmosphäre behalten und verlor sie nicht nach kurzer Zeit in den Weltraum. Die Ausdünstungen der noch heißen Erdkruste ballten sich damals in düsteren Wolken zusammen, die tief bis auf den Boden reichten. Die Sonne hing nur als blasse Scheibe am Himmel. Hätten wir bei unserer Expedition in die Urzeit einen der seltenen Augenblicke abgepaßt, während der sich die Sonne einmal ungetrübt von dichten Wolken zeigte, wären uns einige Veränderungen an ihr aufgefallen. So hätten wir eine etwas kleinere Sonnenscheibe am Himmel leuchten sehen. Zudem wäre uns die Sonne auch ein wenig röter erschienen. Der Grund: Die noch blutjunge Sonne hatte damals erst achtzig Prozent ihrer heutigen Leuchtkraft erreicht. Außerdem war ihre Oberflächentemperatur im Vergleich zu heute niedriger.

Der Mond zum Greifen nah

Auch unser Mond sah damals deutlich anders aus, als wir ihn heute kennen. Hätten wir ihn vor mehr als vier Milliarden Jahren in einer klaren Nacht beobachten können, dann wäre unser Trabant sehr viel größer am Himmel erschienen. Zwar kreist der Mond seit seiner Geburt um unseren Planeten. Doch entfernt er sich dabei ständig ein wenig von der Erde.

Damals hätten wir auch noch nicht das »Mondgesicht« im Antlitz unseres Trabanten entdecken können. Der Eindruck wird bei Vollmond durch die dunklen Lavaebenen auf der Mondoberfläche, die Maria, hervorgerufen. Ihre Verteilung zeichnet heute zufällig die Erscheinung eines Gesichts mit dunklen Augen, einer Nase und einem Mund nach. Die Maria entstanden aber erst während einer geologisch aktiven Phase des Mondes vor vier bis 3,2 Milliarden Jahren. Damals setzte das Innere des Mondes große Wärmemengen frei. In der Folge schmolzen große Teile der Oberfläche bis in eine Tiefe von mehreren Kilometern. Als die riesigen Lavameere erkalteten, entstanden die dunklen flachen Ebenen, die heute so poetische Namen wie »Meer der Ruhe« – hier liegt der erste Landeplatz von Menschen auf dem Mond – oder auch »Ozean der Stürme« tragen. Doch wenden wir nun den Blick wieder zurück auf die nicht minder unwirtliche Urerde und beginnen wir unsere Expedition.

Erde im Treibhausklima

Die steht unter keinem guten Vorzeichen, denn über unseren Köpfen braut sich ein mächtiges Unwetter zusammen. Der Grund ist die wärmestauende Käseglocke, die über der Erde lastet. Die heftige vulkanische Aktivität auf der frühen Erde hat riesige Mengen des Treibhausgases Kohlendioxid in die Atmosphäre verfrachtet. Der Hitzestau läßt ständig gewaltige Gewitter entstehen. Mächtige Blitze spalten den Himmel, und Orkane wirbeln die tosenden Wolken-

Der Mond an der Leine der Fliehkraft

Der Effekt geht auf die Gezeitenreibung zurück. Durch das Wandern der Flutberge verbraucht die Erde Energie bei der Drehung. Die Gezeiten wirken wie Bremsbacken, unter denen sich die rotierende Erde wegdreht. Das führt dazu, daß sich die Drehbewegung der Erde zusehends verlangsamt und etwa alle hundert Jahre der Tag eine tausendstel Sekunde länger wird. Im Laufe der Jahrmilliarden hat sich das gewaltig summiert. Heute dauert der Erdtag mit vierundzwanzig Stunden deutlicher länger als in der Erdfrühzeit. Eine weitere Folge ist, daß sich der Mond immer ein Stückchen mehr von der Erde entfernt hat. Dafür ist ein physikalisches Gesetz, der Drehimpulserhaltungssatz, verantwortlich. Vereinfacht besagt er, daß die Drehenergie eines Systems – gemeint sind hier Erde und der sie umkreisende Mond – sich nicht in Luft auflösen kann. Auch wenn Reibungskräfte wirken, bleibt die Energie erhalten. Sie tritt dann eben in einer anderen Form auf. Das bedeutet für unseren Fall, daß die Energie, welche die gebremste Erde langsam verliert, auf die Bewegung des Mondes übertragen wird. Wie ein Ball, der an einem Strick im Kreis umhergewirbelt wird, zerrt der Mond immer stärker an der unsichtbaren Leine der Fliehkraft. Der Effekt läßt sich sogar von der Erde aus messen. Ausgesandte Laserstrahlen treffen dabei auf Reflektoren, die bei den Mondlandungen zurückgelassen wurden. Dabei legen sie pro Jahr zwölf Zentimeter mehr für die Strecke zum Mond zurück. Der ist im Durchschnitt dreihundertsechsundachtzigtausend Kilometer von der Erde entfernt. Vor mehr als vier Milliarden Jahren waren Mond und Erde noch ein sehr eng verbundenes Paar.

massen durcheinander. Mit Urgewalt prasseln Wolkenbrüche auf den nackten Felsgrund nieder, um wenige Augenblicke später als dampfende Schwaden wieder aufzusteigen. Ein archaisches Schauspiel, daß wohl viele Jahrmillionen währte. Schon der erste Akt auf der noch jungfräulichen Erde zeichnet den Planeten von seinen Nachbarn Mars und Venus aus.

Eine entscheidende Voraussetzung für die Entstehung von Leben sehen viele Forscher in der Tatsache, daß die Erde als einziger Planet im Sonnensystem zwei Arten einer Kruste von unterschiedlicher Dichte und Dicke ausgebildet hat. Vermutlich durch einen sehr intensiven Vulkanismus, der unserem Planet half, seine großen Mengen aufgestauter innerer Wärme freizusetzen, kam es im Erdmantel früh zu einer chemischen Trennung der Magmen. Dadurch schieden sich dichte, basaltische und leichtere, granitische Krustengesteine ab. Diese Differenzierung begann das Gesicht der Erde drastisch zu verändern. Während die kompakte, nur sechs Kilometer dicke Basaltschicht die Ozeanböden bildet und sich entlang der Tiefseerücken bis heute immer wieder durch aufsteigendes Gesteinsmaterial erneuert, dominiert die durchschnittlich vierzig Kilometer mächtige Granitkruste die Festländer. Dieser im Sonnensystem wohl einzigartige Mechanismus hat auf der Erde Ozeane und driftende Kontinente entstehen lassen und damit erst die Voraussetzungen für die Evolution höheren Lebens geschaffen. Während das Leben zunächst die verschiedenen Nischen des Lebensraums Wasser eroberte, gelang ihm später buchstäblich der Sprung auf das Festland. Dort bildeten die Kontinente mit ihren rasch wechselnden Umweltverhältnissen die nächste große Herausforderung für das Leben. Ein Prozeß, der die Evolution der Organismen so richtig auf Touren brachte.

Mit der Entstehung einer kontinentalen Kruste auf unserem Planeten konnte erstmals die Verwitterung einsetzen. Neben Wind und Wasser, die die Gesteine zu feinem Sand zerreiben und mit dem Regen in die Ozeane spülen, trugen auch chemische Reaktionen der Gase aus der Uratmosphäre ihren Teil dazu bei, das Gesicht der Erde zu verändern. Das in großen Mengen vorhandene Kohlendioxid wurde küstennah von kalkbildenden Organismen als Kalkgestein gebunden. Ein Vorgang, der schon bald fatale Folgen ausgelöst hätte, wenn die Erde nicht über eine Besonderheit verfügte.

Ein Planet recycelt sich selbst

Das aus der Atmosphäre abgezogene und im Kalkgestein gebundene Gas hätte einen deutlichen Abfall des Luftdrucks verursachen können. Ein Ereignis, das möglicherweise auf dem frühen Mars eintrat und wohl mit dazu beigetragen hat, daß der rote Planet rasch seine schützende Atmosphäre verlor. Unseren Planeten bewahrte jedoch eine Besonderheit vor diesem verhängnisvollen Schicksal: Während alte Kruste in tiefe Schichten absinkt und im Erdmantel aufgeschmolzen wird, kann an anderer Stelle neue Kruste feurig geboren werden. Bei diesem bis heute andauernden Gesteinsrecycling werden die darin gebundenen Gase wie Kohlendioxid und Wasserdampf mit zeitlicher Verzögerung über die Vulkane wieder in die Atmosphäre freigesetzt. Über lange Zeiträume gesehen ist so für eine Balance in der Lufthülle der Erde gesorgt, die sich günstig für die Entstehung von Leben auswirkt. Ein Mechanismus, über den weder Mars noch Venus verfügen.

Der heiße Glutball unseres Planeten war einige hundert Millionen Jahre nach der Bildung aus dem solaren Urnebel, also spätestens vor etwa 4,2 Milliarden Jahren, so weit abgekühlt, daß sich die Erde endgültig mit einer festen Kruste umgeben hatte. Das jedenfalls verraten die ältesten irdischen Gesteine, die heute noch an der Westküste von Grönland bei Isua und in Australien, Labrador sowie in den Nord-West-Territories von Kanada erhalten sind. Noch frühere Zeugnisse finden sich nur mehr in Gestalt winziger Zirkonkristalle, die in Westaustralien gefunden wurden. Sie sind mit mehr als 4,2 Milliarden Jahren die bislang frühesten Zeugnisse aus der Urzeit unseres Planeten. Verwundern mag, daß sich nach einer raschen Aufbauphase schon sehr früh ein stabiles Verhältnis von Landmassen und Ozeanen eingestellt hat. Es lag wohl der heutigen Relation von etwa eins zu vier nahe. Das haben Wissenschaftler durch Messungen bestimmter radioaktiver Elemente in uralten Gesteinen aus jener Zeit festgestellt. Mit dieser Methode lassen sich die einstigen Verhältnisse recht genau rekonstruieren.

Wenn Gesteine radioaktiv »ticken«

Die radioaktive Uhr zeigt nicht nur die verflossene Zeit in den Gesteinen an. Sie verrät auch etwas über deren ursprüngliche Zusammensetzung. Das Prinzip: Aus der heute noch vorhandenen Menge radioaktiver Elemente in den Mineralen und ihrer stets bekannten Halbwertszeit – das ist die Zeit, in der sich die Hälfte dieser Elemente in andere Elemente umgewandelt hat – läßt sich auf das Alter der Gesteinsprobe schließen. Durch den Zerfall ergeben sich mit der Zeit Verschiebungen im Verhältnis der radioaktiven Elemente. Sie lassen auf die ursprünglichen Mengen der Minerale schließen.

Freilich befanden sich damals die Landmassen in einer anderen Lage zueinander als heute. Dafür sorgt die Verschiebung der Krustenplatten. Sie treibt die Platten an den ozeanischen Rücken wie zwei sich gegenläufig bewegende Walzen auseinander. An anderer Stelle tauchen dafür Teile der sich bewegenden Platten in die Tiefe und schieben sich mit großem Druck unter andere Platten. Die gewaltigen Kräfte, die in dieser Zone frei werden, können kilometerhohe Gebirge auftürmen. Entlang einer solchen Nahtstelle brechen Vulkanketten auf, die sich über tausende Kilometer erstrecken können. Dieses Spiel aus Auf und Ab, Hin und Her prägt bis heute das Gesicht der Erde und verändert es ständig.

Der eigentliche Motor dieser gewaltigen Kräfte ist die Hitze des bis siebentausend Grad heißen Erdkerns. Das über ihm liegende plastische Material des Mantels quillt wie in einem siedenden Kochtopf auf, kühlt dabei ab und sinkt wieder nach unten, bis der Kreislauf erneut beginnt. Auf dieses Phänomen – die Konvektion – treffen wir nicht nur beim Auf und Ab glutflüssiger Gesteinsschmelzen im Innern der Gesteinsplaneten. Durch Konvektion werden auch die unvorstellbaren Energiemengen aus dem Kern der Sonne in die darüberliegenden Schichten transportiert. Auf diese

Weise bahnt sich die bei der Fusion entstehende atomare Hitze ihren Weg durch das brodelnde Wasserstoffgas nach außen. Die Konvektion sorgt somit bei Himmelskörpern, ob Planet oder Stern, für den Abtransport der gewaltigen Wärmemengen.

Leben in zwei Welten

Die innere Wärme unseres Planeten und die Energie der Sonnenstrahlung sind die einzigen Energiequellen auf der Erdoberfläche. Während sich die Gluthitze des Erdkerns den Weg an die Erdoberfläche bahnt und dabei neues Festland schafft, Meeresgrund zu kilometerhohen Gebirgen auftürmt und benachbarte Kontinente durch einen neuen Ozean trennt, trifft die Sonnenenergie als Licht und Wärmestrahlung auf die Erdoberfläche.

Diese Energieformen sind die Quellen für die Entstehung des Lebens. Sie beeinflussen jede weitere Entwicklung. Bricht sich die im Innern der Erde gespeicherte Energie plötzlich die Bahn, kommt es zu verheerenden Vulkanausbrüchen, die einen ganzen Kontinent überfluten können. Abweichungen in der Strahlungsintensität der Sonne von nur wenigen Promillen können der Auslöser einer Klimaerwärmung oder einer Eiszeit sein. Solche Ereignisse sind Herausforderungen an die Anpassungsfähigkeit der Organismen, die nun mit neuen Lebensräumen und Klimaverhältnissen zurechtkommen müssen. Wer sich an die veränderten Umstände nicht schnell genug anpassen kann, bleibt auf der Strecke. Der Landgang der Pflanzen, dem die Tiere auf dem Fuße folgten, die Erfindung der Warmblütigkeit, die auch die Eroberung von kalten Klimaräumen ermöglichte, das sind strategische Antworten des Lebens, die entscheidend von Veränderungen auf der Erdoberfläche beeinflußt wurden. Dafür sind wir selbst der schlagendste Beweis.

Die meisten Wissenschaftler sind heute davon überzeugt, daß die Entwicklung der Menschen aus ihren äffischen Verwandten durch eine solche Veränderung eingeleitet wurde. Auslöser für die Trennung war der vor einigen Jahrmillionen in Ostafrika einsetzende Vulkanismus. Bis heute bilden hohe Gebirge und große Wasserflächen wirksame Isolationsfaktoren und lassen neue Arten entstehen. Auf diese Weise beeinflußt der Planet Erde unmittelbar die Evolution des Lebens.

Tödliche Kulisse

Kehren wir wieder zurück in die Szenerie auf der Urerde und sehen uns noch einmal in der Vergangenheit um: Wassermassen branden an nackte Felsküsten und öde Sandstrände, dahinter dehnen sich kahle, steinige Landmassen bis zum Horizont aus. Das wühlende Meer, ungebremst über das Land rauschende Flüsse, das Prasseln der Regenschauer, heulende Stürme und krachende Gewitter bilden die Geräuschkulisse in dieser noch unbelebten Welt.

Noch lange bedeckt kein Grün die graubraune Einöde. Sie ähnelt den nackten Felsküsten sturmumtoster Inselwelten, wie wir sie heute noch auf Island oder Grönland vorfinden. Pflanzliches Leben gab es vor mehr als vier Milliarden Jahren ebensowenig wie tierisches. Wenn wir bei unserer Expedition in die Vergangenheit eine Boden- oder Wasserprobe nehmen würden, sie wäre steril. Nicht einmal Bakterien und Einzeller würden wir darin finden. Wie dramatisch hat sich doch diese trostlose Welt gewandelt.

Schauen wir uns zum Vergleich unsere heutige Welt an: Gegenwärtig leben insgesamt etwa dreißig Millionen verschiedene Tier- und Pflanzenarten auf unserem Planeten, so schätzen Experten. Die Zahl aller Arten, die im Laufe der Evolution auf unserem Planeten existierten, ist kaum anzugeben. Sie dürfte das Zigfache dieser Zahl betragen. Heute finden sich in nur einem einzigen Gramm Ackerboden rund 9,5 Millionen, in einem Gramm Wiesenerde sogar bis sechzehn Millionen Kleinstlebewesen. Diese bunte Vielfalt des Lebens setzt sich aus etwa zweieinhalbtausend verschiedenen Bakterien- und Pilzarten zusammen.

Vor vier Milliarden Jahren war die Erde gewiß eine ebenso leblose Einöde, wie uns heute die Bilder von den toten Gesteinswüsten auf unserem Nachbarplaneten Mars vermitteln. Wie fremd, ja geradezu exotisch uns die Verhältnisse auf der frühen Erde erscheinen müssen, mag folgende Begebenheit zeigen.

Der älteste Kernreaktor der Welt

Dazu verlassen wir die ungastliche Urerde und springen in die Neuzeit, in das Jahr 1972. Die kleine Episode spielt in Gabun, einer ehemals französischen Kolonie. Der westafrikanische Staat am Äquator unterhält enge Handelsbeziehungen zum einstigen Mutterland, unter anderem wegen seiner reichen Bodenschätze an Erzen. Darunter ist auch Uran, das Frankreich als Brennstoff für den Betrieb seiner Atomreaktoren benötigt. Für diesen Zweck war 1972 eine Ladung Uranerz aus dem gabunesischen Oklo nach Frankreich unterwegs. Für die Pointe der Geschichte ist es außerdem wichtig zu erwähnen, daß die gabunesischen Uranvorkommen in der Frühzeit der Erde, vor rund zwei Milliarden Jahren abgelagert wurden. Als die Uranladung in Frankreich ankam und von den Experten kontrolliert wurde, glaubten diese zunächst an einen Sabotageakt.

Der Grund: Das Uranerz enthielt zuwenig von einer bestimmten Sorte, dem Isotop Uran-235, dem eigentlichen Kernbrennstoff. Es kommt in sehr geringen Mengen zusammen mit dem natürlichen, aber nicht spaltbaren Uran-238 vor. Bei dem Vorfall ging es um ein scheinbar unbedeutendes Defizit, das sich erst an der zweiten Stelle hinter dem Komma bemerkbar machte. Normalerweise kommt Uran-235 nur zu 0,7202 Prozent im Uranerz vor. Die besagte Ladung wies aber nur einen Gesamtgehalt von 0,7171 Prozent auf. Wo war der Rest geblieben? Die französischen Nuklearexperten glaubten Schlimmes befürchten zu müssen. Ein Spezialistenteam wurde losgeschickt, das den Weg der Uranlieferung bis zum Ort der Gewinnung minutiös zurückverfolgte. In Oklo angekommen, inspizierten die Fachleute die Uranmine und machten eine verblüffende Entdeckung.

Das Uranerz im knapp einen halben Meter mächtigen Flöz der Lagerstätte enthielt bereits von Natur aus einen zu geringen Anteil von Uran-235. Was war passiert?

Wie sich herausstellte, war hier vor etwa zwei Milliarden Jahren ein natürlicher Kernspaltungsreaktor aktiv gewesen. Aufgrund besonderer geologischer Bedingungen hatte sich das Uranerz im Flöz soweit angereichert, bis nukleare Kettenreaktionen einsetzen konnten. Dabei wandelte sich Uran-235 in andere Elemente um. Der Fehlbetrag erklärte sich also durch einen natürlichen Atommeiler, der vor rund zwei Milliarden Jahren im Gestein aktiv war, lange bevor Menschen die Technik der Kernspaltung erfanden.

Dabei war es jedoch nicht zu brisanten Kernexplosionen gekommen. Grundwasser hatte das Anwachsen einer unkontrollierten Kettenreaktion abgebremst. Der Reaktor von Oklo schmorte also in der Frühzeit der Erde gemächlich vor sich hin und setzte dabei ansehnliche Mengen an Wärmeenergie und Wasserdampf frei.

Nach dieser aufsehenerregenden Entdeckung Anfang der siebziger Jahre wurden um Oklo weitere abgereicherte Uranvorkommen entdeckt, die alle auf die gleiche Art entstanden sind. Sie sind heute bis auf ein Flöz abgebaut, weshalb viele Wissenschaftler den letzten bekannten natürlichen Kernreaktor der Erde gerne unter Schutz stellen würden. Sie plädieren für den Erhalt dieses einzigartigen Relikts aus der Frühzeit der Erde.

Heute ist ein so ungewöhnliches Naturereignis nicht mehr möglich. Der Grund: Die Zerfallszeit von kernreaktivem Uran-235 beträgt siebenhundertachtunddreißig Millionen Jahre. Nach dieser Zeit ist der anfängliche Vorrat auf die Hälfte geschmolzen. Nach weiteren siebenhundertachtunddreißig Millionen Jahren ist dann die Hälfte von der Hälfte, also nur noch ein Viertel an Uran-235 vorhanden. Treiben wir die Rechnung weiter, so bedeutet das, daß heute, gut 4,5 Milliarden Jahre nach der Entstehung unseres Planeten, nur noch etwa ein Prozent des anfänglichen Uran-235 auf der Erde vorhanden ist. Das ist zuwenig spaltbares Material, um einen natürlichen Atomreaktor in Gang zu setzen.

Doch zurück zu unserer Frage, wo in der einst sterilen Einöde unseres bewegten Planeten die Wiege des Lebens stand. Wie war überhaupt die Entstehung organischer Strukturen vor mehr als vier Milliarden Jahren möglich, wenn doch anscheinend nichts Lebendiges vorhanden war, aus dem sie sich aufbauen konnten?

Wie kommt Leben in die Ursuppe?

Die elementare Frage nach der »Urzeugung« trieb Gelehrte aller Zeiten und Kulturen um. Dem französischen Naturforscher Louis Pasteur gelang vor rund hundert Jahren eine entscheidende Entdeckung. Damals war zwar schon bekannt, daß mikroskopisch kleine Lebewesen, Bakterien, an der Zersetzung verwesender Tierkadaver beteiligt sind. Doch glaubten die Menschen seinerzeit, daß wenigstens die Mikroben aus Nährsubstanzen, wie etwa Bouillon, entstünden. Genau mit diesem Irrglauben räumte der Forscher durch seine Experimente auf. Indem Pasteur die Nährsubstanzen durch Erhitzen keimfrei machte, wies er nach, daß sie keine auch noch so primitiven Lebensformen hervorbringen konnten. Bedeutet das nun, daß aus toter oder abgetöteter Materie nichts Belebtes neu entstehen kann? Wie sich inzwischen herausgestellt hat, ist an der Vorstellung von der Urzeugung doch etwas dran, wenn auch in anderer Weise, als die Zeitgenossen Pasteurs noch glaubten.

Heute suchen Wissenschaftler kleine Zellen als kleinste Einheit des Lebens. Ihre Organisation ist bereits von einer viel zu großen Komplexität, als daß sie spontan in einer »Ursuppe« entstehen könnten. Moderne Forscher geben sich mit weniger zufrieden. Sie suchen etwas, das auf einer viel einfacheren Organisationsstufe wie ein Kristallisationskeim die Entwicklung von Lebendigem vorantreibt. Was könnte das sein?

Nach heutigem Verständnis bestand die »Urzeugung« in einem chemischen Prozeß, der auf der unbelebten Erde vor mehr als vier Milliarden Jahren erstmals ein Molekül hervorbrachte, das sich selbst kopieren und vervielfältigen konnte. Diesem Vorgang wollte 1952 Stanley Miller, damals Chemiestudent an der Universität von Chicago, nachgehen. Für sein Experiment überlegte sich Miller, der im Labor des Chemie-Nobelpreisträgers Harold Urey arbeitete, wie er die Verhältnisse auf der Urerde in seinem Labor künstlich nachahmen konnte.

Die Idee war einfach und genial: In eine Kolbenapparatur gab Stanley Miller Wasser und die vermeintlichen Gase der Uratmosphäre. Dies waren nach dem Wissensstand der fünfziger Jahre Wasserstoff, Ammoniak und Methan, also jene Verbindungen, die auch die Atmosphären der großen Gasplaneten ausmachen. In der Apparatur simulierten elektrische Entladungen die urzeitlichen Blitze. Was Miller damals nicht wissen konnte: Moderne Erkenntnisse gehen von einer anderen Zusammensetzung der irdischen Uratmosphäre aus; das hatte ich bereits erwähnt. Eigentlich hätte Miller sein berühmtes Experiment in einer Atmosphäre ablaufen lassen müssen, die Kohlendioxid, Wasserdampf und schwefelhaltige Gase enthält.

Bei der Zusammenstellung der Ingredienzen stützte sich Miller auf Überlegungen, die in den zwanziger Jahren der russische Biochemiker Alexander Oparin und sein britischer Kollege John B. Haldane unabhängig voneinander entwickelt hatten. Die beiden Forscher machten sich Gedanken darüber, welche Stoffe der Natur in der Erdurzeit zur Verfügung standen, damit sich daraus biochemische Verbindungen und schließlich erste Lebensformen entwickeln konnten. In einer für damalige Verhältnisse kühnen Spekulation kam Haldane zu dem Schluß, daß sich aus den einfachen Ausgangssubstanzen zahlreiche komplexe chemische Verbindungen angesammelt haben müßten, … »bis die Urmeere die Konsistenz einer heißen, gestreckten Suppe erreichten«, wie er schrieb. Das war der Zündfunke für Stanley Millers geniales Experiment.

Als der Student Tage später in seinem Labor nachschaute, was aus dem sich selbst überlassenen Versuch geworden war, erlebte er eine Überraschung.

In der Kolbenapparatur schwamm auf der Wasseroberfläche eine rötliche Schicht aus teerartigen Kohlenwasserstoffen. Waren in diesem Belag die lang gesuchten Urmoleküle des Lebens enthalten? Miller unterbrach den laufenden Versuch und suchte erwartungsvoll nach Aminosäuren, den Bausteinen der Eiweiße.

Nach mehreren Versuchen gelang ihm schließlich der Nachweis verschiedener Aminosäuren. Darunter waren die einfach gebauten Aminosäuren Alanin und Glycin mit Abstand die häufigsten. Doch waren auch Asparaginsäure, Valin, Leucin, Glutaminsäure, Isoleucin und Serin in seinen Versuchen entstanden. Ebenso hatten sich, wenn auch nur in Spuren, die beiden Aminosäuren Prolin und Threonin gebildet. Interessant an dieser Auflistung der entstandenen Eiweißbausteine ist, daß wir darin viele der Aminosäuren wiederfinden, die wir schon in der kosmischen Molekülküche der Kometen und Meteoriten kennengelernt haben. Sarcosin, eine Aminosäure, die ebenfalls in Millers Versuch erzeugt wurde, gehört allerdings nicht zu den zwanzig Aminosäuren, die die Natur zum Aufbau der Eiweiße in den Organismen benutzt. Mit diesem Experiment war erstmals die abiotische Entstehung des Lebens, also die Bildung von biologisch aktiven Molekülen aus unbelebten Naturbausteinen, nachvollzogen worden. Diese Entdeckung gilt noch heute als ein Meilenstein in der Biologie.

Ein verpatztes Rezept

Trotz des Erfolgs blieb aber stets nur Teer die vorherrschende Substanz in dem Gebräu, gleichgültig in welcher Abwandlung das Ursuppen-Experiment auch durchgeführt wurde. Gewissenhaft dokumentierte Stanley Miller alle in seinen Versuchen erzeugten Substanzen. Auch jene Aminosäuren, die in spiegelbildlichen Varianten entstanden waren und von denen jeweils die Hälfte, nämlich nur die sogenannte linksdrehende Sorte, in der irdischen Biologie eine Rolle spielt. Mit rechtsdrehenden Aminosäuren kann das irdische Leben nichts anfangen. Obwohl sie in der Natur durchaus vorkommen und auch künstlich hergestellt werden können, sind die Körpereiweiße aller Lebewesen aus linksdrehenden Aminosäuren aufgebaut. Hier ist es so ähnlich wie bei der Materie. Obwohl sie auch in ihrer spiegelbildlichen Variante als Antimaterie in Beschleuniger-Experimenten künstlich erzeugt werden kann, gibt es in unserer Welt von Natur aus nur eine Sorte, die Materie.

Immerhin hatten sich in der Millerschen Ursuppe rund zehn Prozent des anorganischen Kohlenstoffs in organische Verbindungen umgewandelt. Aminosäuren hielten in der Ursuppe einen Anteil von zwei Prozent. Das ist kein umwerfendes Ergebnis. Bedenkt man jedoch die Zeit- und Reaktionsräume, die für die Evolution des Lebens auf der Erde zur Verfügung standen, so zeigt der Versuch doch, daß die Chancen für die Entstehung von biologischen Molekülen keineswegs ausweglos sein müssen.

Dennoch bleibt ein Einwand: Andere wichtige molekulare Bausteine des Lebens wie Eiweiße, Nukleinsäuren, zu denen auch das Erbmolekül gehört, Zucker und Lipide, aus denen Zellmembranen bestehen, wurden nie in der Millerschen »Ursuppe« gefunden. Sie hatte aber, wie wir schon wissen, den Schönheitsfehler, daß sie mit den falschen Zutaten zubereitet wurde. So genial und revolutionär das Experiment auch war, das Millersche Suppenrezept ist in dieser Zusammenstellung längst vom Tisch.

Heute gehen die meisten Wissenschaftler davon aus, daß es, im Gegensatz zu Stanley Millers Experiment, auf der Urerde so gut wie kein freies Wasserstoffgas gab. Die Erde entstand in einer wasserstoffarmen Region des Sonnensystems. Hier hatte der heftige Teilchenwind der jungen Sonne rasch das leichte Gas in die abgelegeneren Sphären vertrieben. In den Außenregionen entstanden denn auch die wasserstoffreichen großen Gasplaneten. Dieser Umstand hat entscheidende Konsequenzen für die Rezeptur der Ursuppe.

Stanley Miller selbst probierte folglich auch das neue Rezept aus. Er ließ den Wasserstoff weg und »würzte« seine Urbrühe mit reichlich Kohlendioxid statt Methan und gab außerdem noch Stickstoff statt Ammoniak zu. Die Ausbeute an organischen Molekülbausteinen war indessen desillusionierend. In der neuen Ursuppe schwamm kaum etwas, womit heutiges Leben etwas hätte anfangen können. Nun saß man ordentlich in der Klemme. Bohrender denn je stellte sich die Frage, wie einfache, biologisch aktive Moleküle des Lebens entstanden waren. Und wie sollte man sich die Entstehung eines Urmoleküls des Lebens vorstellen? Immerhin galt dafür das auf der Erde von allen Lebewesen gleichermaßen benutzte, jedoch kompliziert aufgebaute Erbmolekül, die Desoxyribonukleinsäure, kurz DNS, als der aussichtsreichste Kandidat. Unter den Voraussetzungen erschien es aber kaum vorstellbar, daß sich ein so kompliziertes Molekül wie die DNS entwickeln konnte.

Die Chemie des Lebens

Die DNS ist wie ein verdrillter Reißverschluß aufgebaut und kann sich in zwei Hälften spalten (siehe Bildteil). Dieses Prinzip erlaubt es, aus vorhandenen molekularen Bausteinen den fehlenden Strang zu ergänzen. Wie bei einem Fotoabzug kann die DNS nach dem Negativ-Positiv-Verfahren praktisch endlos vervielfältigt werden. Aus zuvor einem DNS-Molekül werden nach dem Ergänzen der beiden Stranghälften zwei komplette DNS-Moleküle. Jedes DNS-Molekül besteht nun aus einen alten Strang, der aus dem ersten Zyklus stammt und einem neu aufgebauten Strang. In einer weiteren Vermehrungsrunde werden aus zwei DNS-Molekülen, die sich zuvor wieder nach dem Reißverschlußverfahren auftrennen müssen, vier DNS-Moleküle, aus vier werden acht und so weiter. Auf diesem Verdoppelungsprinzip beruht die Weitergabe von molekularer Information und damit auch die Vererbung aller Organismen. An dem Erbmolekül DNS kommt somit auf der Erde keiner vorbei,

Vererbung und Vermehrung

Das menschliche Erbgut besteht aus rund hunderttausend Genen. Diese molekulare Information ist im Erbmolekül DNS gespeichert und befindet sich in allen Zellen unseres Körpers. Vererbt, das heißt von Generation zu Generation weitergegeben, wird jedoch nur die genetische Information, die in bestimmten, für diesen Zweck geeigneten Zellen, den sogenannten Keimzellen, gespeichert ist. Bei der Frau sind das die Eizellen, beim Mann die Samenzellen.

Die genetische Information, die beispielsweise in den Zellen unseres Zeigefingers gespeichert ist, kann nur durch Zellteilung vermehrt werden. Das geschieht etwa dann, wenn wir uns in den Finger geschnitten haben und die Wunde durch neugebildetes Gewebe geschlossen wird. Hier werden die fehlenden Zellen durch reine Vermehrung ersetzt.

Bei der Vererbung müssen zuerst männliches und weibliches Erbgut aus Ei- und Samenzelle miteinander verschmelzen. Dann erst kann die neue Zelle, die nun weibliches und männliches Erbgut je zur Hälfte enthält, durch Zellteilungen vermehrt werden, so daß ein neues Lebewesen entsteht. Der Neukombination der Gene ist der Formenreichtum einer Art zu verdanken. Sie ist in dieser Vielfalt nur durch sexuelle Fortpflanzung möglich, eine Erfindung, die die Natur im Verlauf der Evolution erst später machte.

Primitive Lebewesen wie Bakterien können sich nur durch einfache Zellteilung vermehren, also durch den Mechanismus, der bei uns für Wundheilung und Wachstum verantwortlich ist. Dabei werden die genetischen Karten jedoch nicht neu gemischt. Die Gene eines Lebewesens werden nur durch einfaches Kopieren immer weiter vermehrt. Das stupide Kopieren der Gene bei der Zellteilung kann jedoch rasch in eine tödliche Sackgasse führen. Etwa, wenn sich spontan aufgetretene Veränderungen (Mutationen) als Fehler im vervielfältigten Erbgut verbreiten, bis die Art schließlich nicht mehr überlebensfähig ist. Die Natur hat jedoch den Bakterien eine Hintertür offengehalten. Sie können Teile ihres Erbguts durch strohhalmförmige Ausstülpungen ihrer Zellen miteinander austauschen. Diese genetische Rohrpost sorgt für eine gute Durchmischung des Erbguts. Sie ist übrigens auch der Grund dafür, daß sich Resistenzen gegen Antibiotika, die irgendwann einmal in Bakterienzellen durch eine zufällige Mutation im Erbgut aufgetreten sind, rasant über den Globus ausbreiten können.

ohne es geht in puncto Leben auf unserem Planeten nichts. Doch in keiner noch so raffinierten Abwandlung des Ursuppen-Experiments fand sich von der DNS auch nur eine Spur.

In dieser prekären Lage stellt sich die Frage, wenn schon nicht die DNS das gesuchte Urmolekül des Lebens zu sein scheint, ob es dann nicht einfachere Vorstufen davon gegeben hat, die auch schon die Fähigkeit besaßen, Informationen zu speichern und diese durch Verdoppelung weiterzugeben? Eine einfache Variante der DNS gibt es tatsächlich: es ist das Schwestermolekül, die Ribonukleinsäure, kurz RNS.

Dieses Molekül besteht aus nur einem einzigen Strang und ist nicht verdrillt wie die DNS. Sehen wir uns kurz das Prinzip an, nach dem die beiden Moleküle heute bei der Weitergabe von genetischer Information, der Vererbung, Hand in Hand arbeiten.

Beim Erbmolekül DNS, das wie ein Reißverschluß aufgebaut ist, sind vier Molekülbausteine für den Zusammenhalt der beiden Stranghälften verantwortlich: die Basen Adenin (A), Thymin (T), Guanin (G) und Cytosin (C) übernehmen die Aufgabe der ineinandergreifenden Häkchen beim Reißverschluß. Sie sind der eigentliche informationstragende Teil der DNS, sind also gewissermaßen in der Rolle von Buchstaben, aus denen sich die Gene zusammensetzen. Kurzum: A, T, G und C sind die Buchstaben des genetischen Alphabets.

Weil jeder einzelne DNS-Strang als Vorlage für einen neuen Strang dient, müssen sich die gegenüberliegenden Hälften zwangsläufig ergänzen. Das geht nur, wenn immer zwei fest zusammengehörende »Buchstabenpaare« für die Verzahnung der beiden Einzelstränge sorgen. In der Natur hat Adenin (A) stets Thymin (T) als Gegenüber. Guanin (G) reicht immer nur seinem gegenüberliegenden Partner Cytosin (C) die Hände. Das ist das Prinzip der komplementären Basenpaarung. Soll die DNS kopiert werden, muß sich das Doppelwendelmolekül zunächst entdrillen, so daß sich beide Reißverschlußhälften auftrennen. Dabei werden alle A-T- und C-G-Paare in der Mitte getrennt. Aus jeder Hälfte entsteht ein neues, vollständiges DNS-Molekül, in dem der jeweils alte Strang komplementär ergänzt wird. Und damit sind wir nun endgültig bei der RNS angelangt, denn sie hat ihre Finger bei der Vererbung mit im Spiel.

Als Übersetzungs- und Botenmolekül leistet die RNS unverzichtbare Dienste für ihre Schwester, die DNS. Die RNS besteht aus nur einem Molekülstrang und gleicht damit einer unverdrillten Reißverschlußhälfte. Ein solcher einfacher RNS-Strang verfügt dennoch über eine erstaunliche Fähigkeit: Er kann sich nämlich mit sich selbst paaren, zumindest abschnittsweise. Die verpaarten Abschnitte bilden dann Schleifen im Molekül, so daß RNS-Moleküle oft wie ein Kleeblatt aussehen.

Bis auf eine Mundart spricht die RNS auch die gleiche Sprache wie das Erbmolekül DNS. Weil beide verwandten Molekülsorten im Zellkern aufeinandertreffen und hier miteinander kooperieren, werden sie als Nukleinsäuren (von lat. nucleus = Kern) zusammengefaßt. Beim genetischen Alphabet benutzt die RNS allerdings nicht den Molekülbaustein Thymin (T) wie ihre Schwester, die DNS, sondern einen ähnlichen, die Base Uracil (U). Trotz des kleinen Dialekts ist die RNS ein idealer Partner für die DNS.

Damit aus einem DNS-Molekül zwei werden können, übernimmt

die RNS sozusagen das gesamte Management. Sie lagert sich an die aufgetrennten DNS-Stränge an und liest die Abfolge der Basen, wie an einer Matrize ab. Das funktioniert bis auf den Zungenschlag in der Sprache des Erbmoleküls nach der bekannten Spielregel: C paart sich mit G. Allerdings wird aus der Paarung A–T bei der DNS die Paarung A–U bei der RNS. Indem sich die RNS jeweils an eine einzelsträngige DNS-Hälfte anlegt, prägt sie sich die genetische Information buchstäblich ein. Diese Blaupause wird dann zu einem besonderen Ort in der Zelle verfrachtet, wo sie in die zwanzig natürlichen Aminosäuren übersetzt wird. Diese einzelnen Aminosäuren sind der Rohstoff für die Eiweiße, aus denen die Körper aller Organismen bestehen.

In der Zelle werden die Aminosäuren gemäß der ursprünglich auf der DNS festgelegten Bauanleitung zu Molekülketten aneinandergereiht und dann zu komplizierten dreidimensionalen Strukturen, den Eiweißen, gefaltet. Das funktioniert ähnlich wie in einer modernen Fabrikationshalle, wo aus einer begrenzten Zahl vorgestanzter Stahlblechteile schließlich komplette Autos für verschiedene Modelle zusammengebaut werden.

Diese komplexen Vorgänge spielen sich freilich bei den Organismen in einem geschützten Milieu ab, im Innern der Zelle. Doch bis zur Entstehung der ersten Zellen ist es noch weit hin.

Das Dilemma von Henne und Ei

Deutlich wird jedoch: Das Erbmolekül DNS ist beim Ablesen der genetischen Information und bei den nachfolgenden Schritten zwingend auf die Dienste der RNS angewiesen. Andererseits wäre die alleinige Existenz einer RNS ohne eine Vorlage, ohne das Erbmolekül DNS, zu nichts nütze.

Diese wechselseitige Abhängigkeit der beiden Moleküle DNS und RNS erinnert stark an das bekannte Dilemma von Henne und Ei, bei dem niemand zu sagen vermag, wer von beiden wohl zuerst

Das Ying-Yang-Prinzip oder wie sich DNS und RNS gegenseitig brauchen

Die Erbinformation ist in Form kurzer Abschnitte, sogenannter Gene, auf dem Erbmolekül DNS gespeichert. Damit aus der genetischen Information Fleisch und Blut wird, muß sie abgelesen und schließlich in Körpereiweiße übersetzt werden. Das ist Sache der mobilen RNS-Truppe, die mit der DNS im Zellkern zusammenarbeitet. Die RNS-Sorten übernehmen dabei verschiedene Aufgaben, die sich auf das Abschreiben der genetischen Information, Transport und Zusammenbau der Aminosäuren in den Eiweißfabriken der Zelle erstrecken.

Damit die genetische Information zugänglich wird, muß sich die DNS-Doppelhelix erst entdrillen und wie ein Reißverschluß öffnen. Eine besondere RNS-Sorte, die sogenannte Boten-RNS (sie wird in Anlehnung an die international gebräuchliche englische Schreibweise als messenger-RNS oder kurz mRNS bezeichnet) liest die genetische Information an der geöffneten DNS ab. Mit der Vorlage wandert die Boten-RNS zu den Ribosomen, den Eiweißfabriken in der Zelle. Dort erwartet sie schon eine andere Verwandte, die Transfer-RNS (kurz tRNS). Die tRNS greift nur ein Wort aus dem mRNS-Strang ab, das stets aus der Kombination von drei genetischen Buchstaben besteht. Jedes Wort steht dabei für eine bestimmte Aminosäure. Ein solches Wort ist etwa UUU, also dreimal Uracil. Das steht im genetischen Code für die Aminosäure Phenylalanin. CCU etwa, also Cytosin-Cytosin-Uracil, steht für die Aminosäure Prolin, und so weiter. Da der Dreiercode insgesamt vierundsechzig Möglichkeiten zur Verschlüsselung bereitstellt, die Natur aber nur zwanzig Aminosäuren braucht, ist klar, daß es Doppelbelegungen beim genetischen Code gibt. Daher steht auch die Anweisung UUC (Uracil-Uracil-Cytosin) für die Aminosäure Phenylalanin. Wer sich über diese scheinbare Vergeudung der

Natur wundert, kann einmal nachrechnen. Ein Zweiercode aus vier genetischen Buchstaben (= 2 x 2 x 2 x 2 Möglichkeiten) ergäbe nur sechzehn verschiedene Kombinationen, und das würde nicht ausreichen, um zwanzig Aminosäuren zu chiffrieren.

Aufgabe der Transfer-RNS ist, die passenden Aminosäuren zu den wartenden Boten-RNS im Ribosom heranzuschaffen. Für jede der zwanzig Aminosäuren, aus denen sich die Körpereiweiße der Lebewesen zusammensetzen, gibt es eine besondere Transfer-RNS. Beim Ablesen der Wörter für die Aminosäuren von der Boten-RNS und ihrer Verknüpfung zu Eiweißen durch die Transfer-RNS geht es im Ribosom zu wie in einer Montagehalle mit Fließbandproduktion. Alles geschieht koordiniert und gleichzeitig.

da war. Vielleicht liegt aber die Wahrheit, wie so oft, in der Mitte. Wäre es nicht denkbar, daß die Aufgaben der Vererbung einst von einem einzigen, längst im Nebel der Urzeit verschollenen Vorläufer-Molekül übernommen wurden? Dieser molekulare Urahn könnte eine Mittlerrolle zwischen den beiden verwandten Molekülen RNS und DNS übernehmen. Er würde über die Fähigkeit verfügen, sich selbst kopieren und vermehren zu können und sollte der einfach aufgebauten RNS sehr nahe stehen. Ist vielleicht sogar die RNS selbst das lang gesuchte Urmolekül des Lebens?

10. Der Bauplan des Lebens

Der faszinierende Gedanke an ein Molekül, das Bauplan und Baumeister in einem ist, sich also selbst aus molekularen Bausteinen aufbauen kann, ließ die Wissenschaftler nicht mehr los. Ließ sich ein solcher biochemischer Vorgang bei der RNS tatsächlich finden, dann wäre man gleich mehrere Probleme auf einmal los. Schließlich sprechen für die RNS als Urmolekül des Lebens gleich mehrere Gründe:

Zum einen kann sie, wie das Erbmolekül DNS, Informationen in Form des genetischen Alphabets speichern. Das beweist die RNS noch heute, denn sie ist gemeinsam mit der DNS maßgeblich an der Vererbung beteiligt. Ein weiteres Argument kam schon früh aus den Labors der Ursuppen-Köche.

In ihren Experimenten bildete sich unter anderem Blausäure. Diese einfache Verbindung ist ein Kosmopolit unter den Molekülen. Ihr waren wir bereits bei unseren Ausflügen in den Kosmos begegnet, etwa in den Molekülwolken der Milchstraße, als Bestandteil von Kometen oder in der tiefgekühlten Atmosphäre des Saturnmonds Titan. Im Reagenzglas kommt der Blausäure eine Schlüsselrolle bei der Bildung jener Buchstaben zu, aus der das genetische Alphabet besteht. Tatsächlich können aus der Verbindung die genetischen Buchstaben Adenin (A), Guanin (G), Cytosin (C) und Uracil (U) synthetisiert werden, mit Ausnahme von Thymin (T), jenem molekularen Baustein, der nur in der DNS vorkommt. A, G, C und U sind aber ausgerechnet jene vier genetischen Buchstaben, die die RNS benutzt.

Es läßt sich jedoch nicht verschweigen, daß mit dem Fall der Ursuppe à la Miller auch die Zugkraft dieses Arguments schwach geworden ist. Der Einwand zielt auf die chemischen Verhältnisse der frühen Erde. Wir wissen heute, daß es damals viel weniger freien Wasserstoff gab, als die Wissenschaftler noch zu Zeiten des Millerschen Ursuppen-Experiments dachten. Wie kann dann eine seltene wasserstoffhaltige Verbindung wie die Blausäure eine so elementare Rolle für die Entstehung der ersten Biomoleküle gespielt haben? Eine Frage, die bislang noch nicht befriedigend geklärt ist.

Ein weiteres Argument, das für die RNS als das ursprünglichere der beiden an der Vererbung beteiligten Moleküle spricht, tragen wir heute noch mit uns herum, als Erinnerung an unsere Vergangenheit. Viele grundlegende Stoffwechselvorgänge in den Lebewesen, wie die Versorgung mit biochemischer Energie, werden von Molekülen gesteuert, die aus denselben molekularen Bausteinen wie die RNS aufgebaut sind. Das erfolgreiche Rezept der biochemischen Evolution, das noch aus den frühesten Anfängen des Lebens stammt, hat die Natur für alle Zeiten stofflich konserviert und gibt es durch die Vererbung auch an neuentstehende Arten weiter.

So offenkundig auch die Indizien für die RNS als das Urmolekül des Lebens sprechen mögen, dennoch gibt es ernstzunehmende Beweislücken. Etwa das Problem, wie man die abiotische Entstehung jenes Molekülbausteins erklären kann, welcher der RNS den Namen Ribonukleinsäure gab: Ribose, ein Zucker. Immerhin konnte die Natur unter vierzig verschiedenen Zuckern wählen. Ribose war darunter aber ein Außenseiter. Warum hat sich die Natur damals ausgerechnet für diesen Außenseiter entschieden? Eine Frage, die bis heute offen ist.

Am drängendsten stellt sich jedoch das Problem: Wie konnte das Leben mit der RNS als Erbmolekül starten? Diese mußte ihren Bauplan nicht nur selbst mitbringen, sondern ihn auch noch selbst kopieren können. Die RNS, ein molekularer Tausendsassa?

Ein solches System, das sich selbst erschaffen kann, ist für unsere Vorstellungskraft eine harte Nuß. Scheint dadurch nicht die logische Kette von Ursache und Wirkung außer Kraft gesetzt? Für diese faszinierende Widersprüchlichkeit, bei der sich unser Geist buchstäblich im Kreis dreht, gibt es eine wundervolle Entsprechung in der Kunst. Der niederländische Graphiker Mauritz C. Escher hat die Paradoxie von Henne und Ei, bei der niemand zu sagen vermag, wer von beiden zuerst da war, in das Bild der sich selbst zeichnenden Hände gefaßt. Eine überaus treffende Analogie für das Problem, vor dem die Forscher bei der Suche nach dem Urmolekül des Lebens stehen.

Ribozyme, wie Moleküle sich am eigenen Schopf aus dem Sumpf ziehen

Aus dieser Klemme führte 1982 eine Entdeckung, die der amerikanische Chemiker Thomas Cech von der Universität von Colorado in Boulder machte. Der Wissenschaftler und sein Team hatten aus dem Einzeller *Tetrahymena*, einem Verwandten des allbekannten Pantoffeltierchens, eine bestimmte Sorte von RNS isoliert, um sie zu untersuchen. Zu ihrem Erstaunen entdeckten die Forscher, daß diese RNS-Sorte genau die Doppelrolle spielen konnte, die man von dem Urmolekül des Lebens forderte: Die RNS war tatsächlich Bauplan und Baumeister in einem und erfüllte damit eines der wichtigsten Kriterien.

Für diesen Typ der RNS prägte Thomas Cech dann einen Begriff, der die Doppelnatur auf den Punkt bringt: Ribozym – ein RNS-Molekül, das sein eigenes Enzym ist und seine eigene Bildung katalysieren kann.

Wenig später fand Cech, daß eine ähnliche Form der RNS den Zusammenbau auch anderer RNS-Moleküle organisieren konnte, ohne daß dabei das ursprüngliche Molekül verändert wurde. Weitere Entdeckungen folgten. Cechs Kollege, Sidney Altman, entdeckte im Darmbakterium *Escherichia coli* ein anderes natürliches Ribozym. Damit war der gordische Knoten endgültig durchtrennt, der so krampfhaft das scheinbar unlösbare »Henne-und-Ei«-Paradoxon verband. Die RNS kann also tatsächlich in die Rolle eines Gens schlüpfen und so ihr eigener molekularer Bauplan sein. Zugleich tritt sie in der Gestalt eines Enzyms auf, denn sie steuert ihren eigenen biochemischen Zusammenbau selbst. Die relativ einfach aufgebaute RNS wird denn auch als der aussichtsreichste Kandidat für das Urmolekül des Lebens gehandelt.

Thomas Cech, der 1989 für seine bahnbrechenden Arbeiten mit dem Nobelpreis für Chemie geehrt wurde, formulierte die Konsequenzen dieser entscheidenden Erkenntnis so: »Wenn die RNS nicht nur als Informationsträger, sondern auch als Katalysator zu wirken vermag, dann kam sie am Anfang möglicherweise ohne das Erbmolekül DNS und ohne Eiweiße aus.«

Damit stehen wir vor der Frage, warum biochemische Katalysatoren für das Leben von so großer Bedeutung sind. Das liegt in erster Linie an den Eigenschaften von Biomolekülen. Ein Beispiel soll das verdeutlichen.

Enzyme bringen Reaktionen auf Trab

Wenn uns nach einem ausgiebigen Mahl das Essen schwer im Magen liegt, dann haben wir Probleme mit der Verdauung. Ursache ist meist, daß die vom Magen abgegebenen Verdauungsenzyme große Nahrungsmengen nicht schnell genug in kleine und damit für den Organismus verwertbare Bruchstücke aufspalten können. In diesem Fall arbeiten unsere Verdauungsenzyme nicht schnell genug. Was hat das nun mit dem Urmolekül des Lebens zu tun?

Unsere Verdauungsprobleme weisen auf ein Grundproblem biologischer Prozesse hin. Ohne die Mithilfe von Reaktionsbeschleunigern, den Enzymen, kommen sie nicht recht in Gang. Stoffwechselprozesse sind von Natur aus ziemlich träge. Im Laufe der Evolution haben sich jedoch Eiweißverbindungen herausgebildet, die biologische Reaktionen erst richtig auf Trab bringen können. Sie beschleunigen die Reaktionen im Innern der Zellen um das Millionen- bis Billionenfache. Man stelle sich nur einmal vor, wie lange wir mit der Verdauung unserer Nahrung zu tun hätten, wenn es keine speziellen Enzyme gäbe. Wir würden wohl mit vollem Bauch verhungern.

Die Eiweißverbindungen wirken gleichermaßen wie echte Katalysatoren: Sie beschleunigen die biochemischen Reaktionen in den Zellen und gehen danach wieder in unveränderter Form aus den Reaktionen hervor. Ohne Enzyme wäre Leben auch auf einfachstem Niveau unmöglich. Sogar in einer primitiven Mikrobe steuern Enzyme in jedem Augenblick Tausende biochemischer Reaktionen, um den Stoffwechsel des Einzellers in Gang zu halten. Da aber alle biologischen Enzyme Eiweißverbindungen sind, deren Bauanleitung im Erbmolekül DNS abgelegt ist, wird klar, welche Bedeutung die Entdeckung hat, daß auch die RNS wie ein Enzym funktionieren kann. Sie ist in der Lage, ihren eigenen Zusammenbau aus Molekülbausteinen von allein zu bewerkstelligen und kann auch die eigene Vervielfältigung selbst steuern.

Selbstorganisierten Kreisläufen sind wir schon an anderer Stelle begegnet. Dabei ging es um die großräumigen Veränderungen beim Klima und in der Atmosphäre der Erde, die das aufkeimende irdische Leben bewirkt hat. Nun stoßen wir wieder auf die Selbstregulation des Lebens, nur sind dieses Mal die Größenordnungen andere. Zwischen den vom Leben ausgelösten planetaren Veränderungen und der Selbstregulation auf der Ebene der Biomoleküle liegen rund fünfzehn Größenordnungen, also eine Zehn mit fünfzehn Nullen dahinter, wenn wir den Meter als unseren Maßstab betrachten. So groß ist die Spanne zwischen Makro- und Mikrokosmos, die vom Leben beeinflußt wird.

Darwin im Reagenzglas

Noch einmal zurück zur RNS und ihren Eigenschaften als Ribozym. Nachdem Anfang der achtziger Jahre feststand, daß die RNS Gen und Enzym in einem sein konnte, machten sich auch andere Forscherteams daran, deren selbstregulierende Fähigkeiten im Ex-

Vernetzte Kreisläufe halten das Leben in Gang

Kybernetiker nennen einen solchen sich selbst organisierenden biologischen Kreislauf einen autokatalytischen Zyklus. Typisch ist dabei, daß die einzelnen Abläufe so ineinandergreifen, daß sie sich gegenseitig in Gang halten und steuern. Doch ist das Bild von einem geschlossenen Kreis nur der erste Schritt in der Entwicklung eines kybernetischen Kreislaufs. Fällt ein Glied in der Kette aus, ist der Kreislauf bereits unterbrochen. Damit eine stabile Entwicklung möglich ist, die auf negative wie förderliche Einflüsse gleichermaßen reagieren kann, ist eine vernetzte Organisation der einzelnen Glieder im Kreislauf nötig. Dieser Aufbau ermöglicht es dem Netzwerk, einzelne »Maschen« abzuwerfen, wenn es die Umweltbedingungen erfordern, ohne daß der Kreislauf vollends zusammenbricht. Er wird nur etwas zurechtgestutzt, bleibt aber im Kern lebensfähig. Sind die Umstände günstig, wächst das System, indem weitere Maschen hinzukommen. So flexibel können nur vernetzte Systeme reagieren. Je mehr Maschen ein solches Netzwerk ausbildet, desto unempfindlicher ist es gegenüber Störungen. Das auch ist der Grund, warum komplexe Ökosysteme wie der Regenwald oder die irdische Atmosphäre, oft erst mit großer Verspätung auf menschliche Eingriffe reagieren. Jegliche Einflüsse des Menschen werden zunächst durch die Vielzahl ihrer Teilsysteme, sie entsprechen den »Maschen«, abgefedert. Erst wenn die Einflüsse über Gebühr stark sind, kann sie das Netzwerk nicht mehr verkraften. Dann ist seine »Pufferkapazität« erschöpft und es bricht zusammen.

periment zu erkunden. Ihre Frage: Zu welchen Leistungen ist die RNS noch in der Lage?

Dazu ahmten Wissenschaftler die Evolution im Reagenzglas nach. Die Verfahren in der Molekularbiologie waren bereits so weit entwickelt, daß Prozesse, die in der Natur Jahrmillionen benötigen, in der vollautomatisierten Retorte im Zeitraffertempo ablaufen können. Mit Hilfe der Biotechnik können heute Hunderte von Molekülgenerationen in nur wenigen Stunden wie am Fließband erzeugt werden. Aus einem großen Angebot von Genbausteinen komponieren Molekülautomaten nach dem Zufallsprinzip RNS-Ketten. Diese Prototypen durchlaufen dann zahllose Vervielfältigungsrunden. Da es hier frei nach Darwins Devise »Nur der Schnellste überlebt« zugeht, ist beim Wettlauf der Moleküle für den nötigen Konkurrenzdruck gesorgt.

Der Zufall kommt ins Spiel, wenn Fehler beim Kopieren auftreten – ganz in der Weise, wie auch die Natur Mutationen im Erbgut hervorbringt. Dabei entstehen viele RNS-Varianten mit neuen Eigenschaften. Doch nur diejenigen haben eine Überlebenschance, die sich am schnellsten vervielfältigen können. Und so bleiben am Ende nur die leistungsfähigsten und bestangepaßten RNS-Moleküle übrig. Freilich legt hier der Mensch und nicht die Natur die Spielregeln der Selektion fest. In diesem Fall heißt das Motto eben: Nur das schnellste RNS-Molekül soll zum Zuge kommen. Doch ist auch ein ganz anderes Ausleseziel oder gar ein ganzes Bündel verschiedener Ausleseziele für die Evolution im Reagenzglas denkbar.

Den Wissenschaftlern gelang so die Herstellung eines Ribozyms, das sich selbst mit der Aminosäure Phenylalanin bestückt. Thomas Cech schuf dazu auch das Gegenstück: ein Ribozym, das genau diese Aminosäure wieder von selbst abspaltet. Aus der Hand der Forscher stammt ein weiteres Ribozym, das sich aus zwei anderen RNS-Bruchstücken selbst neu erschaffen kann. Damit hat die Evolution im Reagenzglas nun auch den »Gott aus der Maschine« unter den Molekülen erfunden.

Vieles deutet darauf hin, daß wohl die RNS das Rennen um den Titel Urmolekül des Lebens gewinnen wird. Obwohl viel für diese These spricht, verblüfft die Natur die Wissenschaftler mit immer neuen Möglichkeiten. Und die sorgen dann wieder für Zweifel. So sind inzwischen sogar Eiweiße bekannt, die sich selbst vervielfältigen können. Eine erstaunliche Eigenschaft für derart kompliziert aufgebaute Moleküle.

Im Jahr 1996 veröffentlichte eine amerikanische Forschergruppe unter Reza Ghadiri vom Scripps-Forschungsinstitut in La Jolla einen aufsehenerregenden Artikel im renommierten Wissenschaftsjournal Nature. Darin beschreiben die Forscher ihre Entdeckung, daß bestimmte Eiweißverbindungen sich selbst vervielfältigen können, ohne daß an diesem Vorgang das Erbmolekül DNS oder sein Schwestermolekül RNS beteiligt sind. Eine beachtliche Leistung, wenn man bedenkt, daß ein solches Eiweiß immerhin aus zweiunddreißig Aminosäureketten besteht. Die sind freilich nicht einfach wie in einer Perlenkette hintereinander aufgereiht; Eiweißmoleküle sehen eher wie ein wirres Knäuel aus. Von Chaos kann dabei jedoch keine Rede sein. Jede Schlaufe, jede Tasche, jede Wendung im Eiweißmolekül erfüllt einen bestimmten Zweck. Manche herausragenden Schleifen dienen als Ankerplatz, mit denen das Eiweißmolekül an bestimmten Rezeptoren auf der Oberfläche von Zellen festmachen kann. Andere Molekülabschnitte funktionieren als Fließband. Hier werden energieliefernde elektrische Ladungen im Molekül weitergereicht. Andere Abschnitte dienen einfach der Erkennung, sie erfüllen damit die Funktion eines Schlüssels, der nur in ein bestimmtes Schloß paßt. Auf diesem Prinzip beruht auch die Immunantwort unseres Körpers, wenn Infektionserreger in unserem Organismus eingedrungen sind.

Solche selbstorganisierenden Prozesse können auf allen möglichen Komplexitätsstufen ablaufen, von den Bausteinen der RNS, über komplette RNS-Moleküle bis hin zu den Proteinen. Mittlerweile sind eine ganze Reihe solcher Moleküle bekannt, die sich selbst gewissermaßen als Kaninchen aus dem Hut hervorzaubern können. Offenbar ist diese Fähigkeit der Moleküle gar nicht so selten, wie zunächst die Forscher dachten.

So wie ein Architekt ein Haus nicht am Stück, sondern aus vielen Bausteinen oder vorgefertigten Teilen errichten läßt, liegt auch beim Urmolekül des Lebens die Vermutung nahe, daß die Natur bei seiner Entwicklung nicht gerade mit den kompliziertesten Molekülbausteinen begonnen hat. Viele Wissenschaftler zweifeln, ob unter den harten Umweltbedingungen, die damals auf der Urerde herrschten, die empfindlichen Proteine für die Rolle des Urmoleküls geeignet waren. Die trauen sie eher einem »pflegeleichten« Alleskönner zu, dem die Unbilden der Natur nicht viel anhaben konnten: der robusten RNS. Doch auch sie hat einen Haken.

Wasser, (k)ein Lebenselixier

Es ist die zersetzende Wirkung, die Wasser auf die zarten Moleküle ausübt. In der Ursuppe drohte ihnen ständig die Gefahr, zerrissen zu werden. Das mag auf den ersten Blick verwundern, schließlich besteht unser eigener Körper zu rund siebzig Prozent aus Wasser. Meeresorganismen wie Quallen bestehen fast vollständig aus Wasser. Ihr Wasseranteil im Körper beträgt sechsundneunzig Prozent. Ohne Flüssigkeitsaufnahme müßten sämtliche Lebewesen auf der Erde verdursten. Wie kann da Wasser der Entstehung von Leben im Wege stehen?

Der Grund liegt in einer Besonderheit des Wassermoleküls, die uns beim täglichen Umgang mit der Flüssigkeit kaum bewußt ist. Für so winzige Gebilde wie Biomoleküle spielt sie jedoch eine entscheidende Rolle: die ungleiche elektrische Ladungsverteilung im Wassermolekül. Sie zwingt das aus zwei Wasserstoffatomen und einem Sauerstoffatom aufgebaute Wassermolekül in die Gestalt eines stark gespreizten V, wobei die Wasserstoffatome die Enden der Schenkel bilden. Da das Sauerstoffatom an der Spitze des V einen Überschuß an negativer Ladung aufweist, die beiden Wasserstoffatome in den Schenkelenden dagegen einen Überschuß an positiver Ladung mitbringen, entsteht durch die Anordnung ein winziger Stabmagnet: An der Spitze mit dem Sauerstoffatom liegt der negative, an den beiden gegenüberliegenden Wasserstoffatomen der positive Pol. Eine Anordnung mit Folgen.

Gerät ein anderes elektrisch geladenes Molekül in die Nähe der Wassermoleküle, können die elektrischen Anziehungs- und Abstoßungskräfte so stark werden, daß chemische Bindungen zerbrechen. Das fremde Molekül wird buchstäblich in Stücke gerissen. Genau dieses verhängnisvolle Schicksal hat nach Ansicht einiger Wissenschaftler jene RNS-Moleküle ereilt, die einst in den urzeitlichen Ozeanen der Erde schwammen. Kein Wunder also, daß die Schwierigkeiten, die die zerbrechlichen Biomoleküle anfangs hatten, zu neuen Überlegungen der Forscher führten. Vielleicht, so spekulieren manche, fanden die ersten Schritte, die das Leben auf der Erde machte, nicht im Wasser, sondern zunächst auf trockenem Grund statt.

Eine Vorstellung geht davon aus, daß die elektrisch geladenen Oberflächen von bestimmten Mineralen jene Energie bereitstellen könnten, die nötig ist, um den chemischen Zusammenbau von sich selbst vervielfältigenden Molekülen aus einfachen, molekularen Bausteinen anzustoßen. In dem Denkmodell funktionieren die Minerale gewissermaßen als energiespendende Batterie für die ersten Moleküle des Lebens.

Doch reicht es nicht aus, wenn die Moleküle nichts anderes tun, als sich fortwährend selbst zu kopieren. Sie müssen auch eine Umgebung vorfinden, in der sie dauerhaft überleben und neue, höher entwickelte Strukturen, etwa Zellmembranen, aufbauen können. Erst dann sind die Voraussetzungen für ein Netzwerk auf der Ebene der Biomoleküle geschaffen.

Computer simulieren die Evolution

Den Ursprüngen der ersten biologischen Moleküle gehen Forscher nicht nur im Labor, sondern auch mit Hilfe des Computers nach. Der Computer dient ihnen als Ersatz für das Experiment im Reagenzglas. In der virtuellen Welt lassen sich die Resultate von Experimenten schnell hochrechnen, auf wochenlanges Experimentieren im Labor kann verzichtet werden. Kein Wunder also, daß der amerikanische Biologe Stuart A. Kauffman von der University of Pennsylvania vor einigen Jahren auf die Idee kam, die Evolution der Biomoleküle mit dem Computer nachzustellen. Der Forscher gab eine begrenzte Anzahl einfacher Kettenmoleküle vor, wie sie auch in der Urzeit des Lebens existiert haben mochten und ließ sie nach den bekannten Regeln der Chemie miteinander reagieren. Der Computer errechnet dann für jede Reaktion die neuentstandenen Verbindungen aus. Diese suchten sich dann unter den bereits vorhandenen Molekülen geeignete Reaktionspartner aus, mit denen sie weitere Verbindungen eingingen. In rasantem Tempo wuchs so eine kaum mehr zu überschauende Kaskade von immer neuen Molekülen heran, mit der nur noch ein Hochleistungsrechner umgehen kann. Irgendwann, nach dem der Computer die x-te Generation von möglichen Molekülen berechnet hatte, geschah etwas Merkwürdiges.

Plötzlich hatte sich das Reaktionssystem verselbständigt. Es war nun nicht mehr nötig, neue Vorgaben für die nächste Reaktion zu machen. Das Dominospiel aus chemischen Reaktionen hielt sich von selbst in Gang und steuerte sich selbst. Es war ein selbstorganisierendes Netzwerk entstanden – ein virtuelles zwar, denn alle biochemischen Reaktionen wurden von einem Computer errechnet, sie fanden nicht wirklich statt. Kauffman ist dennoch überzeugt, daß ein solcher spontaner Übergang auch am Beginn des irdischen Lebens stand.

Dabei könnten Mineraloberflächen eine wichtige Rolle als Reaktionsbeschleuniger oder Katalysatoren gespielt haben. Tatsächlich laufen viele biochemische Reaktionen viel rascher an der Oberfläche von festen Körpern ab, als in einer reinen Lösung.

Liegt da nicht auch der Gedanke nahe, daß Katalysatoren, wie bestimmte Minerale auch bei der Entstehung der ersten Biomoleküle auf der Urerde ihre Hand mit im Spiel hatten? Dann käme der toten Materie die Rolle eines Geburtshelfers für das Leben zu. Eine erstaunliche Perspektive.

Katalysatoren verändern sich nicht

Katalysatoren bewirken bei chemischen Reaktionen einen Effekt, den jeder vom Abgaskatalysator seines Fahrzeugs kennt. Eine hauchdünne Metallschicht aus Platin, die über eine große Oberfläche verteilt ist, sorgt für eine möglichst vollständige Umsetzung bei der Verbrennung von Benzin. Dabei können kaum mehr Schadstoffe entstehen und über den Auspuff die Luft verpesten. Der Katalysator verändert sich bei der Reaktion selbst nicht, sein Material kann also wiederverwendet werden.

Tote Kristalle hauchen dem Leben Atem ein

Der britische Chemiker Graham Cairns-Smith von der Universität Glasgow sieht in den Oberflächen von Glimmer oder von Ton die Katalysatoren für das Leben. Was aber ist an den Mineralen besonderes?

Tonminerale haben eine höchst interessante Eigenschaft, die an Biomoleküle erinnert: Wie Ribozyme bestehen sie aus Strukturen, die sich selbst ähneln und vermehren können. Bei Mineralen sind das Kristalle. Für ihren regelmäßigen Aufbau sind physikalische Kräfte verantwortlich. Dabei können gelegentlich auch Fehler im Kristallgitter auftreten. Diese Fehlstellen lassen sich in Analogie zu Fehlern im Erbmolekül als »Mutationen« deuten.

Die strukturellen Ähnlichkeiten zwischen toter und belebter Materie lassen sich noch weiter treiben. Siliziumchips, Grundlage sämtlicher Computer, vom einfachen Heim-PC bis zum Superrechner Deep Blue, bestehen aus Kristallen. Die Siliziumkristalle sind allerdings von höchster Qualität, die keine Fehler aufweisen dürfen, weil sonst der Fluß der Elektronen behindert wäre. Elektrische Informationen könnten dann nicht gespeichert werden. Damit kommt den Kristallen eine wichtige Funktion in der Technik zu:

Sie stellen die Straßen für die elektronische Information in Form von Bits und Bytes dar.

Bei den sich selbst kopierenden Biomolekülen sind Gene die Information. »Die DNS ist – vermöge ihrer chemischen Natur – ein Speicher für Information«, charakterisiert Manfred Eigen, Professor für Biochemie und Nobelpreisträger des Jahres 1967 das Erbmolekül, dessen Funktion als Informationsträger lebenswichtig ist – und das im buchstäblichen Sinne. Doch noch einmal kurz zurück zu den Tonkristallen. Es stellt sich doch die Frage: Wie kommt Leben in den Ton?

Schauen wir uns das Mineral dazu einmal aus nächster Nähe an. Ton und auch der schon genannte Glimmer bestehen aus elektrisch negativ geladenen Kristallschichten. Sie werden durch positiv geladene Teilchen zusammengehalten. Dazwischen ist noch Platz, so daß sich Wassermoleküle oder andere Moleküle einlagern können. Die negativ geladenen Schichten wirken in dieser Anordnung wie Katalysatoren. An sie können Biomoleküle ankoppeln und gehen so eine Verbindung mit den Mineralen ein. Mit der Zeit, wenn sich immer mehr Biomoleküle in den Zwischenräumen der Tone eingenistet haben, überziehen sich die Minerale mit einem organischen Belag. Dann könnte, so die Vorstellung, beinahe so etwas wie eine Lebensgemeinschaft zwischen den Kristallen und den Biomolekülen entstanden sein. Irgendwann müssen dann die »Tonorganismen« selbständig geworden sein. Sie brauchten ihre katalytischen Kinderstuben nicht mehr und konnten sich von den Mineralen »emanzipieren« und allein weiterentwickeln. Zugegebenermaßen, das klingt wie Science-fiction. Dennoch ist etwas dran am »Innenleben« der Tone, wie Aharon Katchalsky vom Weizmann-Institut in Israel nachgewiesen hat.

Der Wissenschaftler experimentierte mit einer besonderen Tonmineralart, dem sogenannten Montmorillonit. Dabei entdeckte er, daß dieses Mineral die Bildung eiweißartiger Moleküle begünstigt. Es funktioniert also tatsächlich wie ein echter Katalysator. An der Mineraloberfläche entstanden echte, kurzkettige Eiweiße. Andere

Wissenschaftler haben ähnliche Versuche unternommen. Dabei mag überraschen, wie viele Minerale über diese erstaunlichen Fähigkeiten verfügen.

Für ihre Versuche nahmen sich die US-Forscher Leslie Orgel vom Salk Institute for Biological Studies in San Diego und James P. Ferris vom Rensselaer Polytechnic Institute in Troy Illit und Hydroxylapatit, zwei häufig vorkommende Minerale vor. Sie benetzten die Oberflächen mit etwas Wasser und darin gelösten Molekülschnipseln und warteten ab, was passieren würde.

Tatsächlich verbanden sich die Schnipsel zu Molekülketten, die den Nukleinsäuren, also RNS und DNS, ähnlich sind. Welchen Einfluß die Minerale auf die Bildung von komplexen Biomolekülen hatten, ließ sich sogar statistisch festmachen: »In der reinen Lösung schwammen nur kleine Moleküle, die im Durchschnitt aus zehn Baueinheiten bestanden. In Gegenwart der Minerale konnten sich jedoch lange Molekülketten bilden. Sie bestanden im Mittel aus fünfundfünfzig Bausteinen«, beschrieben die Forscher den Ausgang ihrer Experimente. Doch waren sie sich auch einer Schwäche ihres Versuchs bewußt. »Sich selbst kopierende und vervielfältigende Moleküle konnten wir nicht nachweisen«, stellten die Wissenschaftler fest.

Erinnerungen an eine frühe Symbiose

Wie man dieses Problem lösen könnte, darüber hat auch der Chemieprofessor Günther Wächtershäuser nachgedacht. Der Forscher ist in seinem zweiten Beruf ein erfolgreicher Patentanwalt mit Büro in München. Er überlegte sich ein Modell, bei dem ein Eisen-Schwefel-Mineral, ein Eisensulfid, angeschwemmten Molekülen die nötige Lebensenergie spendet. Das funktioniert jedoch nur, wenn das Mineral mit Schwefelwasserstoff in Berührung kommt. Eine Voraussetzung, die zur Frühzeit der Erde keine Probleme macht. Vulkane haben damals das übelriechende und für uns giftige Gas in großen Mengen ausgestoßen. Nun mag man sich fragen, warum in diesem Modell ausgerechnet Eisensulfid die Hauptrolle spielt. Die Antwort ist einfach: Eisensulfid ist ein auf der Erde sehr häufig vorkommendes Mineral. Es ist übrigens auch in vielen Meteoriten zu finden.

Wächtershäusers Idee: In der Erdfrühzeit müssen beide Komponenten – Eisensulfid und Schwefelwasserstoff – häufig miteinander in Kontakt gekommen sein, wobei es vermutlich zu chemischen Umsetzungen gekommen ist. Heraus kam dabei zweierlei: Neben Wasserstoffgas entstand goldglänzender Pyrit, ein Mineral, das im Volksmund Katzengold heißt. Ihm mißt der Wissenschaftler eine tragende Rolle im Urzeit-Schauspiel um die ersten Biomoleküle zu.

Der Clou an dem Modell: In den Pyritkristallen steckt eine »elektrische Batterie«. Sie kann angeschwemmte Moleküle mit Energie versorgen und bindet sie an die Oberfläche der Minerale. Es sind die positiv geladenen Kristalle, die ihre Energie den negativ geladenen Molekülen spenden – die können sich nun miteinander verbinden. Das Modell besticht durch eine weitere Pointe: Wasser, das die zarten Moleküle auflösen könnte, wird hier nicht benötigt. Die tote Materie versorgt die an ihr haftenden Moleküle mit Energie. Mit der Zeit kann sich so ein Molekülbelag auf der Pyritoberfläche bilden. Der organische Rasen wächst und gedeiht und bildet durch vielfältige Reaktionen eine Art primitiven »Molekülorganismus«. Es ist ein Molekülnetzwerk, das sich selbst organisieren, auf Umwelteinflüsse reagieren und sich vervielfältigen kann. Anders gesagt, auf der Oberfläche der Pyritkristalle ist ein erster primitiver Stoffwechsel entstanden. Irgendwann erreicht das Molekülnetzwerk einen entscheidenden Entwicklungspunkt. Es ist jetzt so komplex, daß es selbständig existieren kann. Das ist der Zeitpunkt, an dem die Evolution der ersten echten Biomoleküle einsetzt.

So verrückt die Idee des Münchner Wissenschaftlers auch klingt, es gibt Hinweise, daß an der Vorstellung etwas dran ist. Die Symbiose der Moleküle mit den Pyritkristallen hat möglicherweise ihre

Spuren in der Evolution hinterlassen. An sie erinnert heute noch die große Zahl von eisen- und schwefelhaltigen Verbindungen im Stoffwechsel der Organismen. Bei fast allen Lebewesen steuern sie grundlegende Stoffwechselvorgänge im Körper. Dazu gehört zum Beispiel auch der rote Blutfarbstoff Hämoglobin.

11. Der Motor des Lebens kommt auf Touren

Wieviel molekulare Information benötigt ein Lebewesen, um existieren zu können? Auch wenn wir uns eine sehr primitive Zelle vorstellen, so braucht sie doch eine gewisse Anzahl von Genen, um den Aufbau von Nahrungsstoffen, ihren Energiestoffwechsel sowie die eigene Vermehrung steuern zu können. Wie könnte eine solche »Urzelle«, also gewissermaßen der denkbar einfachste Einzeller und hypothetische Urahn aller Lebewesen aussehen? Diese Frage stellten sich Genforscher aus aller Welt auf einer Konferenz, die im Mai 1996 in Cold Spring Harbour bei New York stattfand.

Die Wissenschaftler ließen die Antwort von einem Computer ermitteln, der die bekannte Anzahl der Gene heute lebender Organismen verglich, vom Darmbakterium *Escherichia coli* bis zum Menschen. Das Resultat der Berechnungen: hundertachtundzwanzig Gene sollten genügen, um die Lebensvorgänge eines primitiven Einzellers zu steuern. Erstaunlich an dem Ergebnis ist der bescheidene genetische Informationsgehalt, der ausreicht, um einen »Minimalorganismus« am Leben zu erhalten. Tatsächlich liegt die Zahl von hundertachtundzwanzig Genen dicht bei dem Wert heute existierender, kleinster Bakterienzellen.

Diese sogenannten Mycoplasmen sind nur einige zehntausendstel Millimeter groß und benötigen nur fünfhundert Gene, um alle lebensnotwendigen Funktionen steuern zu können. Das entspricht einem halben Prozent der Erbinformation des Menschen, die sich aus schätzungsweise hunderttausend Genen aufbaut. Quantitativ betrachtet, liegen Mensch und Mikrobe bei der genetischen Information nicht mehr als drei Zehnerpotenzen auseinander, obwohl zwischen ihnen doch Welten klaffen. Wie ist das möglich?

Über die Natur der genetischen Information sagt der Chemiker und Nobelpreisträger Professor Christian de Duve: »Gene haben zwei Hauptmerkmale: Erstens können sie kopiert werden, was die Voraussetzung für Vererbung ist, und zweitens können sie als Eigenschaft des Lebewesens ausgeprägt oder expremiert werden; diese Eigenschaften bilden zusammen den Phänotyp. Beide Vorgänge beruhen ausschließlich auf chemischen Prozessen.«

Der Wissenschaftler beschreibt damit wichtige Eigenschaften der Gene, die stoffliche Rohware des Lebens. Wie ein raffinierter Pudding aus mehr als nur einer gewissen Menge Milch, Zucker, Eiern, Gelatine und Gewürzen besteht, und zu seinem Gelingen eine bis ins Detail ausgeklügelte Zubereitungsweise von entscheidender Bedeutung ist, macht ein Lebewesen mehr aus als nur die Summe seiner Gene. Aber, wer oder was ist der geheimnisvolle Koch, der aus der Abfolge chemischer Verbindungen auf dem Erbmolekül schließlich ein so komplexes Gebilde entstehen läßt, das wir als belebt bezeichnen und das sogar, wie im Falle unserer eigenen Art, über Selbstbewußtsein verfügt?

Das Geheimnis des Lebens stecke vor allem in der Information, meint Professor Manfred Eigen. Der Chemie-Nobelpreisträger des Jahres 1967 leitet das Max-Planck-Institut für biophysikalische Chemie in Göttingen und beschäftigt sich seit langem mit dem Phänomen Leben: »Sämtliche Spielarten des Lebens haben einen gemeinsamen Ursprung. Der Ursprung ist die Information, die in allen Lebewesen nach dem gleichen Prinzip organisiert ist. Sie wurde zur zentralen Triebkraft des Lebens, denn sie machte die Darwinsche Selektion möglich«, schreibt der Wissenschaftler. Molekulare Information also, die nicht wie ein starres Programm wirkt und daher in ewiger Gleichförmigkeit enden muß, sondern sich selbst unter dem Druck der Umwelt verändern, anpassen und optimieren kann. Das klingt nicht sonderlich spektakulär, ist aber ein Meisterstück der Natur, das bislang noch kein von Menschenhand erschaffener technischer Prozeß auch nur annähernd nachzuahmen vermag.

Dazu ein einfacher Vergleich, der auf Anhieb die Bedeutung der Information klarmacht: Was unterscheidet das Internet von einer Mikrobe? Während das größte technische Informationsnetz unter seiner wirren Datenfülle regelrecht ächzt, halten sich die vielen tausend biochemischen Abläufe in einer winzigen Bakterienzelle automatisch in Gang und steuern sich selbst. Die Zelle, und sei es auch die kleinste und primitivste, lebt, weil sie bereits mit Hilfe relativ weniger Gene ein hochvernetztes, biochemisches Informationssystem aufbauen kann. Dieses Informationsnetzwerk schafft einen neuen Zustand der Materie. Eine Organisationsform, in der organische Moleküle in Tausenden rückgekoppelter biochemischer Reaktionen miteinander »reden«.

Damit das molekulare Kommunikationsnetz von der Außenwelt unabhängig wird und sich verselbständigen kann, braucht es eine Hülle. Ein solcher »Leib« ist die Zelle. Ohne die Begrenzung der Zellmembran, die »außen« und »innen« voneinander trennt, kann es kein Leben geben. Sämtliche, die Lebensvorgänge in einem Einzeller steuernden biochemischen Reaktionen hätten sich augenblicklich im Wasser der Urozeane verflüchtigt, gäbe es keine Zellmembran, die eine Barriere zwischen Zellinnerem und der Außenwelt bildet.

Freilich funktioniert die Abgrenzung zwischen Außenwelt und Zellinnerem nur, wenn die Zelle mit Energie versorgt wird. Eine solche Zellmembran muß, wie bei einem Grenzposten, sehr genau kontrollieren können, welche Moleküle die Zelle als »Nahrung« aufnehmen kann und welche als »Abfall« hinaus müssen. Eine Zellmembran ist also weit mehr als eine halbdurchlässige Verpackungshülle, die relativ kleinen Moleküle, wie etwa Wasser, durch ihre unsichtbaren Poren hindurchläßt, große Moleküle, wie Zucker, jedoch zurückhält. Eine solche Hülle funktioniert nach dem Prinzip der Osmose. Das ist ein Prozeß, der »passiv«, also von selbst abläuft, ohne daß der Durchtritt der Moleküle Energie kostet.

Wozu ist Osmose gut?

Die Osmose machen wir uns zum Beispiel beim Einzuckern geschnittener Erdbeeren zunutze. An den Schnittstellen entsteht ein erheblicher Konzentrationsunterschied zwischen innen und außen. Weil die großen Zuckermoleküle nicht nach innen in die Erdbeeren gelangen können, saugen sie den Zellsaft aus den Früchten heraus. Das Resultat: Nach kurzer Zeit schwimmen die Erdbeeren im süßen Saft.

Zellen brauchen für ihren Stoffwechsel aber auch Moleküle, die zu groß sind, um durch die Poren der Membran hindurchzugelangen. Für dieses Problem hat die Natur eine Lösung parat, auf die auch Menschen zurückgreifen, wenn sie Verkehrshindernisse umgehen wollen. Die Moleküle können nur durch einen Tunnel in der Zellmembran ins Innere der Zelle gelangen oder aus ihr herauskommen. Da sie diesen Weg aber nicht von allein nehmen, müssen sie »aktiv« durch den Tunnel geschoben werden. Im Unterschied zur Osmose, die von selbst abläuft, kostet diese Aktion der Zelle Energie. Um in unserem Bild mit dem Tunnel zu bleiben: Die Zelle muß für den Transport Wegegeld bezahlen.

Zu den elementaren Aufgaben der Zellmembran gehört somit die Kontrolle des Stofftransports. Dabei geht es zu wie an einer Grenz passage mit Schlagbaum. Lebenswichtige Moleküle dürfen sich aus der Zelle nicht einfach davonmachen. Außerdem muß dafür Sorge getragen werden, daß andere Moleküle nicht heimlich »einreisen« können.

Beispielsweise ist im Innern von Zellen die Konzentration an Kalium, einem für die Reizleitung wichtigen Stoff, höher als in der Außenwelt. Damit die relativ kleinen Moleküle nicht einfach nach außen entwischen, muß die Zelle sie wieder nach innen »pumpen«. Ein Vorgang, der die Zelle Energie kostet. Ist sie nicht mehr in der Lage, gegen den Druck der Konzentration zwischen innen und außen anzukämpfen, stirbt die Zelle. Damit bricht auch das innere Netzwerk der biochemischen Verständigung zusammen. Beide brauchen einander: ein von der Umwelt unabhängiger Reaktionsraum, die Zelle. Und die genetische Information, welche die Zelle erst entstehen läßt und die Vorgänge in ihrem Innern regelt.

Bei lebenden Zellen kommt somit der Hülle dieselbe entscheidende Bedeutung zu wie dem Inhalt. Der Wissenschaftsphilosoph Professor Hoimar von Ditfurth brachte diesen Zusammenhang auf den Punkt: »Eine biologische Grenzmembran sortiert nicht nach der Partikelgröße, sondern nach der Partikelart.« Wie aber kommt die Zelle zu einer so intelligenten Haut?

Haut(e) Couture für die Zelle

Das erstaunliche an manchen Naturprozessen ist, daß sie sich selbst organisieren können. Offenbar sind die ersten biologischen Membranen abiotisch, also sozusagen von selbst entstanden. Wie sich dieser Vorgang im Detail abspielte, liegt bislang noch im dunkeln. Allerdings versuchen Wissenschaftler die Entstehung solcher Trennschichten im Labor zu rekonstruieren.

Die Biomembranen heutiger Zellen, seien es die von Mikroben oder von Menschen, sind alle nach einem einheitlichen Prinzip aufgebaut. Sie bestehen aus zwei fetthaltigen Schichten, sogenannten Lipidfilmen. Damit bilden sie eine Membran im Doppelpack. Die beiden Lipidfilme sind nicht etwa starr miteinander verbunden; sie »schwimmen« aufeinander. Auf diese Weise ist eine große innere Beweglichkeit der beiden Schichten gewährleistet, und die Biomembran kann flexibel reagieren. Außerdem sind die Lipidmoleküle in der Doppelschicht parallel zueinander angeordnet. Ihre wasserabstoßenden Pole sind einander zugekehrt, die wasserfreundlichen Pole sind jeweils nach außen gerichtet. Dadurch ist sichergestellt, daß weder Wasser noch wasserlösliche Substanzen unkontrolliert ins Innere eindringen können. Erst diese Konstruktion ermöglichte den ersten in den Urmeeren schwimmenden Zellen eine von der Umwelt abgegrenzte, eigenständige Existenz. In der Membrandoppelschicht sind außerdem Eiweißmoleküle verankert. Sie bilden Tunnel in der Zellmembran und sorgen dafür, daß andere Moleküle kontrolliert die Zellmembran passieren können.

Die filigrane Doppelmembran, die die Zelle umhüllt, ist nur knapp einen zehntausendstel Millimeter dick und stellt dennoch eine wirksame Barriere gegenüber der Außenwelt dar. Sie bildet gewissermaßen das Haus für die Zelle. Ein Haus mit bewachten Türen und Fenstern, durch die freilich nicht jeder Stoff nach Belieben hinein- oder hinausgelangen kann, wie wir schon gesehen haben.

Interessant ist nun, daß sich einfache Vorstufen solcher Biomembranen unter bestimmten Umständen auch spontan bilden können. Forscher experimentierten im Labor mit Eiweißen und zuckerhaltigen Verbindungen, wie sie im weißen Saft des Gummibaumes enthalten sind. Diese Mixtur bildet keine einheitliche Flüssigkeit, sondern eine, in der sich lauter kleine Tröpfchen absetzen. Sie ähnelt damit kleinen Seifenbläschen, die im Wasser schwimmen. Und wie die Seifenbläschen sind auch die Tröpfchen in der Eiweiß-Zucker-Lösung unbeständig. Nach einiger Zeit sinken sie auf den Boden der Flüssigkeit und zerfließen dort.

Das Experiment beweist, daß sich Membranen in der Natur spontan bilden können. Beim näheren Hinsehen wird man stutzig – angesichts der frappierenden Ähnlichkeiten zwischen den künstlichen Zellen aus dem Labor und ihren biologischen Gegenstücken.

Wenn Gummibaumsaft zum Leben erwacht

Wie echte Zellen sind auch die künstlichen vergänglich; sie haben nur eine begrenzte Lebensdauer. Mit etwas Phantasie läßt sich sagen, daß schon auf der Organisationsstufe der künstlichen Zellen der Zyklus von Geburt und Tod verwirklicht ist. Die Ähnlichkeit reizt die Forscher herauszufinden, wie weit sich die Analogie zwischen den künstlichen Modellzellen und echten biologischen Zellen noch treiben läßt.

Tatsächlich läßt sich durch mancherlei Kunstgriffe, etwa die Zugabe von bestimmten Enzymen in die Eiweiß-Zucker-Lösung, eine Art Stoffwechsel in den Tröpfchen auslösen. Die Enzyme dringen durch die Membran in das Innere der Tröpfchen und regen die Bildung von Stärke an. Dabei entwickeln die Bläschen ein Eigenleben. In ihrem Innern sammelt sich mehr und mehr Stärke an. Doch platzen die Tröpfchen nicht, wie man erwarten würde. Eine flexible Membran erlaubt es ihnen, sich auszudehnen, sie beginnen zu wachsen.

Merkwürdig wird die Sache erst, wenn die Tröpfchen eine bestimmte Größe erreicht haben. Sie vergehen nicht, sondern zerfallen spontan in Tochtertröpfchen. Diese nehmen die Stärkeproduktion wieder auf. Das seltsame Spiel in den Tröpfchen läuft so lange ab, wie genügend Enzyme in der Lösung vorhanden sind. Sind die Enzyme aufgebraucht, erlischt auch der »Stoffwechsel« der Tröpfchen. Die Ähnlichkeit mit lebenden Zellen ist verblüffend. Solche Experimente, die den Stoffwechsel lebender, biologischer Zellen imitieren, lassen sich noch weiter treiben.

Wissenschaftlern gelang sogar die Herstellung von Tröpfchen mit einer doppelschichtigen Hülle. Sie kommen der Struktur von Membranen echter Zellen schon sehr nahe. Andere Tröpfchensysteme ahmen sogar gewisse Eigenschaften der Photosynthese nach. Trotz der erstaunlichen Ähnlichkeiten zu echten Zellen leben die Tröpfchen jedoch nicht. Sie verfügen nicht über die komplexen inneren Strukturen wie biologische Zellen. Ihnen fehlt der genetische Informationsapparat und die vernetzte, sich selbst regulierende komplexe Organisation lebender Zellen. Dennoch sind solche Experimente mehr als bloße Spielerei. Sie machen klar, wie fließend der Übergang von der unbelebten zur belebten Natur ist. Da verwundert es nicht mehr, daß lipidartige Substanzen aus denen die Zellmembranen irdischer Lebewesen aufgebaut sind, auch in dem uns schon wohlvertrauten Murchison-Meteoriten gefunden wurden.

∧ Jupiter mit Rauchringen, die explodierende Teile des Kometen Shoemaker-Levy 9 in seiner Atmosphäre hinterließen
∨ Landung der Raumsonde Huygens auf dem Saturnmond Titan im Juni 2004

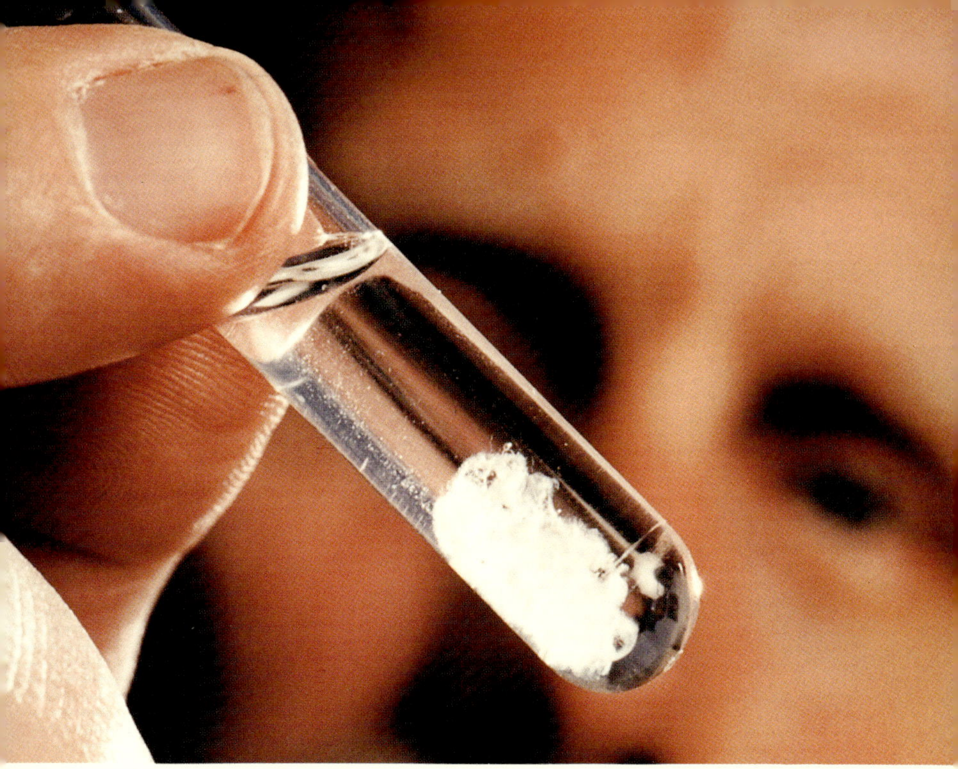

∧ Der Lebensfaden in der Hand des Forschers: isolierte Erbsubstanz (DNS) im Reagenzglas
∨ Ausgefeilte biotechnische Verfahren lassen die Bausteine der Erbinformation sichtbar werden

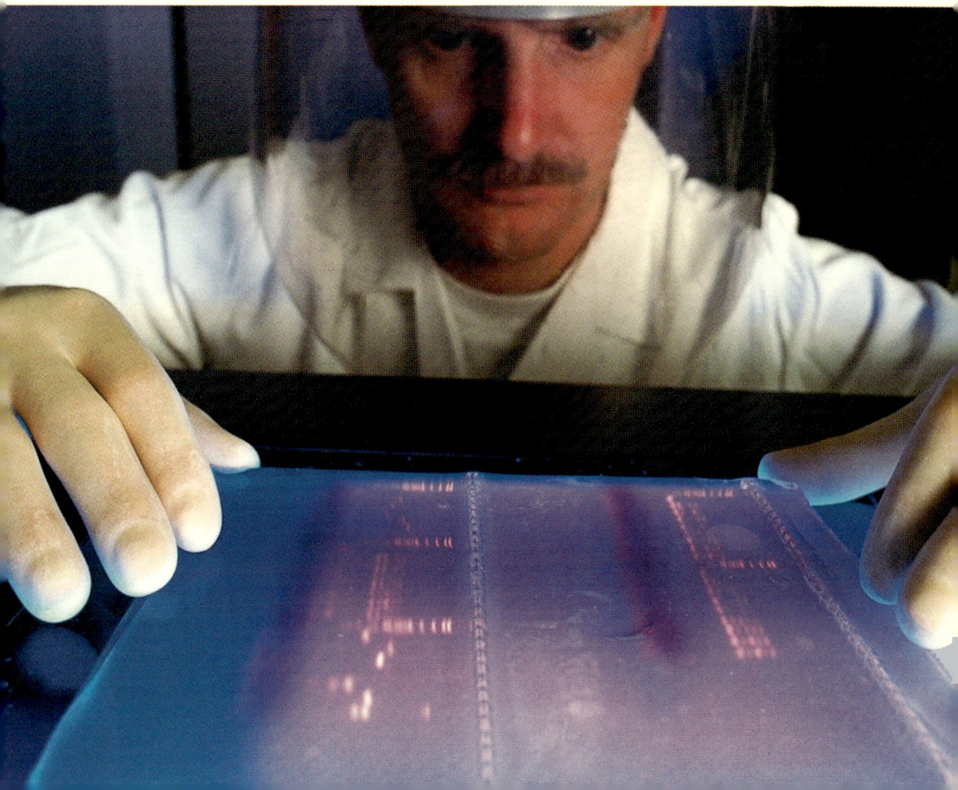

∧ Neurochip zur Analyse der Aktivität in neuronalen Netzen

∨ An der Schwelle zum künstlichen Leben: Lebende Nervenzellen kommunizieren mit dem Chip

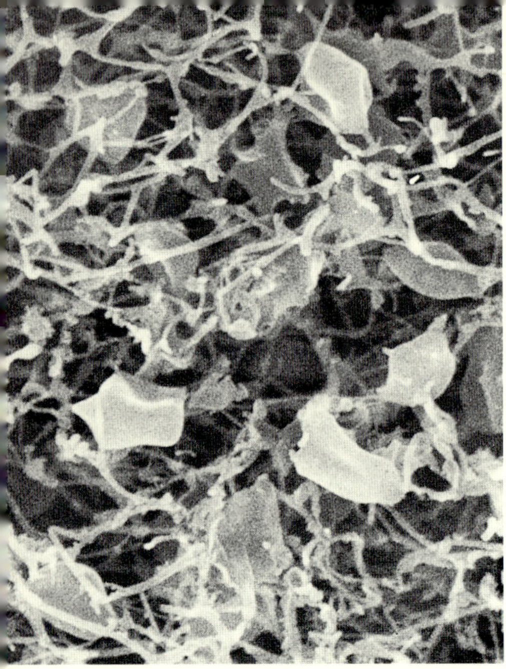

∧ Archaebakterien (hier Pyrodictium abyssii, links) leben in der Nähe siedendheißer Geysire (Black smoker, rechts) auf dem Meeresgrund

∨ Ein gefärbtes und aufgeplatztes Escherichia-coli-Bakterium entläßt sein Erbmolekül

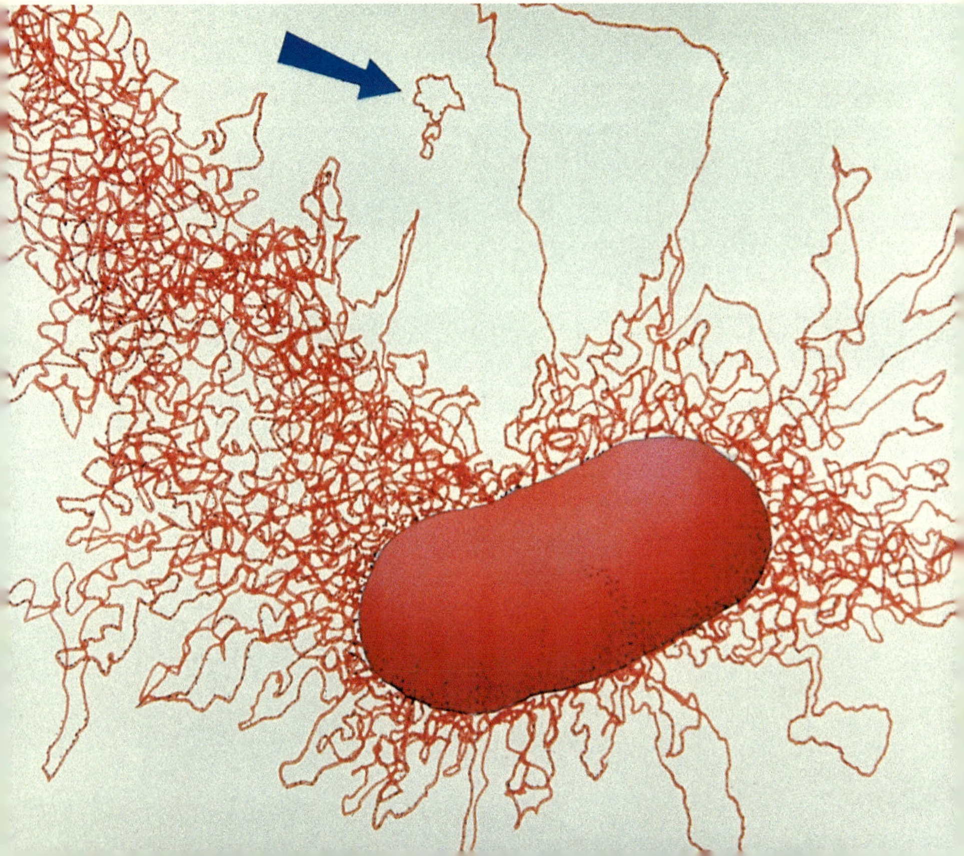

Doch jedes Ding hat seine zwei Seiten. Über die Membran, der Schnittstelle zwischen »außen« und »innen«, beeinflußt nicht nur die Umwelt das Geschehen im Innern von Zellen. Das Umgekehrte gilt ebenso. Auch der kleinste Einzeller beeinflußt seine Umwelt. Das ist keineswegs so abwegig, wie es im ersten Moment klingt. Alles, was unsere belebte Welt ausmacht, das stirbt und wieder zu toter Materie zerfällt, ist Teil eines gigantischen Netzwerks, der Ökosphäre.

Bei so winzigen Lebewesen wie Bakterien oder einzelligen Algen fällt uns die Rückkoppelung mit der Umwelt erst auf, wenn die Mikroorganismen in großen Massen, etwa als Krankheitskeime oder Algenpest auftreten. Der Münchner Biochemiker Frederic Vester, der hierzulande die moderne Biokybernetik populär machte, beschreibt die Wechselbeziehungen zwischen den Lebewesen und der Umwelt treffend, wenn er sagt: »Es entsteht die stabilisierende Dynamik eines Regelkreises, wie er, verflochten mit anderen Regelkreisen und unterteilt in Teilregelkreise, im Grunde jeden Organismus aufrechterhält – von der einzelnen Mikrobe über den Menschen und einem Teil der von ihm geschaffenen künstlichen Systeme bis hinauf zur Biosphäre als Ganzem.«

Die unabdingbare Grundlage dafür ist freilich ein genetischer Bauplan, der sich aufgrund zufälliger Mutationen selbst verändern und damit weiterentwickeln kann. Eine Leistung, die auf der jungen Erde wohl nach vielen Fehlschlägen und Sackgassen eine Entwicklungszeit von einigen hundert Millionen Jahren beanspruchte. Nach neuesten Erkenntnissen dürfte es wohl achthundert Millionen Jahre gedauert haben, bevor ein »Urzeller«, ein erstes primitives und noch mikroskopisch kleines Lebewesen in den Ozeanen der frühen Erde auftauchte.

Uralte Spuren im Staub

Auf die bislang ältesten Spuren irdischen Lebens stieß ein Wissenschaftlerteam unter Leitung der University of California in San Diego 1996 in Gesteinen der Insel Akilia vor Westgrönland. Die spezielle chemische Zusammensetzung der Gesteinsschichten verriet den Forschern, daß die Ablagerungen organischen Ursprungs sein mußten. Das Verhältnis unterschiedlicher Kohlenstoff-Varianten in den Ablagerungen hatte die Forscher auf die Spur gebracht. Sie schlossen daraus, daß es sich bei den nur wenige tausendstel Millimeter großen Kohlenstoffkörnchen im Gestein um die längst »zu Staub zerfallenen« Überreste von Lebewesen handeln mußte.

Ihr hohes Alter von 3,85 Milliarden Jahren war für die Wissenschaftler eine große Überraschung. Vollständige Fossilien haben sich zwar aus dieser frühen Zeit nicht erhalten. Es besteht jedoch kaum Zweifel, daß es sich bei den Kohlenstoffeinschlüssen in den einstigen Meeresablagerungen um die Überreste von Einzellern, vielleicht primitiven Bakterien, handelt. Freilich läßt sich heute nicht mehr rekonstruieren, wie diese Lebewesen einst aussahen und in welcher Region des Urmeeres sie lebten. Vielleicht hielten sie sich im warmen, lichtdurchfluteten Wasser nahe der Meeresoberfläche auf. Womöglich hatten die bakterienartigen Einzeller bereits die Photosynthese gekannt, die es ihnen erlaubte, mit Hilfe von Sonnenlicht Energie zu gewinnen.

Wahrscheinlich ist, daß das irdische Leben zunächst an einem Ort Fuß faßte, wohin sich kein Sonnenstrahl verirren kann: auf den Meeresgrund. In der Tiefe des Meeres herrscht nicht nur absolute Dunkelheit. Dort kann es auch höllisch heiß sein mit Temperaturen, bei denen unser Körpereiweiß längst gerinnen würde. Diese ungewöhnliche Gegend, die vielleicht einmal die Wiege des irdischen Lebens beherbergte, kam 1977 ans Tageslicht.

Tauchfahrt in die Unterwelt

Damals erforschte die Besatzung des amerikanischen Tiefseetauchboots »Alvin« den Galapagosrücken, eine geologisch aktive Dehnungsfuge im Pazifik. Völlig unerwartet stieß die »Alvin« in gut zweieinhalbtausend Meter Tiefe auf eine bizarre untermeerische Vulkanlandschaft, die vor Leben geradezu strotzte. Aus Gesteinsschloten, die wie kleine Schornsteine senkrecht aus dem Meeresboden aufragten, sprudelte unter hohem Druck ein dunkles Gebräu. Rauchfahnen gleich quollen dunkle Flüssigkeitswolken aus den »Kaminen« hervor. Die Wissenschaftler staunten nicht schlecht über die Vielzahl der Organismen, die sich um die Schlote drängten: Röhrenwürmer von einem Meter Länge, tellergroße Muscheln und unbekannte Arten von Krabben, Garnelen und Fischen. Die Forscher hatten, völlig unerwartet, eine Oase des Lebens entdeckt, in einer für uns absolut tödlichen Umwelt.

Ihre Messungen zeigten, daß die aus den »Kaminen« austretende dunkle Brühe giftig war – jedenfalls für uns Menschen. Sie enthielt große Mengen an Schwefelwasserstoff und Sulfid, sowie Metallpartikel wie Eisen, Mangan, Zink, Kupfer und andere Erze. Die Schwebstoffe waren im Meerwasser ausgefallen, rieselten herab und hatten so im Laufe der Zeit die Schlote aufgetürmt. Die Forscher beschlossen, dieser seltsamen Unterwasserwelt genauer auf den Grund zu gehen.

Weitere Untersuchungen ergaben, daß das aus den Schloten austretende, schwarzgefärbte Wasser nicht nur extrem heiß war – bis dreihundertfünfzig Grad Celsius – es war auch weitaus saurer als Essigsäure. Doch was um alles in der Welt hielt die Tiere in dieser lebensfeindlichen Gegend der Tiefsee? Wovon konnten sie leben? Ohne es zu wissen, waren die Forscher mit diesen Fragen den Anfängen des Lebens auf der Spur. Die Antwort jedoch verbarg sich zunächst vor ihren Augen.

Manche Bakterien mögen es heiß ...

Erst im Labor offenbarte sich ein erstaunlicher Befund: In den Wasserproben, die das Tauchboot in der Nähe der Tiefseequellen gesammelt hatte, wimmelte es nur so von unbekannten Bakterien. Ihnen machten die siedendheißen Temperaturen offenbar nichts aus. Im Gegenteil, die merkwürdigen Mikroorganismen hatten die heiße Unterwasserwelt geradezu als Heimstätte auserkoren. Rasch wurde klar, was die Nahrungsgrundlage für die eigentümliche Lebensgemeinschaft um die heißen Tiefseequellen war: Die Bakterien bilden die Nahrung für all die anderen Lebewesen, welche die Expedition in der Tiefsee aufgestöbert hatte. Die Alvinbesatzung hatte damit eine der ungewöhnlichsten Nahrungsketten der Erde entdeckt.

Normalerweise stehen pflanzliche Organismen am Anfang jeder Nahrungskette. Nur Pflanzen können ihr Gewebe aus unbelebter Materie, nämlich Kohlendioxid, Nährstoffen und Wasser aufbauen. Die Energiequelle dafür liefert das Sonnenlicht, das eine komplizierte biochemische Maschinerie, genannt Photosynthese, in den Pflanzenzellen antreibt. Diesem Prozeß entstammt der Sauerstoff in der Erdatmosphäre, jenes Atemgas, ohne das kein tierisches Lebewesen und auch wir Menschen nicht existieren können. Da jedoch nur blaugrüne, sogenannte Cyanobakterien und Pflanzen über die Fähigkeit der Photosynthese verfügen, müssen diese Organismen stets am Beginn aller tierischer Nahrungsketten stehen – so jedenfalls glaubte man damals. Die merkwürdigen Tiefseebakterien konnten ihre Energie jedoch nicht aus der Nutzung von Sonnenlicht beziehen, da es längst nicht bis in diese Tiefen vorstoßen kann.

... und knacken chemische Verbindungen

Tiefseebakterien nutzen eine andere Art der Energiegewinnung, die einfacher als die komplizierte Maschinerie der Photosynthese aufgebaut ist. Sie zapfen chemische Verbindungen als Energiequelle an. Indem sie die chemischen Bindungen knacken, nutzen sie die freiwerdende Energie für sich selbst. Den von Tiefseequellen ausgestoßenen Schwefelwasserstoff zerlegen sie in seine molekularen Bestandteile. Durch diesen Prozeß gewinnen die Bakterien Energie für ihren Stoffwechsel. In der Tiefsee gibt es natürlich kein Licht; die Bakterien benötigen nur chemische Energie als »Treibstoff«. Daher heißt der Prozeß, mit dem die Tiefseebakterien ihre Energie gewinnen, Chemosynthese.

Der Clou daran: Die Chemosynthese funktioniert auch in tiefster Dunkelheit und ohne Sauerstoff. Sie stellt einen eigenständigen Weg zur Energieerzeugung dar, der keine so komplizierte biochemische Maschinerie in den Zellen erfordert, wie die vom Licht abhängige Photosynthese. Ein Grund, der für die Chemosynthese als ein uralter Motor des Lebens spricht. Sie läßt sich mit einer robusten Dampfmaschine vergleichen und wurde von bakterienartigen Lebewesen wahrscheinlich noch vor der kompliziert aufgebauten Lichtmaschine Photosynthese erfunden. Trotz der unterschiedlichen Bauweise haben aber beide Motoren des Lebens eines gemeinsam: Sie erzeugen im Innern von Zellen biochemische Energie, mit denen die Lebensprozesse in Gang gehalten werden. Beide Prozesse zapfen aber grundverschiedene Energiequellen an.

Mikroben zapfen die Sonnenenergie an

Die Photosynthese der Pflanzen wandelt Energie um, die direkt von einem Stern geliefert wird. Es ist das sichtbare Licht der Sonne. Die Chemosynthese wandelt Energie um, die in abiotischen Stoffen wie Schwefelwasserstoff steckt. Auf die übelriechende Verbindung trifft man zum Beispiel in den Ausdünstungen von Vulkanen. Obwohl sie offenkundig irdischer Natur ist, wurden ihre Elemente doch in einer früheren Sternengeneration produziert.

Wer sind die seltsamen Mikroorganismen, die bis heute die altertümliche Form der Energieerzeugung, die Chemosynthese, be-

Das Geheimnis der Schwarzen Raucher

Von den untermeerischen Tiefseequellen haben wir bereits im Kapitel über unseren Nachbarplaneten Mars gehört. Auf der Erde finden sich die Schwarzen Raucher (Black smoker, siehe Bildteil), wie die untermeerischen Geysire heißen, vor allem entlang der Nahtstellen auf dem Boden der Ozeane. Hier verbreitert sich der Meeresboden durch aufsteigendes Magma aus der Tiefe. Es drückt die Gesteinsplatten auseinander. Dabei entstehen im nach oben drängenden, glutheißen Basaltgestein viele Risse, Spalten und Gänge. Meerwasser sickert in das mehrere Kilometer tiefe Kluftsystem ein und wird, wie in einem gigantischen Wasserboiler, auf Temperaturen bis dreihundertfünfzig Grad Celsius erhitzt. Dadurch kommt es zu chemischen Reaktionen mit dem Gestein, bei denen reichlich Schwefelwasserstoff entsteht. Metalle werden aus dem Gestein herausgelöst und reichern das unter dem Meeresboden zirkulierende Wasser an. Als saure Lösung tritt das angereicherte, heiße Wasser wie eine Quelle auf dem Meeresboden aus. An dieser Stelle kommt es mit dem kalten, alkalischen Meerwasser in Kontakt. Im gleichen Augenblick fallen dann die gelösten Bestandteile als dunkler Niederschlag aus. Die an diesen Stellen abgelagerten Minerale türmen sich im Laufe von Jahrhunderten und Jahrtausenden zu den typischen »Kaminen« auf.

wahrt haben? Wie das Programm, so auch der Name der Mikroben: Archäbakterien. Obwohl Bakterien hart im Nehmen sind, zeichnen sich Archäbakterien durch geradezu wundersame Fähigkeiten aus. Eine dieser Wundermikroben mit Namen *Sulfolobus*, was soviel wie Schwefellappen bedeutet, entdeckten Forscher in den neunzig Grad heißen Schwefelquellen des Yellowstone Nationalparks in den USA. Eine andere Art, *Thermotoga neapolitana*, besiedelt dagegen heiße Quellen auf dem Meeresgrund. Ihrer stabilen Eiweißstruktur verdankt die Art, daß sie sogar einer Temperatur von hundertvierzig Grad Celsius widersteht. Rasch drängte sich den Wissenschaftlern der Verdacht auf, daß die Archäbakterien gar nicht näher mit ihren Namensvettern, den modernen Bakterien verwandt sein müssen. Diese werden nämlich bei so hoher Temperatur abgetötet.

Exotische Urahnen aus der Hölle

Diese Vermutung wurde 1996 durch genetische Untersuchungen an einem weiteren Archäbakterium, *Methanococcus jannaschii*, bestätigt. US-Forschern am Institut für Genomforschung in Rockville/Maryland konnten das Erbgut des Mikroorganismus komplett entschlüsseln. Das Ergebnis überraschte, denn von den insgesamt 1738 Genen waren mehr als die Hälfte völlig unbekannt. Sie finden sich bei keiner anderen irdischen Organismengruppe.

Archäbakterien, so fanden vor allem der amerikanische Mikrobiologe Professor Carl R. Woese von der Universität in Illinois und sein deutscher Kollege Professor Karl O. Stetter von der Universität Regensburg heraus, müssen bereits die frühe Erde besiedelt haben, als diese noch heiß und die Atmosphäre sauerstofflos war. An diese urweltlichen Bedingungen sind die Mikroben hervorragend angepaßt. Noch heute bevölkern ihre Nachfahren nicht nur die Schlote heißer Tiefseequellen, sondern auch Vulkankrater und die siedendheißen Wasserbecken von Geysiren. Wie aber bringen es die Archäbakterien fertig, in einer derart höllischen Umwelt zu überleben?

Immerhin machen ihnen Temperaturen weit jenseits des Siedepunktes von Wasser nichts aus, obwohl die Zellen normaler Lebewesen schon bei viel niedrigeren Hitzegraden absterben. Wie schaffen es die Mikroben, Salzkonzentrationen zu tolerieren, die einer gesättigten Kochsalzlösung gleichkommt? Viele von ihnen sind zudem von Natur aus gegen Antibiotika unempfindlich. Diese

Fragen ließen das Interesse der Wissenschaftler an den Exoten weiter ansteigen.

Einige der Rätsel um die Archäbakterien sind inzwischen gelüftet. Sowohl ihre Zellmembran als auch die äußere Schutzhülle, die derbe Zellwand, unterscheiden sich in der chemischen Zusammensetzung grundlegend von den entsprechenden Strukturen anderer Organismen. Die Wissenschaftler werten dies zusammen mit weiteren biochemischen Besonderheiten und den genetischen Befunden bei *Methanococcus jannaschii* als Indiz für die Eigenständigkeit der Archäbakterien. Ihretwegen wurden inzwischen auch die Lehrbücher umgeschrieben. Die Mikroben gelten heute als selbständige Organismengruppe, die sich unabhängig von den normalen Bakterien entwickelt hat und dem gemeinsamen Urahnen aller Lebewesen sehr nahesteht.

Was die erstaunlichen Eigenschaften der Archäbakterien angeht, sind die Forscher vor allem von ihrer einzigartigen Fähigkeit fasziniert, Temperaturen weit jenseits des Siedepunkts von Wasser zu trotzen. Offenbar verfügen die Mikroorganismen über besonders hitzebeständige Eiweißstoffe. Wegen dieser Eigenschaft heißen die Eiweiße auch Thermozyme.

Sie sind kompliziert gebaute Kettenmoleküle, die dafür sorgen, daß die Stoffwechselreaktionen im Innern der nur etwa ein Tausendstel Millimeter großen Bakterienzellen auch bei extremer Hitze ungehindert ablaufen. Auf die hitzestabilen Eiweißverbindungen haben Biotechnologen ein Auge geworfen. Sie interessiert die Anwendung als hitzebeständige Enzyme für Waschpulver und bei der Stärkeproduktion.

Kehren wir aber noch einmal kurz zur Chemosynthese zurück, dem Motor, der die Archäbakterien am Leben erhält. Machen wir uns den Spaß und vergleichen, wie Mikroben und die menschliche Zivilisation Energie erzeugen.

Wo Menschen von Mikroben lernen können

Die Menschheit gewinnt einen Großteil ihrer benötigten Energie aus der Verbrennung fossiler Energieträger. Erdöl, Kohle und Erdgas bestehen aus kohlenstoffhaltigen, zersetzten Überresten einstiger Lebewesen. Bei ihrer Verbrennung geschieht im Grunde dasselbe wie beim Rosten von Eisen. Das Material verbindet sich mit dem Sauerstoff der Luft. Allerdings läuft diese Reaktion beim Verbrennen viel schneller ab als beim Rosten. Die chemische Umwandlung erzeugt jene Wärme, mit der wir unsere Wohnungen heizen, und entfacht genügend Kraft, um Autos und Flugzeuge anzutreiben. Mit ihrer Hilfe erzeugen Kraftwerke Strom. Dabei setzen wir jene Energie wieder frei, die Jahrmillionen zuvor Pflanzen mit Hilfe der Photosynthese eingefangen und in Biomasse umgewandelt haben. Die menschliche Gesellschaft hängt nicht allein mit der Ernährung, sondern auch bei der Energieversorgung von anderen Geschöpfen ab. Wie genial mutet vor diesem Hintergrund die uralte Erfindung primitiver Bakterien an, unbelebte Materie zu »verstoffwechseln«.

Das wohl erfolgreichste Patent aller Zeiten hat die Natur schon bald nach der Erfindung der Chemosynthese gemacht. Urtümliche, blaualgenartige Bakterien entwickelten in den Urozeanen der Erde die Photosynthese und schufen damit das Fundament, auf dem fast das gesamte irdische Leben beruht. Cyanobakterien zapften damals die Energie des Sonnenlichts an. Sie verstanden es, die Strahlung für den Aufbau eines eigenen Stoffwechsels zu nutzen. Dabei wurde Sauerstoff freigesetzt, der sich im Laufe etlicher hundert Millionen Jahre in der Uratmosphäre angereichert hat – ein Prozeß, der die Evolution tierischer Organismen überhaupt erst möglich machte. Wie das in Form eines sich selbst organisierenden Netzwerks geschah, habe ich im vierten Kapitel skizziert.

Die Erfindung der Photosynthese ist so genial, daß sie die Forscher noch heute erstaunt. Mit ihrer Hilfe setzen Organismen die Energie des Lichts in biochemische Energie um. Dazu benötigt sie nur mineralische Nährstoffe, Kohlendioxid und Wasser. Diese Ingredienzen fanden sich in den Urozeanen der Erde in großen Mengen. Wer waren die grünen Pioniere des Lebens, wie sahen sie aus?

Erst in jüngster Zeit beginnt sich das Rätsel um den grünen Motor des Lebens aufzulösen. Fossile Funde belegen, daß primitive Cyanobakterien schon vor 3,5 bis 3,8 Milliarden Jahren die Photosynthese beherrschten. Ihre Nachfahren haben sich bis heute erhalten. Stromatolithen ist der Name dieser lebenden Fossilien, die den Gezeitenbereich tropischer Meere bewohnen. Stromatolithen sind kissenartige Kolonien aus Cyanobakterien, die durch die Kalkabscheidungen der Mikroorganismen entstehen.

Wie die Urahnen der Cyanobakterien auf die Idee kamen, mit Hilfe der Photosynthese Zucker in ihrem Innern zu erzeugen, war lange Gegenstand von Spekulationen. Die Ähnlichkeit zwischen den Cyanobakterien und den grünen Chloroplasten in den Zellen der Pflanzen führte die Wissenschaftler auf die Spur einer abenteuerlichen Verwandtschaft, mehr noch, eines richtigen Krimis.

Schon im vorigen Jahrhundert fiel einigen Naturforschern beim Blick durchs Mikroskop eine seltsame Ähnlichkeit auf. Im Erscheinungsbild erinnern die linsenförmigen grünen Körnchen in den Zellen der Pflanzen sehr an Cyanobakterien. Beide sind nicht nur gleich groß, oder besser gesagt klein, nämlich nur fünftausendstel Millimeter. Sie weisen auch eine vergleichbare innere Struktur auf. Sollte die Ähnlichkeit nur Zufall sein, oder steckt mehr dahinter? Diese Frage stellte sich in den sechziger Jahren die amerikanische Wissenschaftlerin Lynn Margulis, die damals an der Universität Boston arbeitete.

Immer wieder äußerte die amerikanische Forscherin hartnäckig den Verdacht, daß es eine Verwandtschaft zwischen Cyanobakterien und den Chloroplasten im Innern der Pflanzenzellen geben müsse. Eine Vermutung, die zwar vielen ihrer Kollegen zu weit ging, die aber vor gut hundert Jahren bereits andere Forscher ausgesprochen hatten. Auch ihnen war die Ähnlichkeit zwischen Cya-

Die Lichtmaschine in der Zelle

Blattgrünkörnchen oder Chloroplasten besitzen einen besonderen inneren Aufbau. Die eingestülpte Membran bildet geldrollenartige Stapel im Innern der Zellorganelle aus. Hieran sind jene Moleküle verankert, die die eintreffende Lichtenergie wie Antennen auffangen, um sie dann in die chemische Reaktionsmaschinerie der Photosynthese einzuspeisen.

nobakterien und Chloroplasten beim Anblick durch ein Mikroskop aufgefallen. Der Verdacht wurde tatsächlich bestätigt. Wissenschaftler haben dabei eine fast unglaubliche Geschichte enthüllt, sozusagen eine Räuberpistole der Evolution.

Räuber im Urmeer

Vor vielleicht 3,5 Milliarden Jahren muß in den Urozeanen der Erde ein hungriger Einzeller auf die Jagd nach Futter gegangen sein. Seine Beute bestand wahrscheinlich aus reichlich in den Meeren schwimmenden Bakterien, die kleiner als er selbst waren. Vielleicht zählten auch Cyanobakterien zu seiner Leibspeise. Der Räuber, der sich wie gewohnt über die Bakterien hermachte, unterschied sich von diesen. Er verfügte über einen Zellkern, in dem sein Erbgut wohlverpackt und gutgeschützt aufbewahrt wurde. Wie bei einer Einsatzzentrale gehen vom Zellkern die Befehle für die Synthese aller Eiweißstoffe aus. Damit erweist sich die räuberische Lebensform in den Urmeeren der Erde als ein ferner Verwandter von uns. Denn im Unterschied zu Bakterien verfügen alle höheren Organismen über Zellen mit einen Zellkern.

Noch bevor der Pirat die Beute in seinem Innern verdauen konnte, ging etwas Sonderbares in ihm vor. Er merkte, daß die kleinen blaugrünen Bakterien ihn kostenlos mit Energie versorgten. Dazu

Zwei gegensätzliche Lebensstrategien

Lebewesen, die in ihren Zellen einen Zellkern beherbergen, heißen deshalb auch Eukaryoten. Die Bezeichnung stammt aus dem Griechischen und bedeutet soviel wie »die einen echten Kern Tragenden«. Das ist aber nicht der einzige Unterschied zwischen Bakterien und Eukaryoten. Eukaryotische Zellen, zu denen alle höheren Lebewesen gehören, sind nicht nur deutlich größer – etwa zehnmal so groß – wie Bakterienzellen. Sie sind auch sehr viel besser organisiert. Das fängt schon bei der größeren Menge an Erbsubstanz an. Frei nach dem Motto »Teile und herrsche« haben Eukaryoten ihr Erbmolekül in handliche Portionen aufgeteilt, die Chromosomen. Den Luxus einer aufwendigen Verpackung leisten sich Eukaryoten auch auf der Ebene der Gene. Ihre Gene sind gewissermaßen Stückwerk, das aus dem eigentlichen, informationstragenden Teil und einem entbehrlichen Teil besteht. Bevor Gene in Aktion treten können, muß der dazwischen verteilte, scheinbar nutzlose Anteil wie die überflüssigen Szenen in einem Fernsehfilm herausgeschnitten werden.

Nur Eukaryotenzellen beherbergen Chloroplasten, die grünen Kraftwerke im Innern der Pflanzenzellen. In Pflanzen- und Tierzellen sind besondere Organellen, die Mitochondrien, für den Zellstoffwechsel zuständig. Auch sie arbeiten wie ein kleines biochemisches »Kraftwerk«.

Unterschiede gibt es zudem beim »Antrieb« der Zellen. Viele Bakterienarten nutzen zur Fortbewegung winzige peitschenförmige Geißeln. Sie sind jedoch anders aufgebaut als die ihnen nur äußerlich ähnlichen Fortbewegungsorgane der Eukaryoten. Das Wimperntierchen zum Beispiel bewegt sich mit sogenannten Zilien im Wasser fort. Durch die aufeinander abgestimmte Schlagfolge der Zilien kann der Einzeller langsam und schnell schwimmen, aber auch den Rückwärtsgang einlegen. Ebensolche Zilien kleiden als feiner Wimpernbelag die Schleimhaut unserer Atemwege aus. Diese und weitere Unterschiede zeigen, daß schon die früheste Entwicklung des irdischen Lebens auf zwei unterschiedlichen Entwicklungsgleisen verlief.

brauchten sie nur das Sonnenlicht. Ein ungeheurer Vorteil im gnadenlosen Wettbewerb des Fressen-und-gefressen-Werdens. Die kleinen Bakterien lebten fortan als gehätschelte Symbionten im Innern des Räubers, der damit zum Vorfahren aller pflanzlichen Lebewesen avancierte. Aus den kleinen grünen Kraftwerken wurden die Chloroplasten, die seither die Zellen aller pflanzlichen Organismen mit Sonnenenergie frei Haus versorgen.

Gestützt wird diese abenteuerlich anmutende Hypothese vom integrierten Untermieter unter anderem dadurch, daß Chloroplasten über eine eigene Erbsubstanz verfügen, die ganz nach Art der Bakterien ringförmig vorliegt. Außerdem sind Chloroplasten im Unterschied zu anderen Bestandteilen der Zelle von einer eigenen Membran umgeben – eine weitere Erinnerung an die Zeiten einstiger Selbständigkeit.

Die »Geiselnahme« eines bakterienartigen Einzellers sollte sich noch einmal in der Frühgeschichte des Lebens wiederholen. Auch in diesem Fall brachten die zunächst als Nahrung einverleibten Bakterien dem Wirt gewaltige Vorteile gegenüber den Konkurrenten. Wieder überlebte die Beute, kleine bohnenförmige Bakterien, als umhegte und gepflegte Dauergäste im Innern ihres Wirtes. Heute versorgen sie als Mitochondrien die Zellen von Tieren und Pflanzen mit biochemischer Energie.

Ohne Mitochondrien müßten wir elendig zugrunde gehen. Weil sie Sauerstoff »verbrennen«, versorgen sie die Zellen mit Energie. Auch hier hat sich der dreiste Uberfall, der sich vor einigen Milliarden Jahren auf einen bakterienartigen Einzeller ereignete, längst für die Nachfahren des Räubers bezahlt gemacht.

Auch die bakteriengroßen Mitochondrien tragen als Erinnerung an ihre einstige Freiheit ein eigenes ringförmiges Erbmolekül und werden zudem von einer Membran umhüllt. In unseren Zellen teilen sich Mitochondrien noch heute nach Art der Bakterien: Sie schnüren sich einfach durch – und aus eins werden zwei.

Mit Bakterien und den zellkerntragenden Zellen ist die Natur schon sehr früh zweigleisig gefahren, um zwei völlig unterschiedliche Überlebensstrategien auszuprobieren. Auf ihrem Zusammenspiel beruht der biologische Stoffkreislauf. Nur weil Unmengen von Bakterien von den abgestorbenen Überresten der Pflanzen und Tiere leben, bedeckt die Erde eine nährstoffhaltige Humusschicht, die wieder neue Pflanzen wachsen läßt, von denen die Tiere und wir uns dann ernähren können, und so weiter. Freilich hat dieses wechselseitige Zusammenspiel der Organismen auch dunkle Seiten, die wir zu spüren bekommen, wenn uns etwa ein Rachenbazillus als lohnenden Wirt entdeckt hat. Wenn wir dann mit Antibiotika gegen den in unseren Augen lästigen Parasiten vorgehen, kämpfen wir gegen ein uraltes Erfolgsmodell der Natur: Überleben durch blindwütige Vermehrung.

Im Verlaufe der Entwicklungsgeschichte haben Bakterien neue Refugien erobert. Eine dieser »ökologischen Nischen« ist der Mensch, der nun selbst zum gedeckten Tisch für die Mikroben geworden ist. Die verdanken ihre schon sprichwörtlich gewordene Unausrottbarkeit einer einzigen Strategie. Und die heißt: vermehren, auf Teufel komm heraus.

Masse statt Klasse

Bakterien leisten sich in ihrem sehr kurzen Leben nicht den geringsten Luxus. Sie halten nichts von Arbeitsteilung oder Gemeinschaften zum gegenseitigen Nutzen. Alles Erfindungen, die auf das Konto höherentwickelter Organismen gehen und die von Tieren mit sozialem Verhalten zu einer so komplexen Erscheinungsform wie der menschlichen Zivilisation weiterentwickelt wurde. Ein langwieriger Prozeß, der sich über viereinhalb Milliarden Jahre hinzog.

Dagegen sind Bakterien einfache Lebewesen ohne jegliche Individualität. Ihre Lebensvorgänge sind nur auf ein Ziel programmiert: der Arterhaltung durch Vermehrung. Deshalb sind sie die erfolgreichsten biologischen Überlebensmaschinen, die die Natur hervorgebracht hat. So gesehen sind wohl die Bakterien die heimlichen

Herrscher der Erde. Durchschnittlich jede halbe Stunde teilen sie sich. Das hört sich zunächst nicht dramatisch an, gleichwohl ist das Resultat buchstäblich explosionsartig. Wer einmal nachrechnen will, wie viele Nachkommen bei dieser Vermehrungsrate schon nach einem Tag herauskommen, der muß einen Taschenrechner bemühen. Mit Leichtigkeit kommt eine einzige Mikrobe auf die ungeheuerliche Zahl von einer viertel Billiarde Nachkommen. Und genau das ist das Erfolgsrezept der ausschließlich auf Massenproduktion ausgerichteten Bakterien. Dagegen können dann manchmal auch modernste Medikamente nichts mehr ausrichten.

Zur Ehrenrettung der Mikroben muß jedoch auch auf ihre guten Seiten hingewiesen werden. Nicht nur, daß es uns ohne ihre frühen Abkömmlinge, die wir in unseren Zellen beherbergen, gar nicht gäbe. Manche lebenswichtigen Stoffe, wie etwa das für eine normale Blutgerinnung notwendige Vitamin K, kann unser Organismus nicht selbst herstellen. Dazu brauchen wir die hilfreiche Mitarbeit der Bakterien in unserem Darm. Vor allem Pflanzenfresser wie Rinder profitieren von den eifrigen Symbionten in ihrem Verdauungstrakt. Die Mikroorganismen helfen ihnen, die eigentlich unverdauliche, pflanzliche Zellulose aufzuschließen. Andernfalls müßten die Tiere sogar angesichts des fettesten Grases und saftigster Wiesen verhungern. Doch an derart hochentwickelte Lebewesen dachte die Natur vor ein paar Milliarden Jahren noch nicht.

Ihr nächster Entwicklungsschritt vom Einzeller zum vielzelligen Organismus spielte sich immer noch in der schützenden Wiege der Meere ab.

Das Leben liefert die erste Leiche

Während aus Einzellern wie Bakterien durch einfache Teilung immer neue Individuen hervorgehen, ohne daß es einen übrigbleibenden Rest oder eine Leiche gibt, müssen Vielzeller sterben, um als Art weiter zu existieren. Das liegt an der ihnen eigenen Art der

Vermehrung, die sich von jener der Bakterien grundlegend unterscheidet. Damit ist aber auch ein anderes Kennzeichen der Höherentwicklung von Lebewesen verbunden: die Arbeitsteilung der Zellen.

Im Verlauf der frühen Embryonalentwicklung verlieren die sich teilenden Zellen die Tauglichkeit zum Generalisten. Ihr genetisches Programm wird dabei gewissermaßen nach Plan eingeschränkt, indem bestimmte Gene einfach abgeschaltet werden. Das ist der Grund, warum etwa bei uns Menschen nach einer schweren Amputation keine verlorenen Gliedmaßen nachwachsen können. Eine Haarzelle kann bei uns stets nur wieder Haar hervorbringen und eine Zelle aus unserer Haut liefert immer nur wieder ihresgleichen. Einzig den menschlichen Keimzellen – also Ei- und Samenzellen – ist die Fähigkeit zum Alleskönner geblieben. Sie sind bei den höheren Lebewesen, uns eingeschlossen, die einzigen Zellen, die noch, wie die Bakterienzelle, prinzipiell unsterblich sind.

Über die Fähigkeit, aus beliebigen Zellen oder Geweben neue Individuen hervorzubringen oder doch zumindest verlorengegangene Teile zu ergänzen, verfügen nur primitive Tiere und vor allem Pflanzen. Diese Eigenschaft ist gewissermaßen eine Erinnerung an die Zeit der Einzeller. Bei manchen einfachen Organismen ist die Fähigkeit, ihre Körperzellen zu regenerieren, besonders eindrucksvoll ausgeprägt, so etwa bei Schwämmen.

Dazu ein Versuch: Ein lebender Schwamm läßt sich durch eine feingewebte Gaze drücken. Dabei wird das Tier völlig in seine zellulären Einzelbestandteile aufgelöst. Es ist dann nur noch eine trübe Suppe von einzelnen Zellen übrig. Wenn wir dann die Millionen einzelner Zellen in ein geeignetes Nährmedium einbetten, können sie sich wieder zu einem neuen Schwamm zusammenlagern.

Ein weiteres Beispiel zeigt, daß pflanzliche Zellen in noch stärkerem Maße als tierische zum Generalisten taugen. Sie lassen sich vegetativ vermehren. Dazu braucht man nur ein kleines Stückchen aus einem Blatt herauszutrennen. Wird dieses wenige Quadratmillimeter große Fitzelchen in eine Kulturschale mit Nährflüssigkeit gelegt, entwickelt sich daraus zunächst ein kleiner unförmiger Gewebehaufen. Daraus sprießen dann nach einiger Zeit winzige Wurzeln und Blättchen. Schließlich entwickelt sich eine völlig normale Pflanze aus ursprünglich nur wenigen Blattzellen.

Erfunden wurde die Vielzelligkeit lange nachdem Bakterien und andere Einzeller in den frühen Meeren der Erde auftauchten. Die Vorfahren der Pflanzen dürften dabei wohl die Pionierrolle übernommen haben. Erst kürzlich wurde einer der ältesten pflanzlichen Vielzeller, ein Seetang, in 1,4 Milliarden Jahre alten Ablagerungen Chinas entdeckt. Noch heute läßt sich die Vorreiterrolle der Pflanzen an einem Vertreter der Grünalgen nachvollziehen.

Volvox, so der Name der berühmten Alge, gilt als ein sehr ursprünglicher Vielzeller, ein Lebewesen also, dessen Entwicklung auf dem Weg zu einem echten Organismus gewissermaßen stekkengeblieben ist. Wer sich die Alge im Mikroskop anschaut, sieht zunächst nur kleine Kugeln. Bei genauem Hinsehen erkennt man, daß viele winzige grüne Zellen in jeder gallertigen Hohlkugel verpackt sind. Bei manchen *Volvox*-Arten können bis zu zwanzigtausend Zellen in einer Kugel Platz finden. Die durchsichtigen Schleimkugeln sind jedoch mehr als bloße Verpackung. Jede Kugel stellt ein echtes Individuum dar.

Obwohl jede der Zellen im Innern der Kugel über einen eigenen Antrieb verfügt und mit einem lichtempfindlichen »Augenfleck« zur Orientierung sowie einem kleinen grünen Sonnenkraftwerk für ein unabhängiges Leben gerüstet ist, ist keine der Zellen mehr in der Lage, für sich allein zu existieren. Und keine der Zellen kann mehr alles. Sie haben ihre Unabhängigkeit aufgegeben und arbeiten dafür unter der Regie eines übergeordneten Organismus zusammen.

Dazu haben die Zellen unterschiedliche Aufgabenbereiche übernommen. Ein Teil von ihnen ist für die Fortpflanzung zuständig. Diese Zellen liegen meistens im hinteren Teil der Hohlkugel. Andere haben einen großen grünen Chloroplasten ausgebildet und widmen sich ausschließlich der Photosynthese, mit deren Hilfe sie

Zucker produzieren. Wiederum andere Zellen kümmern sich um die Fortbewegung der gesamten Kugel. *Volvox* ist somit keine Kolonie unabhängiger Zellen, die sich freiwillig in einem Verband zusammengefunden haben, sondern ein echter Organismus. Diese Arbeitsteilung hat eine wichtige Konsequenz. Da für die Teilung nur wenige Fortpflanzungszellen im Innern der Kugel zuständig sind, bleibt ein großer Rest von Zellen übrig, der nicht mehr benötigt wird. *Volvox* liefert eine Leiche.

Nur die Fortpflanzungszellen im Innern von *Volvox* können sich weiter teilen und bilden neue Tochterzellen. Der Organismus selbst aber stirbt ab. Das Leben hat hier ein Entwicklungsstadium erreicht, wo zum erstenmal die potentielle Unsterblichkeit der Bakterien zugunsten der höheren Organisation eines Individuums geopfert wird.

12. Die (R)evolution der Tiere

Die ersten Schritte auf der Erde wagte das Leben vor etwa vier Milliarden Jahren. Bis jedoch die ersten Tiere erschienen, dauerte es eine kleine Ewigkeit. Gut 3,5 Milliarden Jahre sollten vergehen, bis in den Ozeanen der Erde Tiere auftauchten, die so fremd und exotisch aussahen, daß man glauben könnte, sie stammten von einem anderen Stern. Bevor wir diese seltsame Welt genauer unter die Lupe nehmen, lassen wir die bis dahin wichtigsten Stationen der Evolution noch einmal kurz im Zeitraffer Revue passieren.

Das heutige Erbmolekül, die DNS, hatte ihren Vorgänger, vermutlich das Schwestermolekül RNS, rasch abgelöst und war zum Herr über die genetische Information aufgestiegen. Zellen mit einem komplizierten Innenleben hatten sich entwickelt. Einzeller hatten die Chemo- und die Photosynthese erfunden und zapften so die in unbelebter Materie und im Sonnenlicht gespeicherte Energie für die eigene Versorgung an. Die Ahnen der heutigen Bakterien und der fortschrittlichen Einzeller mit einem richtigen Zellkern – unsere ältesten Vorfahren – waren entstanden. Schließlich hatten einige Einzeller »gemerkt«, daß eine Gemeinschaft zum gegenseitigen Nutzen eine sinnvolle Angelegenheit sein kann, bei der man viel Energie spart, weil nun nicht mehr jeder für alles zuständig sein muß. Die andere Seite der Medaille: Die Zellen büßten damit ihre Selbständigkeit ein, sie wurden Teil eines einzigen Organismus. Die ersten vielzelligen Lebewesen, vermutlich pflanzliche Organismen, hatten sich entwickelt. Sie waren jedoch noch klein und unscheinbar.

Für diese ersten, gewiß sehr mühsamen Entwicklungsschritte hatte das Leben zwei Milliarden Jahre gebraucht. Die Erde war nun 2,5 Milliarden Jahre alt. Immer noch gab es keine Tiere. Es schien, als ob irdisches Leben in einen Dornröschenschlaf versunken war. Hunderte von Millionen Jahren vergingen.

Öde, unbelebte Kontinente zerfielen, wanderten über den Globus und stießen an anderer Stelle wieder zusammen, wo sie gewaltige Kräfte aus dem Erdinnern zu einem einzigen Superkontinent verschweißten. Doch auch diese riesige Landmasse – sie mochte wohl ein Viertel der Erdkugel bedecken – existierte nicht ewig. Nach hundert, höchstens zweihundert Millionen Jahren mußte auch sie zerfallen. Wieder begannen einzelne Kontinentalplatten mit ihrer rastlosen Wanderung über den Globus.

Dann erlebte die junge Erde vor rund 2,4 Milliarden Jahren ihre erste Eiszeit. Ein großer Teil der Landmassen wurde unter einer kilometerdicken Eisschicht begraben, die sich als mächtige Gletscher in die Meere schob. Doch auch eine Jahrmillionen währende Eiszeit ist nur eine kurze Episode, gemessen an den Jahrmilliarden der Evolution. Das Leben in den Meeren konnte dennoch weiter gedeihen. Ganz langsam stieg nun auch der Sauerstoffgehalt in der Erdatmosphäre an, denn immer mehr photosynthesetreibende Bakterien und Algen bevölkerten die Ozeane. Trotzdem lag der Sauerstoffgehalt der Erdatmosphäre vor etwa zwei Milliarden Jahren nur bei einem bescheidenen Prozent. Das war zuwenig, um Tiere am Leben zu erhalten. So dümpelte das Leben in den Urmeeren vor sich hin.

Die Erde im Aufbruch

Vor etwa achthundert Millionen Jahren kam die Erde wieder in Bewegung, als ein Superkontinent auseinanderbrach, dem die Wissenschaftler den Namen Rodinia gegeben haben. Damals, zur Zeit des Präkambriums, begann sich auch das pazifische Ozeanbecken zu öffnen. Heftiger Vulkanismus setzte ein. Rodinia ist der älteste bekannte Superkontinent, dessen Rekonstruktion aus den kreuz und quer über den Globus verdrifteten und teilweise umgeformten

Gesteinen der heutigen Kontinente gelang. In der folgenden Zeit wechselten sich mindestens vier große Eiszeiten mit ausgesprochenen Warmphasen ab. Die Erde schwankte zwischen Dauerfrost- und Treibhausklima hin und her, als würde sie abwechselnd von Schüttelfrost- und Fieberanfällen geplagt.

Vor sechshundertfünfzig Millionen Jahren krachte es dann erneut. Wieder stießen einige Kontinente zusammen. Die Bildung eines neuen Superkontinents mit Namen Pangäa begann sich langsam abzuzeichnen. Inmitten des Umbruchs tauchen plötzlich die ersten fossilen Funde tierischer Meeresbewohner in ungeahnter Vielfalt auf. Ihr schlagartiges Erscheinen gleicht einer Explosion des Lebens. Woher sie kamen, ist bis heute ein Rätsel.

Molekularbiologen sind dem Geheimnis der Tiere mit modernster Technik auf der Spur. Sie untersuchen ihre Herkunft anhand von stetig auftretenden genetischen Veränderungen, die sich bis heute im Erbmolekül lebender Tiere erhalten haben. Die Regel ist einfach: Je mehr sich die Bausteine im Erbmolekül voneinander unterscheiden, desto länger liegt der Zeitpunkt der entwicklungsgeschichtlichen Aufspaltung der Arten zurück. Das Verfahren nutzt somit das Ticken der molekularen Uhr, das als Zeitgeber für Rückrechnungen in die Vergangenheit dient.

Mit Hilfe der Methode hat Bruce Runnegar von der University of California in Los Angeles verschiedene Blutfarbstoffe verglichen und kommt zu dem Schluß, daß sich vielzellige Tiere wahrscheinlich schon vor mehr als neunhundert Millionen Jahren in verschiedene Linien aufgespalten haben. Zu ähnlichen Resultaten gelangten auch Forscher der Universität Mainz, die ebenfalls genetische Veränderungen in verschiedenen Organismen untersucht haben. Sie führen alle bekannten Tierstämme auf einen gemeinsamen Ursprung zurück, der achthundert Millionen Jahre in der Vergangenheit liegt. Wer der tierische Urahn war, wie er aussah und lebte, darüber läßt sich bislang nur spekulieren.

Manche Wissenschaftler glauben, daß die Schwämme ihm sehr nahestehen. Dafür spricht, daß diese Tiergruppe schon sehr früh mit vielen Gattungen die Ozeane besiedelte. Dennoch sahen die meisten der damaligen Meeresbewohner so bizarr aus, als kämen sie von einem fremden Stern. Sie haben kaum Ähnlichkeit mit heutigen Tiergruppen, obwohl sie doch ihre Vorfahren sein sollten.

Eine bizarre Tierwelt kommt ans Tageslicht

Gemeinsam ist ihnen offenbar nur eines: Nur wenige der einige Zentimeter großen Lebewesen scheinen eine harte Schale besessen zu haben. Hatten die exotischen Meeresbewohner Schutz und Halt nicht nötig oder sind Schalen und Knochen aus Kalk erst eine spätere Erfindung der Natur?

Einige der Meereswesen gleichen einer Tulpenblüte, die auf einem langen, schlanken Stiel sitzt, andere tragen an ihrem Vorderende fünf Augen und einen langen Rüssel, mit dem sie offenbar nach Art eines Staubsaugers den Meeresboden nach Freßbarem durchwühlten. Wieder andere ähneln einer schwimmenden Schuhsohle oder einem Wurm im stacheligen Igelkleid. Was ist das Geheimnis dieser fremdartigen Tierwelt, die heute nach einem berühmten Fundort in Südaustralien Ediacara-Fauna genannt wird?

Zuerst entdeckt wurde die längst versunkene, exotische Tierwelt aber in Westkanada. Man schrieb das Jahr 1909, als Charles Doolittle Walcott, damals Direktor der Smithonian Institution in Washington, einen Wanderausflug mit seiner Familie plante. Die Route führte den passionierten Fossiliensammler in die Berge unweit der kleinen Stadt Field an der Grenze zwischen Britisch Kolumbien und Alberta. Auf einem schmalen Gebirgspfad, der sich zwischen den ansehnlichen Gipfeln der Rocky Mountains durch eine Bergsenke wand, stolperte Walcott über eine Schieferplatte. Als er sie näher betrachtete, entdeckte er darauf einige sehr gut erhaltene Abdrücke von Lebewesen.

Begeistert war der Fossilienjäger aber nicht nur über den guten Zustand der Versteinerungen. Seinem Kennerblick blieb auch die

Die Erde zur Zeit der Ediacara-Tierwelt

Cyanobakterien und Algen in den Ozeanen erzeugten damals schon große Mengen von Sauerstoff mit Hilfe der Photosynthese. Dennoch dürfte damals der Sauerstoffgehalt der Atmosphäre nur zwischen einem und zehn Prozent des heutigen Wertes betragen haben – noch zuwenig, um große Tiere ausreichend zu versorgen.

Die Varanger-Eiszeit, die vor sechshundert Millionen Jahren große Teile der Erde mit einem dicken Eispanzer überzog, stellte die Organismen auf eine harte Probe. Sie war die wohl härteste Eiszeit, die die Erde je erlebt hatte. Damals starben viele Plankton-Lebewesen in den Ozeanen aus. Unmittelbar danach erschien die Ediacara-Fauna in den Meeren.

Einzigartigkeit des Fundes nicht verborgen. Die Abdrücke stammten von Organismen, deren Körper noch keine harte Schale schützte. Das sprach für ein hohes Alter. Walcott ging der Sache nach.

Die Steinplatte mit den Fossilien, über die der Forscher buchstäblich gestolpert war, mußte von einer Gesteinsschicht weit über dem Pfad abgebrochen und einen Hang hinunter bis zum Fundort gerutscht sein. Dort oben verliefen zwei übereinanderlagernde Gesteinsschichten – die Burgess Schiefer –, die der Forscher im darauffolgenden Jahr eingehend untersuchte. Dabei kamen die Überreste einer einzigartigen Tierwelt zum Vorschein, die hier vor gut einer halben Milliarde Jahre ihre Blütezeit erlebte. Bis heute haben die Burgess-Schiefer mehr als hundertzwanzig Arten fossiler wirbelloser Meerestiere freigegeben.

Die versteinerten Überreste einer sehr ähnlichen, nicht minder fremdartigen Fauna wurden 1947 auch in der Nähe der Ediacara-Hügel in Australien entdeckt. Nach diesem Fund erhielt die merkwürdige Tierwelt an der Wende vom Präkambrium zum Kambrium ihren Namen: Ediacara-Fauna. Nun war endgültig klar, daß es sich nicht um eine Laune der Natur, sondern um eine eigenständige Tierwelt handelte. Ihre entwicklungsgeschichtlichen Wurzeln lagen offenkundig im späten Präkambrium, von dem bis dahin nur gewaltige Ablagerungen aus Cyanobakterien und riesenhaften Algen bekannt waren. Mittlerweile sind Vertreter dieser frühen Tierwelt auch an anderen Orten der Welt ans Tageslicht gekommen: in Südchina, Südwestafrika, Südamerika, Norwegen und England.

Die Organismen der Ediacara-Fauna lebten auf dem Grund eines lichtdurchfluteten und daher nicht allzu tiefen Meeres. Hier bildeten sie Lebensgemeinschaften, ähnlich den Lebensgemeinschaften aus den kanadischen Burgess-Schiefern. Ihr Lebensraum war der schlammige Meeresgrund, den sie nach Nahrung durchwühlten. Auf ihrem Speiseplan standen Bakterien, aber auch ihresgleichen. Nicht wenige der Ediacara-Tiere gingen als gefräßige Räuber auf die Jagd. Die Gejagten hatten nur dann eine Chance, wenn sie sich im Schlamm verbuddeln konnten oder schneller und wendiger als die Jäger waren; das jedenfalls erzählen uns heute die versteinerten Zeugen jener Zeit. Schauen wir uns also ein wenig unter ihnen um und lassen sie ihre Geschichte erzählen.

Das erste »Borstenvieh«

Ein häufiger Vertreter ist *Wiwaxia*, ein etwa drei Zentimeter langes Wesen, das mit einem dichten Kleid aus Schuppen und Stacheln bewehrt ist. Auf den ersten Blick gleicht es einem zerzausten Fichtenzapfen. *Wiwaxia* kroch in aller Ruhe gemächlich über den Meeresboden und graste dabei nach Art der Schnecken den Algenbewuchs ab. Zunächst konnte niemand so recht etwas mit dem merkwürdigen Tier anfangen. Der britische Forscher Somon Conway Morris, der es als erster genau beschrieben und aus Fossilien rekonstruiert hatte, sah in *Wiwaxia* den Vertreter eines unbekannten Tierstammes. Die wahre Identität des stachelbewehrten Meeresbewohners kam erst 1990 ans Licht.

Das seltsame Tier hatte den Harvard-Studenten Nicholas J. Butterfield nicht ruhen lassen. Er hatte Schuppen und Stacheln von *Wiwaxia* noch einmal genau unter die Lupe genommen. Dabei fielen ihm bei einigen Exemplaren winzige, abgeplattete Häkchen auf. Ebensolche Strukturen sind aber für eine Tierklasse typisch, deren populärster Vertreter der Regenwurm ist. Doch nicht der nackte Regenwurm, sondern die im weichen Schlamm der Nordsee wühlende Seemaus, ein Wurm der seinen Namen dem fellartigen Schuppenkleid verdankt, gilt heute als der nächste lebende Verwandte von *Wiwaxia.*

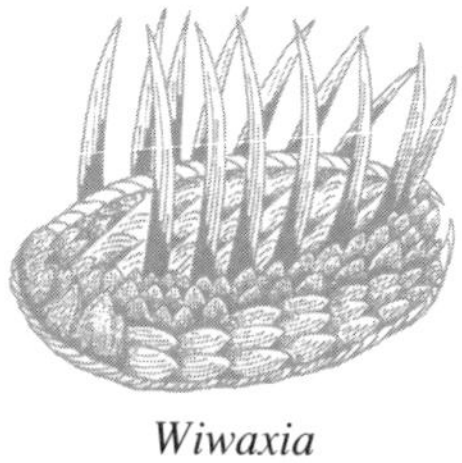

Wiwaxia

Ein Zoo voller Meeresungeheuer

Nicht minder exotisch ist ein anderes, frühkambrisches Meerestier mit Namen *Hallucigenia.* Einem Bleistift auf Stelzen ähnlich marschierte einst der zierliche Wurm über den Meeresboden, immer auf der Suche nach etwas Freßbarem.

Das Fossil hat eine abenteuerliche Geschichte hinter sich. Auch das »Trugbild«, so seine deutsche Bezeichnung, wurde ursprünglich verkannt. In einigen der versteinerten Abdrücke sind nicht nur die paarig angeordneten Stacheln zu erkennen, die aus dem dünnen Röhrenkörper sprießen. Auf der anderen Körperseite stehen ihnen kurze stummelartige Anhänge gegenüber. Während sich die Forscher noch Gedanken über die Einordnung von *Halluzigenia* in die Tierwelt machten, kam dem Schweden Lars Ramsköld vom Naturgeschichtlichen Museum Stockholm die zündende Idee: Wie wäre es, wenn das Tier nicht seine Stacheln, sondern die Stummel zum Laufen benutzte? Dann hätten die aufgestellten Stacheln eine Schutzfunktion gehabt, um Feinde abzuwehren. Gedacht, ge-

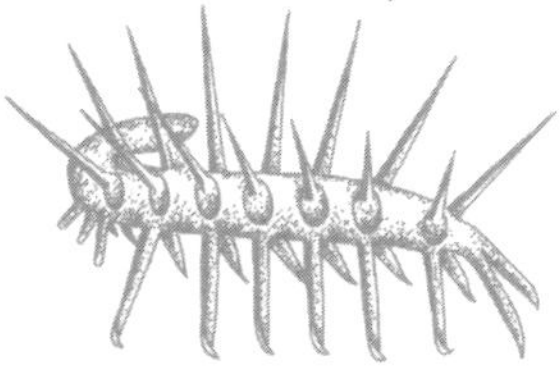

Hallucigenia

tan – der Wissenschaftler stellte das Tier auf den Kopf oder besser gesagt auf seine Stummel. Und siehe da, im Nu war aus dem rätselhaften Wesen der Vertreter eines bekannten und altertümlichen Stammes geworden. *Hallucigenia*, die ihrem Namen wirklich alle Ehre gemacht hatte, war tatsächlich ein Stummelfüßer.

Zu dieser Gruppe zählt noch ein weiterer Vertreter der Ediacara-Fauna, *Ashyeaia*. Dem Wurm sieht man freilich seine Verwandtschaft auf den ersten Blick an. Viele der heute lebenden Stummelfüßer haben ihr Aussehen kaum verändert. Sie gelten deshalb als lebende Fossilien.

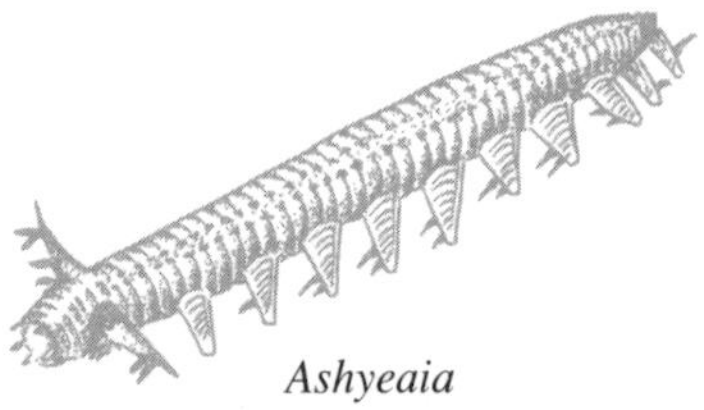

Ashyeaia

Keine großen Schwierigkeiten machte den Paläontologen die Identifikation einer weiteren Tiergruppe, die bis heute im Schlick der Meere überlebt hat. Die walzenförmigen Tiere ähneln einer Gurke. Nach dem griechischen Gott der Zeugungskraft heißen die räuberischen Würmer Priapuliden. Sie leben in einer Röhre, die sie in den Meeresschlamm graben. Als Köder dient ihre Tentakelkrone, die wie ein Schopf auf dem einziehbaren Vorderende sitzt. Allzu neugierige Schlammbewohner werden damit einfach in das Innere der im Sand versteckten Röhre gesaugt.

Zu den schon vor sechshundert Millionen Jahren bekannten Tieren gehören auch die Schwämme. Sie sahen schon damals so vielgestaltig aus wie heute. Einige Arten glichen einem abgebrochenen Kaktusglied, andere ähnelten einem vielarmigen Leuchter und wieder andere sahen aus wie eine dickbauchige Vase. Als festgewachsene Strudler leben sie von nährstoffreichem Wasser.

Das versteinerte Bild einer Befreiung

Aus vielen guterhaltenen Versteinerungen ist ein weiterer Vertreter prominenter Schlammbewohner des frühen Kambriums bekannt, die Trilobiten. Sie gehörten wegen ihres panzerartigen Skeletts nach Art der Krebse – daher ihr deutscher Name Dreilappkrebse – damals schon zu den fortschrittlichen Tieren. Sie häuteten sich, um ihren zu eng gewordenen Chitinpanzer durch einen neuen ersetzen zu können. Häufig sind ihre leeren Hüllen später auf dem Meeresgrund mit Schlamm zugedeckt worden und versteinert. Mit ihrer Körpergestalt erinnern die Trilobiten an eine zu groß geratene Kellerassel, mit der sie auch entfernt verwandt sind.

Rätsel gab den Forschern lange Zeit ein versteinerter Trilobit auf, der auf seiner rechten Körperseite offensichtlich eine Verwundung davongetragen hatte. Er hatte, wohl bei einem Kampf auf Leben und Tod, die hintere Hälfte seiner beintragenden Körperglieder eingebüßt. Das Tier hatte die Attacke jedoch überlebt, wie die Verwachsungen der Wunde zeigen. Wer mochte der Angreifer gewesen sein?

Klein war er jedenfalls nicht, das zeigen die Umrisse der Wunde. Der Räuber hatte beim Zuschnappen seine Visitenkarte hinterlassen: sein Biß hatte ein W-förmiges Stück von beachtlicher Größe aus dem Trilobiten herausgebrochen. Wie jedoch das gefräßige Ungeheuer ausgesehen hatte, blieb zunächst im dunkeln.

Immer wieder stießen die Wissenschaftler bei ihren Grabungen auf Versteinerungen, die sie bei der Identifizierung vor ungeahnte Schwierigkeiten stellten. Dazu gehörte auch ein Fossil, das wie eine Ananasscheibe aussieht. Aus Verlegenheit wurde das *Peytonia* genannte »Ananas-Wesen« als freischwimmender Verwandter der Quallen und Schwämme eingeordnet. Bis Harry Whittington, ein amerikanischer Paläontologe, der an der Harvard-Universität arbeitete, Anfang der achtziger Jahre eine Idee hatte.

Die Erfahrung hatte den angesehenen Experten gelehrt, daß manche Funde nur Teile von Tieren bergen. Weil ihn die Theorie von der die Meere durchschweifenden Ananasscheibe nicht recht überzeugte, kam ihm der Gedanke, daß es sich bei dem Fund um ein Teilstück eines Tieres handeln könnte. Vielleicht, so schoß es ihm durch den Kopf, war der zugehörige Rest sogar schon irgendwo gefunden worden. Und vielleicht, so überlegte der Forscher weiter, lagerten die Fossilien unerkannt in irgendwelchen Sammlungen und warteten nur darauf, daß ihre wahre Identität gelüftet würde.

Dieser verlockende Gedanke ließ Whittington nicht mehr los. Mit dem sicheren Gespür eines erfahrenen und nicht minder phantasiebegabten Wissenschaftsdetektivs durchforstete er das verstaubte Inventar von Regalen und Schubladen. Dabei förderte er etliche verdächtige Fundstücke ans Tageslicht. Darunter befand sich eine Versteinerung, die neben der bekannten Ananasscheibe zwei weitere Abdrücke enthielt, bei denen es sich offenkundig um Teilstücke eines längst vergangenen Meerestieres handelte. Gehörten die Fragmente vielleicht zusammen?

In seiner Phantasie schob der Wissenschaftler die versteinerten Abdrücke immer wieder wie die Teile eines Puzzles hin und her. Plötzlich fiel es ihm wie Schuppen von den Augen. Die Ananasscheibe war kein anmutiges Medusenwesen, sondern das Maul eines gefräßigen und großen Meeresräubers. Die beiden anderen Fossilstücke stellten sich als Mundwerkzeuge heraus, mit denen das Tier seine Beute aufstöberte und sie dann buchstäblich fest im Griff hatte, bevor sich das Maul wie eine Irisblende um das Opfer schloß und es zermalmte.

Wer viel Glück hatte, konnte dem Räuber entkommen, jedoch nicht ohne Federn, oder besser gesagt, einen Teil seiner Körperteile zu lassen. So war es auch dem Trilobiten mit der auffälligen Bißspur ergangen. Der verdankte sein Leben wohl nur einer Unachtsamkeit des Räubers, als sich dieser mit seinem sägezahnbewehrten Rundmaul in die Flanke des Trilobiten verbissen hatte.

Endgültig war *Anomalocaris*, so der Name des Räubers, enttarnt, als die Burgess-Schiefer Anfang der neunziger Jahre einen Fund freigaben, der das versteinerte Antlitz eines der größten »Seeungeheuer« aus dem frühen Kambrium barg. Das Gesicht des über einen halben Meter großen Meeresräubers erinnert an das einer Riesenlibelle. Zu beiden Seiten prangt ein

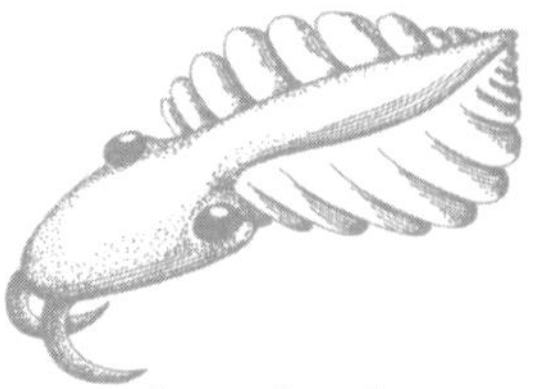

Anomalocaris

gestieltes Kugelauge, das eine ungehinderte Rundumsicht garantiert. Damit entging *Anomalocaris* nichts. Unter dem kurzen Gesichtsfeld saß ein großes, kreisrundes Maul, das in der Aufsicht in der Tat einer Ananasscheibe gleicht. Wenn es einmal etwas zu fassen bekam, zog es sich wie ein Kameraverschluß zusammen. Dabei wurde ein raffinierter Greifmechanismus ausgelöst: Widerhakenartige Sägezähne verschlossen die Maulöffnung. Für die Beute gab es kein Entrinnen; sie wurde wie von einem Schredder zerfetzt.

Doch damit ist die »Revue der Monster« aus der Vorzeit noch keineswegs zu Ende. Wie ein Zwitterwesen, das zwischen Trilobiten und Langusten steht, sieht *Opabinia* aus. Auf dem Kopf trug der Meeresbewohner fünf Stielaugen. Sie waren in zwei Reihen untereinander angeordnet: oben drei, darunter auf Lücke zwei Stielaugen. Weiter unten saß ein wurmähnlicher Rüssel, der am Ende in ein Greifzangenpaar mündete. Das läßt darauf schließen, daß auch *Opabinia* ein Räuber war. Mit seinen fünf Augen hielt das Wesen Ausschau nach Beute. Der lange Rüssel, der ihm das Aussehen eines Staubsaugers verlieh, diente wohl zum Aufscheuchen und zum Ergreifen der Opfer.

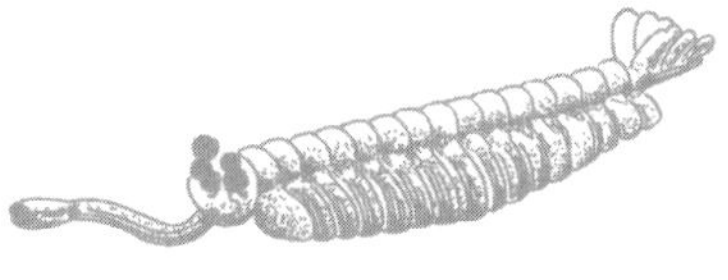

Opabinia

Ein unscheinbarer Verwandter

Bevor wir unseren versteinerten Zoo exotischer Meereswesen aus der Frühzeit der Erde wieder verlassen, sollten wir uns noch ein unscheinbares Fossil genauer anschauen. Gerade einmal fünf Zentimeter lang ist das wurmartige Wesen, das sich einst anmutig durch die Meeresströmungen schlängelte. Auf den ersten Blick scheint nichts Besonderes an *Pikaia*, so der Name des zierlichen Tiers. Wenn nicht die zickzackförmigen Querstreifen als Körperabdruck erhalten wären. Sie sind des Rätsels Lösung.

Das versteinerte, zarte Streifenmuster beweist, daß die Körpermuskulatur von *Pikaia* genauso aufgebaut war, wie wir sie von Fischen kennen. Und noch eine Besonderheit hat sich in dem Fossil erhalten: Der zierliche »Wurm« hatte entlang seines Rückens ein Knorpelband entwickelt, das dem Körper zugleich Halt und eine erstaunliche Beweglichkeit verlieh. Noch heute gibt es ein Wesen, das der gut einer halben Milliarde Jahre alten *Pikaia* verblüffend ähnlich ist: das Lanzettfischchen, das trotz seines Namens kein echter Fisch, sondern ein primitiver Vorläufer der Wirbeltiere ist. Die Wissenschaftler haben heute keine Zweifel mehr: Die zarte *Pikaia* ist der früheste bekannte Vertreter der Chordatiere, einer Gruppe, aus der später einmal die Wirbeltiere hervorgehen sollten. *Pikaia* ist somit der älteste Urahn aller Fische, Amphibien, Reptilien, Vögel und Säuger und damit auch der Menschen.

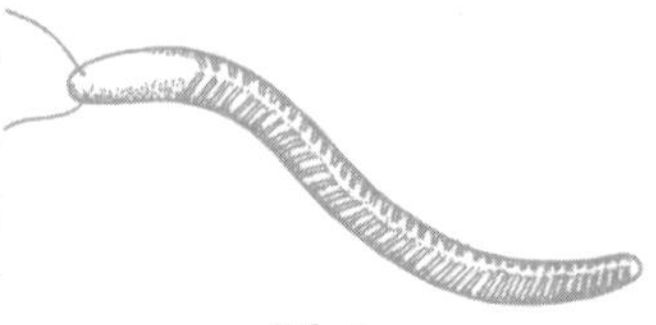

Pikaia

Auffallend ist, daß viele Tiere der Ediacara-Tierwelt zunächst nur Weichkörper besaßen und zudem nur wenige Zentimeter groß waren. Wer jedoch ungeschützt im Meer herumschwamm, dem drohte ständig Gefahr für Leib und Leben. Im Nu konnte ein unbewehrtes Tier zur leichten Beute für einen schnelleren Konkurrenten werden. Hinzu kommt, daß im Kampf ums Fressen und Gefressenwerden naturgemäß die Größeren die Nase buchstäblich vorn haben. Wohl dem, der einen Panzer oder eine harte Kalkschale besaß.

So ist es kein Wunder, daß die Natur schon rasch nach dem Erscheinen der Tiere Versuche mit den stabilen und haltbaren Grundstoffen Chitin und Kalk unternahm. Pioniere, wie die hornplattenbewehrte *Wiwaxia*, die sich häutenden Trilobiten und die knorpeltragende *Pikaia* haben die neuen Werkstoffe bereits vor sechshundertfünfzig Millionen Jahren ausprobiert. Doch dachte die Natur damals noch nicht daran, Riesenformen zu schaffen, die ihr gewaltiges Körpergewicht nur deshalb tragen konnten, weil ein mitwachsendes Gerüst aus Kalkknochen für den nötigen Halt und eine ausreichende Beweglichkeit sorgt.

13. Ökokrisen und Katastrophen aus dem All

Vor einer halben Milliarde Jahren war das Leben mit einer reichen Formenfülle in den Ozeanen explodiert. Rasch eroberten die Tiere neue Lebensräume. Es waren vor allem von seichtem Wasser umspülte Riffe, die kalkausscheidende Bakterien oder Algen über viele Jahrmillionen hinweg aufgebaut hatten und die Mündungen gewaltiger Ströme, die reichlich Nährsalze mit ihrer Süßwasserfracht vom Festland in die Meere beförderten. Im schlammigen Meeresboden gediehen nicht nur zahlreiche Bakterienarten. Hier entwikkelten sich auch festsitzende Tierarten, die von Plankton lebten. Andere Arten durchstöberten den Schlamm auf der Suche nach Algen oder verendeten Tieren. Manche, wie die Würmer, verbrachten fast ihr ganzes Leben im Meeresboden. Hier gruben sie sich ihre Wohnhöhle, in der sie auf vorbeiziehende Beute lauerten. Wieder andere Arten waren schnell genug, um zwischen dem spärlichen und kaum Deckung bietenden Bewuchs von Schwämmen und Algen auf Jagd zu gehen. Den tierischen Pionieren standen somit alle Lebensräume im Flachmeer offen. Kein Wunder, daß die Zahl der Arten in kürzester Zeit buchstäblich explodierte. Waren zu Beginn des Kambriums nur wenige Tierfamilien bekannt, so stieg ihre Zahl innerhalb von hundertfünfzig Millionen Jahren bis zum Ende der darauffolgenden Epoche, des Ordoviziums, auf annähernd fünfhundert.

Und doch kam es in der Geschichte des irdischen Lebens immer wieder zu dramatischen Katastrophen, durch die in vergleichsweise kurzer Zeit mehr als die Hälfte der Organismen ausgelöscht wurden. Insgesamt fünf solcher Massensterben verzeichnet die Erdgeschichte bislang. Das populärste dürfte wohl der Untergang der Dinosaurier vor fünfundsechzig Millionen Jahren an der Wende von der Kreidezeit zum Tertiär gewesen sein. Doch verblaßt dieses Ereignis gegenüber jener Katastrophe, die sich vor rund zweihundertfünfzig Millionen Jahren an der Wende vom Perm zur Trias ereignete.

Das Leben gerät erstmals an den Rand des Abgrunds

Das Desaster raffte damals neunzig Prozent aller meeresbewohnenden Tierarten in wenigen Millionen Jahren dahin. Betroffen waren vor allem Korallen, Seelilien, Gliedertiere und Ammoniten.

Auch an Land hinterließ das Massensterben tiefe Spuren. Hier erwischte es die Wirbeltiere, die mit den hochentwickelten Reptilien eine Blütezeit erlebten. Zwei Drittel der Reptilien- und Amphibienfamilien starben aus. Sogar die Insekten, die im Ruf stehen, hart im Nehmen und äußerst anpassungsfähig zu sein, büßten erheblich an Arten ein. Was aber hatte die größte Tragödie in der Geschichte des irdischen Lebens ausgelöst?

Wie es schien, waren nicht alle Tiere gleichermaßen vom Untergang betroffen. Als sich Wissenschaftler die einzelnen Arten genauer ansahen, fiel ihnen eine merkwürdige Verteilung auf. Tierarten, die leistungsfähige Atemorgane wie Kiemen und ein potentes Blutkreislaufsystem hervorgebracht hatten, waren weniger stark vom Massensterben betroffen als solche Gruppen, die keinen aktiven Stoffwechsel entwickelt hatten. Schwer dezimiert wurden vor allem festsitzende Meerestiere wie Seelilien. Doch auch die altehrwürdigen Vertreter der Trilobiten erwischte es übel. Die Katastrophe machte ihnen vollends den Garaus. Ebenso mußten die Landpflanzen herbe Verluste hinnehmen, wie die Auswertungen fossiler Pollenkörner und Sporen bezeugen. Sie fehlen in den nachfolgenden Schichten fast völlig. Die Cordaiten, urtümliche Vorläufer der Nadelhölzer, die noch im Karbon oder Steinkohlezeitalter bis ins Perm ganze Wälder aus dreißig Meter hohen, reichverzweigten Bäumen bildeten, starben auf einen Schlag aus. Kein Wunder, daß die zählebigen Insekten, die auch damals schon auf Pflanzen als Nahrung und Lebensraum angewiesen waren, deutliche Einbußen hinnehmen mußten. Wenn Organismen sowohl im Meer als auch auf dem Land betroffen waren, konnte dann vielleicht ein kosmischer Treffer die Ursache für das verheerende Massensterben gewesen sein?

»Das dürfte so ziemlich die einzige Katastrophe sein, die damals wahrscheinlich nicht passierte«, glaubt Douglas H. Erwin, Paläobiologe am amerikanischen Nationalmuseum für Naturgeschichte der Smithsonian Institution in Washington. Eine Überzeugung, mit der der Wissenschaftler nicht allein dasteht. Vielen Forschern gibt eine Eigenart der ausgestorbenen Tierarten zu denken. Sie könnte mit der unterschiedlichen Empfindlichkeit der Arten gegenüber Sauerstoffmangel zu tun haben. Was aber könnte den Sauerstoffgehalt in der Atmosphäre derart beeinflußt haben, daß den Tieren regelrecht die Luft ausging? Und wie kann es sein, daß zugleich auch die Pflanzenwelt so drastisch betroffen war?

»Ich glaube nicht, daß ein einzelnes Ereignis den Anstoß gab. Vielmehr war es wohl so, daß verschiedene Ursachen um die gleiche Zeit zusammenkamen und ineinandergriffen«, sagt Douglas H. Erwin. Eine ökologische Krise also schon vor zweihundertfünfzig Millionen Jahren, in grauer Vorzeit, als die Natur noch keine menschlichen Verwüstungen und keine Umweltverschmutzung von globalem Ausmaß kannte? Indizien, daß es die Natur selbst war, die das irdische Leben in seine größte Krise stürzte, gibt es tatsächlich.

Die Erde spuckte Feuer und Schwefel

Ein wichtiger Kronzeuge für diese These sind die Sibirischen Trapps (Trapp, holländisch = Treppe, bezeichnet das stufenförmige Erscheinungsbild dieser Lavaergüsse). Insgesamt 1,5 Millionen Kubikkilometer Lava quollen wie ein glutflüssiger Teig aus kilometerlangen Vulkanspalten und begruben eine Region von der

Größe eines Flächenstaates unter sich. Bis zu dreieinhalb Kilometer mächtig sind die terrassenförmig erstarrten Lavafluten, die sich in einem vergleichsweise kurzen Zeitraum von sechshunderttausend Jahren aus dem Erdinnern ergossen. Das höllische Inferno, das dieses Naturereignis auslöste, ist kaum begreifbar.

Der Ausbruch der Laki-Spalte in Island zwischen 1783 und 1784 kann eine gewisse Vorstellung geben. In den beiden Jahren quollen aus einer fünfundzwanzig Kilometer langen Reihe aus hundertfünfzehn Vulkankratern, die wie auf einer Perlenkette aufgefädelt waren, rund fünfzehn Kubikkilometer Lava – die größte Menge, die bei einem Vulkanausbruch auf der Erde in historischer Zeit gefördert wurde.

Die Laki-Eruption verursachte eine der größten Katastrophen in der Geschichte des Inselvolkes. Die verwüsteten Felder und Weideländer konnten Mensch und Vieh nicht mehr ernähren. In den folgenden Jahren starb ein Viertel der isländischen Bevölkerung den Hungertod. Noch Monate nach dem Ausbruch war der Himmel über Europa, Teilen Asiens und Afrikas von Staubwolken und Dunst bedeckt. Hätte der Laki-Ausbruch nicht zwei, sondern sechshunderttausend Jahre, wie im Falle der Sibirischen Trapps gedauert, dann wäre deren Auswurfmenge sogar noch um das Dreifache übertroffen worden. Allerdings wäre bei diesem Gedankenspiel ganz Island unter turmhohen Lavamassen versunken.

Solche anhaltenden und großflächigen Lavaergüsse haben erhebliche Auswirkungen auf das Klima. Der Staub, der mit den Auswürfen in die Erdatmosphäre gelangt, kann kurzfristig für bitterkalte Winter sorgen. Schlimmer noch sind die langfristigen Folgen, die sich erst mit einiger Verzögerung bemerkbar machen. Durch den intensiven Vulkanismus gelangten beim Ausbruch der Sibirischen Trapps große Mengen des Treibhausgases Kohlendioxid und giftiger Schwefelverbindungen in die Atmosphäre. Die Erde brütete jahrzehntelang unter einer hitzestauenden Dunstglocke. Saurer Schwefelsäureregen setzte Pflanzen und Tieren zu. Die Auswirkungen der Eruptionen vor zweihundertfünfzig Millionen Jahren müssen dramatisch gewesen sein. Ob sie jedoch ausreichten, um fast das gesamte Leben in den irdischen Ozeanen auszulöschen? Manchen Wissenschaftlern kommen da Zweifel, sie glauben nicht an einen einzigen »Killerfaktor«.

Die Suche nach den Killerfaktoren

Tatsächlich konnten die beiden vorangegangenen Massensterben an der Wende vom Ordivzium zum Silur beziehungsweise am Ende des Devons dem irdischen Leben nicht viel anhaben. Nach wenigen Millionen Jahren hatten sich Tier- und Pflanzenwelt wieder erholt. Die Zahl der Meerestiere erreichte rasch wieder die ursprüngliche Stärke. Auf diesem Niveau hielt sich das Leben in den Ozeanen über zweihundert Millionen Jahre lang mit erstaunlicher Konstanz. Es scheint beinahe so, als ob es dabei an eine unsichtbare Grenze gelangt wäre, die zu überschreiten die Kapazität der Lebensräume nicht erlaubt hätte. In einem solchen Fall kann schon eine geringfügige Störung zum Zusammenbruch des Ökosystems führen. Was sich hier im globalen Maßstab abspielte, läßt sich heute noch an jedem Fischteich nachvollziehen.

Wenn in einem regenreichen Frühjahr größere Mengen düngerhaltige Abwässer in den Teich gelangen, steigert das den Nährstoffgehalt des Wassers. Der Effekt ist zunächst positiv: Die zusätzliche »Düngung« kurbelt die pflanzliche Produktion an, was wiederum den Tieren im Teich zugute kommt. Die können sich angesichts des überreichlichen Nahrungsangebots prächtig vermehren. Das Ökosystem Teich ist nun bis an seine Grenzen ausgelastet. Wenn jetzt die »Düngung« einen bestimmten Schwellenwert überschreitet, kippt der Teich um: Die Zahl der Bakterien im Wasser und der grünen Algen auf der Wasseroberfläche explodiert geradezu, der Sauerstoffgehalt im Teich fällt dramatisch ab. Plötzlich treiben Fische bäuchlings auf einer übelriechenden Brühe.

Das Beispiel lehrt, daß bereits eine geringfügige Störung ausreicht, um ein Ökosystem, das an die Grenzen seiner biologischen Aufnahmefähigkeit angelangt ist, aus dem Lot zu bringen. Übertragen auf das große Massensterben vor zweihundertfünfzig Millionen Jahren heißt das: Es muß gar nicht das große Ereignis gewesen sein, das die Katastrophe auslöste und das seine Spuren unzweideutig wie bei einem frischen Einschlagkrater in den Ablagerungen hinterlassen hat. Es genügt bereits das Zusammentreffen mehrerer kleinerer Umweltveränderungen, die das Ökosystem für sich allein genommen gerade noch verkraften könnte. Wenn sich aber die Ereignisse gegenseitig verstärken, dann ist der Kollaps, wie bei einem einmal angestoßenen Dominospiel, nicht mehr aufzuhalten. Wahrscheinlich brach das Leben am Ende des Perm nicht durch einen beinahe tödlichen Dolchstoß, sondern durch die insgesamt verheerende Wirkung mehrerer Faktoren zusammen. Davon ist auch Douglas H. Erwin überzeugt. Der Wissenschaftler macht vor allem drei Ursachen für das Massensterben verantwortlich.

Vor etwa zweihundertsechzig Millionen Jahren waren die Kontinente weitgehend zu einem einzigen Superkontinent, Pangäa, vereinigt. In den seichten Schelfmeeren entlang der Kontinentalränder gediehen vor allem Riff- und Flachwasserlebensgemeinschaften. Dann begann aus noch ungeklärten Gründen der Meeresspiegel drastisch zu sinken. Vielleicht vertieften aktive Bewegungen im Erdmantel die Ozeanbecken. Die fatale Folge: Die bislang vom Wasser umspülten Kontinentalsockel und Riffe fielen trocken, zahlreiche Organismen verloren ihren Lebensraum. Als nächstes machten sich die großen freiliegenden Mengen an verwesendem Material bemerkbar. Sie entzogen der Erdatmosphäre Sauerstoff. Dann setzte auch noch intensiver Vulkanismus ein, wie im Falle der Sibirischen Trapps. Dabei wurde das Treibhausgas Kohlendioxid freigesetzt, was die Temperaturen auf der Erde im Mittel um vielleicht zwei Grad Celsius ansteigen ließ. In diesem Drama ging es wirklich Schlag auf Schlag. Der angeschlagenen Tier- und Pflanzenwelt blieb keine Zeit zur Erholung. Eine Art nach der anderen warf das Handtuch. Besonders schlimm traf es die festsitzenden Organismen, denn sie konnten nicht in andere Lebensräume ausweichen. Als dann eine Zeit großer Meeresüberflutungen einsetzte, gab die Umweltveränderung den landbewohnenden Tieren und Pflanzen den Rest. Bis sich die Lebewesen von der Katastrophe erholt hatten und wieder genauso zahlreich wie zuvor waren, sollte es hundertfünfzig Millionen Jahre dauern.

Anders verhält es sich dagegen mit der Katastrophe, der vor rund fünfundsechzig Millionen Jahren an der Wende von der Kreidezeit zum Tertiär die Dinosaurier zum Opfer fielen. Das Massensterben, das die populären Riesenechsen von der Bühne des Lebens vertrieb, erreichte längst nicht die Ausmaße der Krise am Ende des Perm. Es ist die einzige weltweite Ökokatastrophe, bei der viele Befunde auf einen kosmischen Treffer als alleinigen Killerfaktor hinweisen.

Ein Feuerball heller als tausend Sonnen

Damals, vor genau dreiundsechzig Millionen Jahren, bohrte sich ein Komet oder ein Riesenmeteorit in die Erdkruste. Bei seinem Einschlag setzte das kilometergroße Geschoß eine Energie frei, die dem Zehntausendfachen des heutigen Atomwaffenarsenals entsprach. In einem unvorstellbaren Feuerball wurden Trümmer und Staub viele Dutzend Kilometer hoch in die Erdatmosphäre geschleudert. Dabei verteilten sich mikroskopisch kleine Kügelchen glasiger Gesteinsschmelze um den gesamten Globus. Sie finden sich heute noch in ozeanischen Ablagerungen aus jener Zeit und können nur unter extremen Drücken entstanden sein, wie sie zum Beispiel auch bei Kernwaffentests auftreten. Und noch ein Indiz weist auf den Impakt eines Himmelskörpers hin.

An der Kreide-Tertiär-Grenze finden sich rund um den Erdball markante Ablagerungen, in denen das Element Iridium angereichert ist. Da das Schwermetall in Meteoriten zehntausendmal häufiger als in der Erdkruste vorkommt, spiegelt sich in der einen Zentimeter dicken Schicht aus jener Zeit ein besonders heftiger außerirdischer Treffer wieder.

Die Gluthitze muß verheerende Feuersbrünste auf der Erde entfacht haben. Darauf deuten große Mengen an Ruß hin, die in Tonschichten aus jener Zeit gefunden wurden. Die Druckwelle des Einschlags löste Orkane aus, die die Landmassen verwüsteten. Für Jahrhunderte oder Jahrtausende verdunkelten dicke Staubwolken die Sonne. Die fatale Folge: In einer weltweiten Klimakatastrophe geriet das ökologische Gleichgewicht aus den Fugen. Innerhalb von zehntausend Jahren starb die Hälfte der damals existierenden Lebewesen aus.

Lange Zeit galt das Szenario von der kosmischen Katastrophe nur als reine Hypothese. Als man jedoch vor einigen Jahren die Reste eines sechzig Kilometer großen Einschlagkraters an der Küste Yucatáns in Mexiko entdeckte, wurde aus der Spekulation ein Fakt. Zahlreiche Forschergruppen haben das Alter der glasig aufgeschmolzenen Kratergesteine bestimmt. Sie kommen alle zum selben Ergebnis: Der Chicxulub-Krater, benannt nach einem alten Maya-Dorf in seiner Nähe, entstand vor genau dreiundsechzig Millionen Jahren, just zu jener Zeit, als die Erde von einem der verheerenden Massensterben heimgesucht wurde. Daß hieran der gewaltige kosmische Treffer seinen Anteil hat, ist seither unbestritten.

Doch traf es nicht nur die Dinosaurier. Mit ihnen verschwanden auch die meeresbewohnenden Ammoniten, Verwandte der heute noch existierenden Tintenfische. Einschneidend muß sich der Rückgang von ozeanischem Plankton ausgewirkt haben, denn es steht am Anfang aller Nahrungsketten. Auch an Land sind die Spuren der Katastrophe nachweisbar.

Die Zahl fossiler Pflanzenpollen in den gemäßigten Breiten der Nordhalbkugel ging drastisch zurück. Funde belegen, daß dreißig Prozent der gerade aufgekommenen Blütenpflanzen wieder ausstarben. Ihr Erlöschen stimmt zeitlich genau mit dem Auftreten der Iridium-Ablagerungen überein. Der Zusammenhang mit dem kosmischen Treffer ist auch hier offenkundig. Weniger eindeutig ist die Sachlage in anderen Fällen. Schaut man genauer hin, fallen zahlreiche Ungereimtheiten auf, die nicht so recht in das Bild von der Kometenkatastrophe passen wollen.

Viele Hunde sind des Hasen Tod

Erste Anzeichen des Erlöschens zeigen die Ammoniten bereits kurz nach ihrem Entwicklungshöhepunkt vor neunzig Millionen Jahren. Ebenso zeichnet sich der Untergang der Dinosaurier bereits einige Millionen Jahre vor dem kosmischen Treffer ab. Bei vielen Wissenschaftlern setzt sich daher die Meinung durch, daß der Einschlag von Chicxulub vor dreiundsechzig Millionen Jahren für viele Arten nur der Gnadenstoß in einem sich bereits im Fluß befindlichen Drama war. Darin spielten sicher auch die gewaltigen Lavadecken der Dekkan-Trapps im westlichen Zentralindien eine Rolle. Diese mächtigen Lavaergüsse entstanden vor fünfundsechzig Millionen Jahren und müssen, ähnlich wie die lange vor ihnen entstandenen Sibirischen Trapps, ein furioses Schauspiel abgegeben haben. Die Erde öffnete sich in kilometerlangen Spalten und spuckte große Mengen an glutflüssiger Lava, Asche, giftigen Gasen und Dämpfen aus. In wenigen tausend Jahren wurde ein Millionen Quadratkilometer großes Gebiet unter Basalt begraben.

Die Auswirkungen der Dekkan-Eruptionen lassen sich nur erahnen. US-Wissenschaftler vom Sandia-Nationallaboratorium in Albuquerque in New Mexico haben einmal abgeschätzt, wieviel Treibhausgase und andere für das Klima schädliche Gase freigesetzt wurden. Danach gelangten in der Hauptausbruchsphase innerhalb weniger Jahrhunderte bis zu dreißig Billionen Tonnen Kohlendioxid, sechs Billionen Tonnen Schwefel und sechzig Milliarden Tonnen Chlor und Fluor, die an der Bildung der brisanten Kohlenwasserstoffe beteiligt sind, in die Erdatmosphäre. Dazu ein Vergleich mit den von Menschen verursachten Schadstoffen.

Wissenschaftler schätzen, daß die Menschheit seit dem Jahr 1860,

Glutblasen, die vom Erdkern aufsteigen

Solche gewaltigen Lavaergüsse können durch Plumes, das sind pilzartig aufsteigende Magmenkörper aus glutflüssigem Gesteinsmaterial, ausgelöst werden, die sich ihren Weg durch den Erdmantel bahnen. Dabei lösen sich riesige Mengen glutflüssiger Schmelze vom äußeren Kern oder unteren Mantel der Erde ab und steigen bis zur Erdoberfläche auf, wo sich die unter großem Druck stehende Magmablase die Bahn bricht. Mehrfach kam es in der Erdgeschichte schon zu solchen katastrophalen Ausbrüchen. Nicht immer läßt sich jedoch damit ein großes Massensterben in Verbindung bringen.

dem Beginn der Industrialisierung, dreihundertvierzig Milliarden Tonnen Kohlendioxid durch Verbrennung fossiler Energieträger und Landrodung freigesetzt hat. Das ist etwa ein Prozent der Menge, die durch die Dekkan-Ausbrüche in die Erdatmosphäre gelangten.

Kein Wunder, daß die Auswirkungen für die Umwelt damals so verheerend waren und viele Ökosysteme aus der Balance gerieten. Möglicherweise, so vermuten einige Forscher, hat der saure Regen, der auf das Konto der giftigen Schwefeldioxidgase aus den Dekkan-Vulkanen ging, die oberen Wasserschichten der Weltmeere angesäuert. Das Ergebnis wäre ein Massensterben der Algen, die nun keinen Sauerstoff mehr produzieren konnten. Doch damit nicht genug. Das angesäuerte Wasser hätte sogar kalkhaltige Ablagerungen im Meeresschlamm auflösen und das darin gebundene Kohlendioxid freisetzen können.

Den verheerenden Effekt, den saurer Regen auf kalkhaltige Gesteine hat, kann jeder beobachten. Davon zeugen die bis zur Unkenntlichkeit verwitterten Gesichter mancher Skulpturen, die den Kölner Dom schmücken. Allerdings gehen diese Schäden nicht auf das Konto von Vulkanausbrüchen, sondern auf die Abgase von Autos, Industrie und Hausbrand.

Ein teuflischer Kreislauf, der vor fünfundsechzig Millionen Jahren in Gang gekommen war. Der Kohlendioxidgehalt in der Atmosphäre ist wahrscheinlich auf das Achtfache des heutigen Wertes angestiegen. Die Folge war ein Temperaturanstieg von fünf Grad Celsius, haben Wissenschaftler errechnet. Durch den Temperatursprung wiederum könnten sich Meeresströmungen, Winde und Regenzeiten verändert haben; das gesamte Klimagefüge wäre auseinandergeraten. Tatsächlich gibt es Hinweise, daß die Erde gegen Ende der Kreidezeit nicht nur eine, sondern mehrere solcher Umwälzungen erlebt hat. Dadurch wurde vielen Ökosystemen die Grundlage entzogen. Hinzu kam möglicherweise, daß die Aufnahmekapazitäten vieler Lebensräume wieder einmal am Limit angelangt waren. Seit dem verheerendsten aller Massensterben im Perm hat es wieder einen stetigen Anstieg der Artenzahlen gegeben. So stieg die Zahl der im Meer lebenden Tierfamilien von zweihundert auf mehr als sechshundert bis zum Ende der Kreidezeit.

Zeitenwende

Den sich zu Riesenwuchs und Formenreichtum aufgeschwungenen Dinosauriern könnte nicht nur Kometenkatastrophe und Ökokrise den Garaus gemacht haben. Auch das Erscheinen der mit ihnen um Nahrung konkurrierenden Säugetiere und die eigene Körpergröße war den Echsen wohl zum Verhängnis geworden. Die Kolosse verbrauchten gewaltige Nahrungsmengen. Vor allem monströse Pflanzenfresser wie Brachio- und Barosaurus, die die Größe eines dreistöckigen Hauses erreichten, hatten schlechte Karten. Sie mußten die mehrfache Menge an Grünzeug vertilgen als ihre fleischfressenden Artgenossen an ihresgleichen. Eine halbe bis eine Tonne Blätter – nahrhafte Graspflanzen gab es damals noch nicht – mußte so ein pflanzenfressender Riesensaurier jeden Tag von den Bäumen weiden. Sollte sich herausstellen, daß Saurier ihre Körpertemperatur wie die Säugetiere selbst regulieren konnten, dürften auch diese Futterberge kaum ausgereicht haben, um die Aktivität der Tiere aufrechtzuerhalten. Offenbar hat die Natur den mächtigen Echsen hier biologische Grenzen gesetzt.

Auch den gefräßigen Raubsauriern, wie dem vierzehn Meter langen und fünfeinhalb Meter großen Tyrannosaurus konnte es nicht viel besser ergehen. Um seine tägliche Fleischration zu erjagen, mußte das Tier zunächst Energie verbrauchen. Wo aber sollte der Riese die nötigen Fleischberge herbekommen? Naheliegend, daß sich Tyrannosaurus und Co. an seinesgleichen hielten. Das war so lange kein Problem, wie das ökologische Gleichgewicht in der Natur intakt war. Doch schon kleine Veränderungen in der Umwelt konnten ausreichen, um die Produktivität der Pflanzenwelt zu drosseln und letztlich sogar die mächtigen Saurier zu Fall bringen.

Tatsächlich gibt es Hinweise darauf. Sie lassen sich an fossil erhaltenen Eigelegen der Dinosaurier ablesen. Auffällig oft entdeckten Forscher Mißbildungen an den Eierschalen. In manchen Fällen waren drei Viertel der Gelege betroffen. Nach diesen Befunden scheinen die Riesen durchaus an ihrer eigenen Gigantomanie zugrunde gegangen zu sein.

Rasch wurden die Reptilien von den aufstrebenden Säugetieren abgelöst. Die erlebten im Tertiär, einer Epoche mit warmem Klima, gemeinsam mit den Blütenpflanzen, deren Früchte und Samen ihnen als Nahrung dienten, einen wahren Entwicklungsboom. Damals, vor fünfundvierzig Millionen Jahren, lebte auch ein unscheinbares, dichtbehaartes Wesen in den Baumkronen. Seine Markenzeichen waren zwei lange, schlanke Arme, mit denen es geschickt im dichten Geäst herumangeln konnte, ein langer buschiger Schwanz und ein unbehaartes Gesicht mit kleinen Augen, mit denen das Geschöpf neugierig in die Welt blickte. Das Tier lebte gesellig mit anderen Artgenossen in kleineren Rudeln und vertrieb sich die Zeit mit der neugierigen Suche nach allem, was eßbar war. Auf dem Speiseplan standen vermutlich nahrhafte Früchte und Blattwerk. Es ist anzunehmen, daß auch Fleischkost nicht verschmäht wurde. Auf Anhieb wäre uns seine Neigung aufgefallen, die Umwelt genauestens zu inspizieren und alles selbst ausprobieren zu wollen. Auffallend auch, wie die Alttiere ihren temperamentvoll spielenden Nachwuchs mit größter Aufmerksamkeit und Liebe umsorgten. Drohte Gefahr, standen alle Gruppenmitglieder zusammen. So jedenfalls können wir uns die hypothetischen Urahnen der Affen vorstellen.

Mit ihnen wird eine Zeitenwende auf der Erde eingeläutet. Aus dieser Entwicklungslinie sollte ein zweibeiniges, aufrecht gehendes Wesen hervorgehen, das sein schützendes Fell verloren hatte. Kraft seiner sich rasch entwickelnden geistigen Fähigkeiten wurde es binnen weniger Jahrmillionen zur »beherrschenden Art auf dem Planeten«, wie der australische Nobelpreisträger und Hirnforscher Sir John Eccles den Menschen charakterisierte.

Die Evolution der Erde und des Lebens

PRÄKAMBRIUM (»ERDURZEIT«) – vor 4,5 bis 570 Millionen Jahren:
Entstehung der Erde, Bildung einer festen Kruste, molekulare Evolution, chemo- und photosynthesetreibende Bakterien. Vier große Eiszeiten, Vulkanismus, Superkontinent Rodinia, erste Algen.

KAMBRIUM – vor 570 bis 504 Millionen Jahren:
Vordringen des Meeres, große Magmaergüsse. Erste Tiere: Weichtiere, Hohltiere und Würmer. Wenig später dann Tiere mit Schalen und Kalkskeletten wie Gliederfüßer und Chordatiere, den Vorfahren der Wirbeltiere.

ORDOVIZIUM – vor 505 bis 439 Millionen Jahren:
Vulkanismus, Muscheln, erste Wirbeltiere mit Panzerfischen. Übergang zum Silur: erstes großes Massensterben auf der Erde. Ein Viertel der Tierfamilien im Meer verschwindet.

SILUR – vor 440 bis 409 Millionen Jahren:
Gebirgsfaltung in Nordwest-Europa, Auffaltung der nordamerikanischen Appalachen. Korallen herrschen in großer Formenvielfalt vor, erste Landpflanzen, Urfarne besiedeln die Küstenbereiche und die Mündungen von Strömen.

DEVON – vor 410 bis 359 Millionen Jahren:
Starke Überflutung des Festlandes, intensiver Vulkanismus. Urfarne, erste Bärlappgewächse und Schachtelhalme, Knochen- und Knorpelfische mit Vorläufern der Haie, Muscheln, Schnecken, Seelilien, Ammoniten. Landgang der Tiere: für die Wirbeltiere ein Lungenfisch aus der Verwandtschaft der Quastenflosser, erste Insekten. Gegen Ende des Devons: zweites großes Massensterben auf der Erde, das etwa die Ausmaße des ersten erreicht.

KARBON – vor 360 bis 285 Millionen Jahren:
Gebirgsauffaltungen in Eurasien und Nordamerika; Superkontinent Pangäa mit einem nördlichen Teil, Laurasia, dem heutigen Eurasien und Nordamerika und einem südlichen Teil, Gondwana, dem heutigen Afrika, Südamerika, Australien und der Antarktis. Tropisches Klima mit reicher Pflanzen- und Tierwelt. Steinkohlewälder aus baumhohen Farnen, Bärlappen und Schachtelhalmen, erste Nadelhölzer. Riesenlibellen mit einer Flügelspannweite von einem halben Meter, Spinnen, Krebse. Große Amphibien, erste Reptilien.

PERM – vor 286 bis 245 Millionen Jahren:
Intensiver Vulkanismus, auf der Nordhalbkugel wüstenhaftes Klima. Dadurch Bildung mächtiger Salzlager und Vorherrschaft von Nadelhölzern und dem bis heute in China überlebenden Ginkgobaum. Auf der Südhalbkugel Vereisungen. Hochentwickelte Reptilien. Übergang zur Trias: drittes und größtes Massensterben auf der Erde. Rund sechzig Prozent aller Tierfamilien im Meer sterben aus.

TRIAS – vor 246 bis 209 Millionen Jahren:
Häufiger Wechsel von Land und Meer, starker Vulkanismus auf der Südhalbkugel. Ammoniten, Fische, Amphibien. Zeitalter der Saurier mit Riesenformen, den Dinosauriern, beginnt. An der Wende zum Jura viertes Massensterben auf der Erde. Ein Viertel aller Tierfamilien stirbt aus.

JURA – vor 210 bis 144 Millionen Jahren:
Große Meeresüberflutungen, Zerfall von Pangäa in den Nordkontinent Laurasia und den Südkontinent Gondwana. Auffaltung der Rocky Mountains in Nordamerika. Reiche Entfaltung der Ammoniten mit reichverzierten Schalen. Saurier erobern alle Lebensräume. Im Wasser Fischsaurier und Plesiosaurier mit paddelförmigen Extremitäten. In der Luft: Flugsaurier. Auf dem Land pflanzen- und fleischfressende Großsaurier. Erste Vögel wie der befiederte Urvogel Archaeopteryx, der aber noch reptilartige Merkmale wie Zähne und Klauen zeigt.

KREIDE – vor 145 bis 65 Millionen Jahren:
Vorherrschaft des Meeres, Laurasia zerfällt in Nordamerika und Eurasien, auch Gondwana zerbricht. Auffaltung der Anden in Südamerika. Erste magnolienartige Blütenpflanzen und kleine, nagerartige Säugetiere entwickeln sich. An der Wende zum Tertiär fünftes Massensterben auf der Erde, das mit einem kosmischen Treffer in Verbindung gebracht wird. Aussterben der Dinosaurier. Rund zwanzig Prozent aller Tierfamilien werden ausgelöscht.

TERTIÄR – vor 64 bis 1 Million Jahren:
Die Kontinente erreichen ihre heutige Gestalt und Lage. Auffaltung von Alpen, Pyrenäen, Karpaten, Appenin, Kaukasus und Kordillieren. Intensiver Vulkanismus. Warmes Klima mit Graslandschaften und Wälder. Explosive Entwicklung der Säuger und Blütenpflanzen.

QUARTÄR – vor 1 Million Jahren:
Eis- und Warmzeiten wechseln einander ab. Entwicklung des Menschen in Ostafrika.

14. Adam und Eva kommen aus Afrika

Die Wurzeln unserer frühesten Verwandtschaft aus der Klasse der Säugetiere reichen weit zurück in die Vergangenheit. Als Zeitzeuge erlebte sie den Untergang der Dinosaurier und den Aufstieg der Blütenpflanzen mit. Rund achtzig Millionen Jahre alt sind die spärlichen Überreste, einige Zähnchen, die noch aus der Kreidezeit stammen. Ihre Besitzer ähnelten kleinen Nagern und hatten noch keine Ähnlichkeit mit Affen. Vor etwa fünfundsechzig Millionen Jahren begannen sich eichhörnchenartige Baumkletterer zu entwickeln, deren Aussehen an das heutiger Koboldmakis erinnert. Der wahrscheinlich letzte gemeinsame Vorfahre zwischen Mensch und den großen Menschenaffen lebte dagegen vor achtzehn bis zwanzig Millionen Jahren.

Seinen Namen verdankt *Proconsul* einem modernen Verwandten, dem Schimpansen Consul aus dem Londoner Tierpark, der in den dreißiger Jahren ein Publikumsliebling des Zoos war. Weil der fossile Affe der Vorfahre aller Schimpansen, Gorillas, Orang-Utans und auch der Menschen ist, nannte ihn der Paläontologe A. Tindell Hopwood vom Britischen Museum in London Vor-Consul oder *Proconsul.* Die Knochen hatte der Wissenschaftler nicht selbst gefunden; sie waren ihm von einem Siedler in Westkenia zugeschickt worden, der sie 1927 in einem Kalksteinbruch entdeckt hatte. Es sollte nicht der einzige Fund bleiben.

Proconsul war offensichtlich Ostafrikaner, denn alle bisher bekannten Skelettfunde wurden in der Gegend des Victoria-Sees gefunden. Lange rangen die Wissenschaftler um die Rekonstruktion seines Lebensbildes. Inzwischen scheint trotz aller widersprüchlichen Deutungen klar, daß es mehrere Arten dieses Affen gab. Die kleinere Art war so groß wie ein Pavian und lebte auf den festlandnahen Inseln des Victoria-Sees. Die größere *Proconsul*-Art hatte schon eher die Ausmaße, die wir von heutigen Menschenaffen kennen. Der Schädel der Tiere weist nur schwach ausgebildete Überaugenwülste und einen schmalen, weit nach vorn gezogenen Kiefer auf, was auf eine viel spitzere Schnauze hinweist, als sie heutige Menschenaffen haben. *Proconsul* war schwanzlos. Er bewegte sich auf allen Vieren und gemächlich durch die Bäume. Ein Spezialist in Sachen Fortbewegung, wie seine heutigen, mit überlangen Armen behende durchs Geäst schwingenden Verwandten, war er freilich nicht. Das aufrechte Laufen auf den Sohlen, wie es gelegentlich bei Schimpansen zu beobachten ist, war ebenfalls nicht seine Sache. Seine Vorzüge waren eben, daß aus ihm noch alles werden konnte – also genau die richtige Mischung, um das Zeug zum Urvater der Menschen zu haben. Im ostafrikanischen Verbreitungsgebiet der Affen zeichneten sich bereits zu dieser Zeit geologische Veränderungen ab, die später zu einer Trennung von Affen und unseren direkten Vorfahren führen sollten.

In Ostafrika reißt die Erdkruste auf ...

Während die heutige Heimat von Gorillas und Schimpansen die dichten tropischen Regenwälder sind, ist kein Fund unserer Urahnen aus dieser Region bekannt. Unsere Vorfahren wurden weiter östlich gefunden, in einer Gegend mit savannenartigem Charakter. Der Grund für diese Trennung findet sich in der afrikanischen Landschaft. Ein über zweitausendvierhundert Kilometer langer Riß in der Erdkruste, das Ostafrikanische Grabensystem oder Rift Valley, zieht vom Roten Meer durch Äthiopien und Kenia bis nach Tansania nach Süden durch den Kontinent. Die Spur des steil abfallenden Grabenbruchs zeichnet eine Kette von Seen nach. Zu den größeren gehören der äthiopische Zwai-, der Langan- und Shalasee, dann weiter im Süden des Landes Margherita-, Chomo- und Stefanie-See. In Kenia verläuft das Grabensystem entlang des Rudolf-Sees, der zu den berühmten vormenschlichen Fundstätten gehört und läuft an der Grenze zu Tansania in der Olduvai-Schlucht, einer nicht minder prominenten Fossilstätte aus. Hier markieren Natron-, Eyaia- und Manya-See die letzten Ausläufer des gewaltigen Rift Valleys. Rund dreißig heute meist erloschene Vulkankegel, darunter der markante schneebedeckte Gipfel des Kilimandscharo, zeigen an, daß hier die Erdkruste in Bewegung ist. Gewaltige Kräfte im Erdinnern reißen Afrika entlang der Naht buchstäblich auseinander. In der Zukunft wird der Graben von eindringendem Ozeanwasser gefüllt werden. Der Meeresarm wird sich im Laufe der Zeit vertiefen, denn die Ufer streben immer weiter auseinander. In zehn Millionen Jahren wird hier ein neuer Ozean entstanden sein, so, wie er sich heute bereits beim Roten Meer andeutet.

Eingesetzt hat diese Entwicklung schon in der Kreidezeit, als Gondwana zerfiel und sich in der Afrikanischen Platte Schwachstellen andeuteten. Dabei wurde ein Stück von Afrika, das heutige Madagaskar, abgetrennt.

Vor elf bis acht Millionen Jahren zerrten die Kräfte im Erdinnern dann mit solcher Macht an der Afrikanischen Platte und trieben sie in entgegengesetzte Richtungen auseinander, daß sich die Erdkruste entlang der Narbe einsenkte. Dann begannen sich die Ränder des Bruchs in die Höhe zu schieben. Glutflüssiges Gestein wurde nach oben in die Risse gepreßt, Vulkane warfen Lava und Asche aus. Ein mehrere hundert Meter tiefer, steiler Graben war entstanden. Vor einer Million Jahre hatte das Rift Valley dann sein heutiges Gesicht bekommen. Bis jetzt ist es vulkanisch aktiv, und immer noch streben der östliche und der westliche Teil Afrikas entlang des Grabenbruchs auseinander. Dem Kontinent steht also noch eine spektakuläre Zukunft bevor. Doch waren die Auswirkungen der Verwerfung bereits in der Vergangenheit dramatisch.

Viele Flüsse endeten nun im Grabenbruch, ihr Wasser speiste fortan zahlreiche Seen. Die Luftzirkulation änderte sich, das Rift Valley wurde zur Wetterscheide. Die Wolken, die von Westen her den Kontinent überquerten, luden ihre Wassermassen größtenteils über dem tropischen Urwald ab. Die östliche Region jenseits des Grabens geriet in den Einflußbereich des Monsuns, den sich abwechselnde Regen- und Trockenzeiten kennzeichnen. Die Folge: Ostafrika begann zu versteppen. Die Wälder zogen sich zurück, und eine grasbewachsene Savannenlandschaft trat an ihre Stelle. Für viele Tiere, vor allem aber für unsere baumbewohnenden Vorfahren, brachten die Umweltveränderungen einschneidende Änderungen beim Nahrungsangebot mit sich. In dieser heiklen Phase müssen sich die Entwicklungslinien von Menschenaffen und unseren Vorfahren getrennt haben.

Unsere äffische Verwandtschaft blieb in ihrem angestammten Lebensraum, der ein sicheres Nahrungsangebot das ganze Jahr über garantierte und schwang sich weiterhin unbekümmert durch die Baumkronen des afrikanischen Urwaldes. Die wenig spezialisierte Linie unserer Vorfahren mußte sich dagegen mit einem völlig neuen Lebensraum auseinandersetzen und mit der buschbestandenen Savanne Ostafrikas Vorlieb nehmen. Hier standen sie Raubtieren gegenüber, die die affenartigen Wesen als schmackhafte Beute betrachteten. Völlig neue Verhaltensweisen waren gefragt, die das soziale Zusammenleben in der schützenden Gruppe weiter festigten. Wildfrüchte, die der Urwald im Überfluß produzierte, sind in der Savanne eine Rarität. Unsere Vorfahren mußten also vermehrt fleischliche Kost in ihren Speiseplan mit einkalkulieren. Vielleicht ernährten sie sich anfangs noch von dem, was die großen Raubtiere übrigließen. Später begannen sie dann in kleinen Horden selbst zu jagen.

Durch die Trennung unterschied sich die östliche Affen-Population in der Savanne immer deutlicher von der westlichen im Urwald. Nach Ansicht vieler Wissenschaftler leiteten die schwierigen Lebensumstände in der offenen Landschaft die Entwicklung zum Menschen ein.

Dieser neuralgische Punkt in der Evolution der Menschheit wurde vermutlich vor acht Millionen Jahren erreicht. Das legen molekularbiologische Untersuchungen nahe, die auf einem Vergleich des Erbguts zwischen Affe und Mensch beruhen. Für die Analyse wird doppelsträngige DNS in kurze Einzelstränge zerlegt. Bringt man die einzelsträngige menschliche DNS mit Einzelsträngen anderer Menschen zusammen, lagern sich jeweils entsprechende Teile aneinander. Da beide Einzelstränge von menschlichen Trägern stammen, verpaaren sich die Einzelstränge vollständig miteinander zu einer neuen DNS-Doppelhelix. Wird das Experiment mit der DNS von Affe und Mensch wiederholt, gelingt die Fusion der beiden Einzelstränge in dem Umfang, wie die beiden Arten miteinander verwandt sind. Das Maß des Zusammenschlusses ist somit ein Gradmesser für den Grad an Verwandtschaft. Dabei zeigte sich, daß sich Mensch und Schimpanse nur in 2,5 Prozent ihrer Gene unterscheiden, während es beim Gibbon bereits 5,1 Prozent sind. Um Mißverständnissen vorzubeugen: Obskure Mischwesen zwischen Tier und Mensch lassen sich durch ein solches Experiment nicht züchten. Das verhindert gerade die mangelnde Übereinstimmung bei den Genen.

Leider sind aus der Phase, in der sich die Abspaltung zwischen Menschenaffen und Menschenartigen vollzog, noch keine Fossilien bekannt. Doch läßt sich mit ein wenig Phantasie vorstellen, wie die drastischen Umstellungen in der Lebensweise auch Veränderungen im Aussehen unserer Vorfahren nach sich zogen.

Ein Zweibeiner stellt sich der Savanne

In der offenen Landschaft ist der aufrechte Gang von Vorteil. Er bietet einen besseren Überblick und macht zudem größer. Potentiellen Angreifern wird so Respekt eingeflößt. Der ständige Gang auf zwei Beinen ließ die Hände frei werden. Sie konnten nun als Instrumente für die Nahrungsbeschaffung und zur Verteidigung eingesetzt werden. Schon Schimpansen verwenden Äste als Werkzeuge, mit denen sie zielgerichtet nach einer unerreichbaren, leckeren Frucht stochern. Sie nutzen Stöcke auch als Waffen und zur Einschüchterung von Konkurrenten und Gegnern. Für unsere Vorfahren waren die Hände nicht nur dazu da, um sich das Essen in den Mund zu stopfen. Sie lernten auch rasch den Umgang mit Gesteinsbrocken und Tierknochen, deren natürliche Kanten und Spitzen sie zunächst nur zum Durchtrennen und Schneiden von Fleischstücken nutzten, bevor sie sich später an ein zielgerichtetes Herstellen von Steinwerkzeugen machten. Die Hände wurden bald zu virtuosen Greifinstrumenten, die durch das Spiel der einzelnen Finger für jeden erdenklichen Zweck geeignet waren. Die flexible Beweglichkeit des Daumens gegenüber den restlichen Fingern befähigt nur die menschliche Hand zu präzisen Greifbewegungen, mit der sie alle anderen Lebewesen an Geschicklichkeit übertrifft. Das stachelte wiederum die Phantasie und damit das Abstraktionsvermögen ihrer Besitzer an. Die Entwicklung von Feinmotorik und Gehirn gingen in der Entwicklungsgeschichte des Menschen buchstäblich Hand in Hand. Gerade aus dieser spannenden Zeit der Menschwerdung sind jedoch bislang keine Fossilien entdeckt worden, so daß eine riesige Lücke von mehr als 3,5 Millionen Jahren bis zu dem ältesten Fund eines menschenartigen Wesens klafft.

Auf der Spur eines aufrecht gehenden Affen

Das Bild, auf dem Grabungsleiter Professor Tim White von der University of California triumphierend einen Knochensplitter zwischen seinen Fingern in die Höhe hält, ging 1994 um die Welt. Der primitiv anmutende Eckzahn gehört zusammen mit weiteren Knochenfragmenten zu einem menschenartigen Wesen, das vor mehr als 4,4 Millionen Jahren in Äthiopien lebte. Damit war der bislang älteste Urahn der Menschheit entdeckt. Bei Aramis hatten Professor White und sein Grabungsteam zwei Jahre zuvor Knochenbruchstücke, darunter Zähne, Unterkiefer, Schädel und Oberarmknochen von insgesamt siebzehn Individuen ans Tageslicht befördert, die alle einen ungewöhnlich urtümlichen Eindruck machten. Die Analyse von Abnutzungsspuren der Zähne lieferte eine weitere Überraschung. Sie wies die Besitzer der Zähne als Vegetarier aus. Dieser Umstand weist darauf hin, daß zu Lebzeiten dieser Geschöpfe die Jagd und der Umgang mit Werkzeugen noch unbekannt waren.

Noch ist nicht vollständig geklärt, ob *Australopithecus ramidus*, so der wissenschaftliche Name des Urmenschen, schon aufrecht ging. Fest steht aber, daß der »Südaffe«, so seine deutsche Entsprechung, ein früher Vetter der nur knapp 1,10 Meter großen »Lucy« ist. Die Überreste von Lucy, ein eindeutig aufrecht gehender, weiblicher *Australopithecus*, die vor 3,2 Millionen Jahren in der afrikanischen Savanne lebte, kamen bereits Mitte der siebziger Jahre zum Vorschein. Lucy, benannt nach der Lucy aus dem Beatles-Song »Lucy in the sky with diamonds«, den das Grabungsteam am Tag der Entdeckung wieder und wieder abspielte, galt lange als die afrikanische Stammutter der Menschheit. Möglicherweise, so spekuliert Tim White, sei auch schon ihr älterer Vetter aufrecht gegangen.

Die Hypothese, daß die kleinwüchsigen, eher an einen Schimpansen als an einen Frühmenschen erinnernden Australopithecinen damals schon dauernd auf zwei Beinen gingen, ist keineswegs aus der Luft gegriffen. Gestützt wird diese Ansicht durch den einzigartigen Fund fossiler Fußspuren, die ein Grabungsteam 1978 unter Leitung der berühmten Paläontologin Mary Leakey im Norden Tansanias entdeckte. Mit geradezu detektivischem Gespür gingen Forscher damals daran, das Geheimnis der versteinerten Fährte zu lüften, die drei menschenartige Geschöpfe vor 3,6 Millionen Jahren in der damals noch frischen Vulkanasche hinterlassen hatten.

Aus der Schrittlänge konnten die Wissenschaftler auf zwei knapp 1,5 Meter große Individuen schließen, von denen eines dem anderen folgte, in dem es seine Füße gezielt in die Fußstapfen des Anführers setzte. Eine dazu parallel verlaufende, zierliche Spur von Fußstapfen deutet darauf hin, daß den zwei Erwachsenen ein Kind folgte. Die Fußabdrücke sind fast nicht von denen heutiger Menschen zu unterscheiden und beweisen zweifelsfrei, daß *Australopithecus* bereits erstaunlich geübt auf zwei Beinen ging. Sie bergen auch den frühesten Hinweis in unserer Entwicklungsgeschichte auf eine menschliche Beziehung. Denn es war wohl eine Familie, die hier vor 3,6 Millionen Jahren in der weichen afrikanischen Vulkanasche ihre Spuren hinterließ.

Obwohl später fortgeschrittene Formen des *Australopithecus* einfache Werkzeuge wie Knochengeräte benutzt haben, ist es bis zum Auftreten des ersten »echten« Menschen noch ein weiter Weg. Doch vor zwei Millionen Jahren hinterließ der langwierige Prozeß der Menschwerdung erstmals auch sichtbare Spuren an jenem Körperteil, dem wir unser geistiges Potential verdanken.

Der erste »Mensch« betritt die Bühne

Wiederum in Ostafrika trat damals ein Geschöpf auf, bei dem ein um die Hälfte größeres Gehirn in einem aber noch immer affenartigen Schädel saß. Die Knochenfunde, die Anfang der sechziger Jahre in der Olduvai-Schlucht geborgen wurden, weisen einige Eigentümlichkeiten auf, die nicht sogleich ins Auge springen. Sie verraten aber dennoch einen Durchbruch in der menschlichen Evolution.

Das Gehirn scheint nicht gleichmäßig an Größe zugenommen zu haben. Zugelegt hat offenbar vor allem jener Bereich, der mit dem heutigen Sprachzentrum verwandt ist. Und eine weitere Besonderheit wird nun zum erstenmal gemeinsam mit der Weiterentwicklung des Abstraktionsvermögens greifbar: Die Geschicklichkeit der menschlichen Hand erlaubt die Fertigung echter Steinwerkzeuge.

Es scheint, als habe mit dem Erscheinen von *Homo habilis* (lat. *homo,* der Mensch), dem unmittelbaren Nachfahren der Australopithecinen vor zwei Millionen Jahren, die Entwicklung der intellektuellen und handwerklichen Fähigkeiten ein Niveau erreicht, die eine bis dahin in der Natur unbekannte Lebensform ermöglichte. Es war der Eintritt des Menschen in eine Phase, in der er Geräte nicht nur benutzte, sondern sie kraft seines Geistes auch systematisch herzustellen vermochte.

Würden wir dem ältesten Ahnen der Menschen gegenüberstehen können, wäre den meisten vermutlich nicht wohl dabei. Zwar war *Homo habilis* von zierlicher Gestalt, doch sein kleines Gesicht mit dem schnauzenartig vorspringenden Kinn und den vorstehenden Wülsten über den Augen erinnert immer noch stark an unsere äffische Verwandtschaft. Trotzdem steckte in dem äffischen Körper bereits der Ansatz zum modernen Menschen. *Homo habilis* gilt als Urheber der frühesten Geröllwerkzeuge, mit denen es möglich war, getötete Tiere zu zerlegen und das Fleisch für den Verzehr herzurichten. Damit begann in der Entwicklungsgeschichte des irdischen Lebens die einzigartige Erfolgsstory der Kultur. Sir John Eccles bezeichnete diesen Augenblick als »großen schöpferischen Fortschritt«. Er sieht in *Homo habilis* sogar »den Begründer einer leistungsfähigen Kommunikationssprache«.

Wann tatsächlich eine menschliche Sprache entstand, die über die Bildung von bloßen Verständigungslauten hinausreichte, ist bis heute ungeklärt. Die Mehrzahl der Forscher sieht eher in *Homo erectus*, (von lat. aufrecht gehender Mensch), dem Nachkommen von *Homo habilis*, den eigentlichen Schöpfer der menschlichen Sprache.

Das Paradies lag in Afrika

In der Tat scheint der unmittelbar an seinen Vorgänger anknüpfende Frühmensch ein besonders erfindungs- und daher erfolgreicher Menschenschlag gewesen zu sein, dessen Wiege in Afrika stand.

Hinweise, daß der schwarze Kontinent mit sehr großer Sicherheit die ursprüngliche Heimat der Menschen ist, finden sich sogar in unseren Genen. Gemeint sind jedoch nicht die Gene, die sich auf den Chromosomen im Kern unserer Zellen befinden. Die Informationen über unsere Herkunft sind vielmehr in den Genen der Mitochondrien versteckt. Diese Organellen besitzen bis auf den heutigen Tag ein eigenes, wenn auch kurzes Erbmolekül als Erinnerung an frühe Zeiten in der Geschichte des Lebens, als Mitochondrien noch selbständige Zellen waren.

Als amerikanische Wissenschaftler das Mitochondrien-Erbmolekül von heute lebenden Völkergruppen aller Kontinente miteinander verglichen, fiel ihnen auf, daß Afrikaner die größten Unterschiede im Aufbau der Gene aufweisen. Die Forscher waren dem genetischen Muster auf die Spur gekommen, von dem sich alle anderen Spielarten ableiteten. Die genetische Zusammensetzung in den Mitochondrien von Afrikanern steht am Anfang eines sich verzweigenden Völkerstammbaums. Aus der Zahl der Mutationen, die sich seit der Aufspaltung des menschlichen Urstammes ereignet haben, konnten die Wissenschaftler zurückrechnen, wann das Ereignis stattgefunden haben mußte. Das Ergebnis: Das Paradies lag in Afrika, aus dem die Menschen vor zweihunderttausend Jahren auswanderten.

Mitochondrien werden jedoch stets von der Mutter auf die Nachkommen vererbt, die männlichen Mitochondrien gehen bei der Befruchtung zugrunde. Damit läßt die Auswertung des genetischen Musters eigentlich nur einen Schluß über die Ahnenschaft unserer weiblichen Seite zu. Strenggenommen könnten wir somit nur folgern: Eva stammt aus Afrika.

Die Wissenschaftler haben sich auch die Verteilung der Gene auf dem männlichen Y-Chromosom angeschaut. Sie konnten dabei zwar keine geografischen Unterschiede finden. Die molekularen Eigenarten weisen aber auf einen Urvater hin, der vor zweihundertsiebzigtausend Jahren gelebt hat. Die Übereinstimmung beider Datierungen ist so auffällig, daß wir davon ausgehen können: Auch Adam war Afrikaner.

Prometheus war Mensch und Kannibale

Die Frühmenschen verbesserten allmählich die Technik des Werkzeugmachens und schufen die erste eigenständige Steingerätekultur mit zunächst noch roh behauenen Faustkeilen. Daraus entwickelten sie dann in rasantem Tempo spezialisierte und verfeinerte Werkzeuge, die für fast jeden Zweck des Jägerlebens geeignet waren.

Homo erectus verstand auch, in seinen Höhlenbehausungen das Feuer zu hüten. Vermutlich war er anfangs noch nicht in der Lage, das Feuer selbständig zu entfachen. Meterhohe Ascheschichten in seinen Unterschlüpfen verraten, daß er es zunächst von natürlichen Brandherden holen mußte und nicht selbst entzünden konnte. Offenbar lösten sich Generationen unserer Vorfahren beim Hüten des Feuers ab, eine magische Aufgabe, die wohl nur altgedienten und erfahrenen Gruppenmitgliedern vorbehalten war.

Während *Australopithecus* und *Homo habilis* im Laufe der Entwicklung auf die Ursprungsregionen in Ostafrika beschränkt blieben, zog es den abenteuerlustigen *Homo erectus* rasch in die Ferne. Vor 1,8 Millionen Jahren machten sich wohl die ersten Horden auf den Weg. In mehreren Auswanderungswellen breiteten sie sich von Ostafrika nach China und Java aus und besiedelten neben Nordafrika und dem Nahen Osten schließlich auch Europa.

Wie es scheint, war der robuste Frühmensch für solche Wagnisse besser gerüstet als seine Vorgänger. Wenngleich auf dem modernen, hochgewachsenen Körper immer noch ein Kopf sitzt, dessen

Gesicht mit mächtigen Überaugenwülsten und einem vorspringenden, immer noch massigen Kinn äffisch wirkt, hat das Gehirn dieses Wesens bereits zwei Drittel seines heutigen Volumens von durchschnittlich vierzehnhundert Kubikzentimeter erreicht.

Im Vergleich zu Asien hat der Frühmensch in Europa nur sporadische Spuren hinterlassen. Die bislang ältesten Überreste mehrerer Frühmenschen wurden 1995 und 1996 in einer Höhle bei Atapuerca in Nordspanien geborgen. Hier lebte *Homo antecessor*, (lat. menschlicher Vorfahre) vor achthunderttausend Jahren, wo er Jagd auf Nashörner und Elefanten und allem Anschein nach auch auf seinesgleichen machte.

Vor gut einer halben Million Jahre taucht der Frühmensch auch in der Nähe von Heidelberg in Deutschland und in Ungarn auf. Seine Überreste in der Nähe von Boxgrove in England beweisen, daß zu jener Zeit auch die Britischen Inseln nicht vor reiselustigen Frühmenschen-Horden sicher waren.

Legt man die bisherige Entwicklungsgeschwindigkeit zugrunde, dann überschlagen sich von nun an die Ereignisse in der Menschheitsgeschichte. In Europa erscheint vor dreihunderttausend Jahren jene Form des modernen Menschen, der auch wir uns heute zurechnen – *Homo sapiens* (lat. der weise Mensch). Neben diesem Typ, der uns mit seiner hohen Stirn, dem modernen Kinn und nur noch angedeuteten Knochenverdickungen über den Augen zum verwechseln ähnlich ist, bewohnte ein gedrungener und populärer Menschentyp Europa: die Neandertaler.

Vom Höhlenschreck zum Schöpfer des Totenkults

Woher die Neandertaler tatsächlich kommen, ob es sich bei ihnen um eine Abart der Frühmenschen oder eine Spezialisierung des *Homo sapiens* handelt, ist nach wie vor umstritten. Neueste molekulargenetische Untersuchungen lassen allerdings den Schluß zu, daß die Neandertaler wohl nicht zu unserer direkten Verwandtschaft gehören. Wie es scheint, verlief die Entwicklung der beiden unterschiedlichen Menschentypen schon seit rund sechshunderttausend Jahren getrennt. Woher wissen die Forscher das?

Von männlichen Neandertalerfossilien präparierten sie Partikelchen guterhaltener Knochensubstanz. Daraus isolierten sie kleinste Mengen von Erbmaterial, das von den Mitochondrien der Zellen stammt. Nachdem die winzigen DNS-Stückchen im Labor vervielfältigt worden waren, konnten die Wissenschaftler einen genetischen Vergleich mit der entsprechenden DNS heutiger Menschen vornehmen. Dabei entdeckten sie, daß die Erbsubstanz der Neandertaler mehr Unterschiede als Gemeinsamkeiten zum heutigen Menschen aufweist. Offenbar trennten sich die Entwicklungslinien von *Homo sapiens* und Neandertalern bereits zu Zeiten der Frühmenschen.

Dennoch verdanken wir den kräftigen Gesellen, die mit bewundernswerter Zähigkeit den Widrigkeiten der Eiszeit trotzten und dabei noch das Kunststück fertigbrachten, ein äußerst erfolgreiches Jagdvolk zu sein, vielleicht den Brauch, unsere Toten zu beerdigen und die Gräber mit Blumenbeigaben zu schmücken. Damit entsprechen die Neandertaler keineswegs dem althergebrachten Klischee eines plumpen Tölpels.

Von allen vorzeitlichen Völkern ist nur von den Neandertalern bekannt, daß sie ihre Verstorbenen in regelrechten Gräbern beerdigten, die sie, dem Lauf der Sonne folgend, in Ost-West-Richtung ausrichteten. Ein Hinweis darauf, daß sich die Eiszeitjäger Gedanken über Geburt und Tod entsprechend dem Symbol von Sonnenaufgang und -untergang gemacht haben. Auch bestreuten sie ihre Toten mit gelbrotem Ocker und schwarzem Manganoxid, was vermutlich kultischen Zwecken diente. Im nördlichen Irak, in der Höhle von Shanidar, fanden sich sogar Hinweise darauf, daß Neandertaler ihre Toten mit Blumenschmuck beerdigten.

Unmengen von Pollen, die in einem Grab gefunden wurden, das tief im Innern einer Höhle angelegt war, konnten nicht vom Wind dorthin verweht worden sein. Die mikroskopischen Pollenanalysen der Bodenproben aus dem Grab erbrachten, daß der Verstorbene mit Blumen aus der Umgebung der Höhle bestattet worden war. Darunter waren wohlbekannte Arten wie Stockrose, Lichtnelke und Traubenhyazinthe. Ein Hinweis darauf, daß diese Menschen zu jenen Regungen des menschlichen Empfindens fähig waren, die auch wir kennen.

Nachgewiesen ist auch, daß die Neandertaler sich aufopferungsvoll um Alte und Kranke in ihrer Gruppe gekümmert haben. Das Skelett eines alten Mannes zeigt Verletzungen, die dieser trotz ihrer Schwere überlebt hatte. Auf sich allein gestellt, ohne die Hilfe seiner Mitmenschen, wäre der Mann einfach verhungert, denn er war wohl nicht mehr in der Lage, auf die Jagd zu gehen und selbständig zu essen. Die Gruppe, der er angehörte, muß mit ihm das Essen geteilt haben, vielleicht wurde der Alte sogar gefüttert.

Freilich gibt es auch eine dunkle Seite in der Natur der Neandertaler, wie die vielen Spuren von Verwundungen beweisen, die auffällig oft auf der linken Hälfte der Skelette gefunden wurden. Zu der merkwürdigen Häufung kommt es, wenn sich im Kampf Mann gegen Mann Rechtshänder gegenüberstehen. Auch war der »Brauch« verbreitet, Jagd auf Menschen zu machen, um die Opfer zu verspeisen. Eine Sitte, die wohl kultische Hintergründe hat, wie wir aus Beobachtungen an heutigen Naturvölkern schließen können. Obwohl die Neandertaler zu den erfolgreichsten Pionieren der Menschheit gehören, starben sie vor fünfunddreißigtausend Jahren mit einem Schlag aus. Zwar gibt es wiederum im Nahen Osten Hinweise darauf, daß es möglicherweise Vermischungen mit Einwanderern des nachrückenden *Homo sapiens* gegeben hat. Doch verliert sich die Spur der Neandertaler im Dunkel der Menschheitsgeschichte. Ob sie auf natürlichem Wege ausstarben oder von moderneren Völkern des *Homo sapiens* ausgerottet wurden, ist ihr großes Geheimnis. Auf jeden Fall liefert ihr abrupter Abgang von der Bühne der Menschheitsgeschichte viel Stoff für verklärende Legenden.

Stationen in der Entwicklung der Menschen

Vor 4,4 Millionen Jahren: In Äthiopien lebt *Australopithecus ramidus*. Vielleicht ging dieses schimpansenähnliche Vormenschenwesen schon dauernd aufrecht.

Vor 3,6 Millionen Jahren hinterlassen drei kleinwüchsige Geschöpfe ihre Fußspuren in der frischen Vulkanasche von Laetoli in Tansania. Die Fußabdrücke zeigen keine auffälligen Unterschiede zum modernen Menschen und gehören zu *Australopithecus afarensis*, einem sicher aufrecht gehenden Vormenschen, der in kleinen Horden lebte.

Vor zwei Millionen Jahren tritt mit *Homo habilis* in der ostafrikanischen Olduvai-Schlucht ein Wesen auf, in dessen Gehirn zum ersten Mal der schöpferische Funke menschlichen Intellektes gezündet hat. Das Wesen besaß ein doppelt so großes Gehirn wie seine Vorgänger, benutzte roh behauene Geröllsteine als Werkzeuge und ging auf die Jagd.

Vor 1,8 Millionen Jahren entwickelte sein Nachfahre *Homo erectus* eine echte Steingerätekultur. Dieser noch grobschlächtige, aber hochgewachsene Menschentyp wanderte nach Ostasien aus und besiedelte vor achthunderttausend Jahren Europa. Die Evolution des Gehirns erreicht mit tausend Kubikzentimeter Volumen eine Stufe, ab der primitive Sprache möglich ist. *Homo erectus* hauste in Höhlen, veranstaltete Treibjagden und gilt als der Erfinder des Feuermachens. Er war auch Kannibale.

Vor dreihunderttausend Jahren tauchte in England und Deutschland eine frühe Version des heutigen Menschen, *Homo sapiens* auf. Mit tausenddreihundert Kubikzentimeter Volumen erreicht das Gehirn fast seine heutige Größe. Molekulargenetische Untersuchungen deuten darauf hin, daß »Adam« und »Eva« aus Afrika eingewandert sind.

Vor fünfunddreißigtausend Jahren verschwinden die Neandertaler, vermutlich ein robuster Seitenzweig der Frühmenschen, von der Weltbühne. Seither gibt es nur noch einen Menschentypus auf der Erde: *Homo sapiens*.

Der vorerst letzte Akt: Erkenne dich selbst

Heute streiten sich die Evolutionsforscher, wie die Zukunft der Spezies Mensch aussehen wird. Wird er sich weiterentwickeln und wohin?

Nicht wenige Wissenschaftler glauben, daß vererbbare Manipulationen der menschlichen Gene nur noch eine Frage der Zeit sind. Eingriffe, die zwar heute noch verboten sind – doch wie lange werden Forscher dem selbstauferlegten Verbot der Keimbahntherapie widerstehen können?

Was geschieht, wenn der Mensch selbst sein genetisches Schicksal in die Hand nimmt? Manche Wissenschaftler glauben, daß nichts Besonderes geschehen wird. Andere denken, daß die willkürliche genetische Auslese die Menschen nicht etwa vor Gebrechen und Alter schützen wird. Sie fürchten, daß es zu einer Ausgrenzung von Andersartigen, vor allem von Kranken kommen wird. Was aber ist »krank« und wer bestimmt, was »krank« ist und was nicht? Und wer kann schon von sich sagen, völlig »gesund« zu sein?

Wohin führt uns die Entwicklung? Werden Familien künftig noch das Risiko der Geburt eines erbkranken Kindes eingehen wollen, dessen ganzes Leben von der Fürsorge seiner Eltern abhängt, ja das sogar über deren Tod hinaus auf fremde Hilfe angewiesen ist?

Schon heute überläßt der Mensch sein Schicksal kaum noch dem Zufall. Die Zivilisation mit ihren vielfältigen Erscheinungsformen, darunter Hygiene, Medizin und der Ethik, mit der sich der Mensch soziale Verantwortung selbst auferlegt hat, die weit über das Individuum hinausgeht, all das hat längst die natürliche Selektion verdrängt. Der Mensch ist schon lange kein Tier mehr.

Bislang ging die Entwicklung des menschlichen Verstandes immer auch mit einer Vergrößerung des Gehirnvolumens einher. Seit zweihunderttausend Jahren jedoch verharrt der Wert bei rund vierzehnhundert Kubikzentimeter. Ist das die Ruhe vor dem Sturm? Vielleicht, so läßt sich spekulieren, ist der nächste Schritt in der Evolution von einer anderen Qualität als bloßer Größenzuwachs.

Warum haben wir so große Schwierigkeiten, komplexe Probleme zu lösen, deren verschachtelte Ursache-Wirkung-Beziehungen uns undurchschaubar und nicht selten auch undenkbar erscheinen? Das erstaunt um so mehr, da unsere Nervenzellen bereits einen sehr hohen Grad an gegenseitiger Vernetzung aufweisen. Das Gehirn selbst weist eine unnachahmliche Organisation auf, wie wir inzwischen wissen. Kann der immer weiter in seine Geheimnisse vordringende menschliche Geist die eigene Evolution hervorbringen?

15. Künstliches Leben

Ein wahrhaft denkwürdiges Experiment spielte sich 1997 in einem Forschungslabor der Universität von Tokio ab. Fest an einem Führungsstab fixiert, bewegt eine gewöhnliche Küchenschabe einen murmelgroßen Plastikball zwischen ihren sechs Laufbeinen. Wie ein Pillendreher rollt der Kakerlak den Ball unentwegt zwischen seinen Beinen. Die Reaktion ist ihm angeboren. Sobald das Tier einen Gegenstand zwischen den Beinen verspürt, glaubt es sich auf festem Boden und will davonrennen. Im Versuch kommt es jedoch nicht vom Fleck. Ein Führungsstab, der mit einem kleinen Wachsklecks auf den Flügeldecken des Insekts befestigt wurde, hält es wie an einer Leine fest. Plötzlich hält die Schabe für einen kurzen Moment inne, ohne den Ball zu verlieren und ändert die Laufrichtung. Wieder jongliert sie den Ball zwischen den Beinen. Dann ein erneuter Halt, die Schabe ändert die Drehrichtung ein weiteres Mal. Hinter dem Verhalten des Tieres steckt nichts Willkürliches – könnte man meinen. Bemerkenswert an dem Experiment ist jedoch, daß die Küchenschabe stets dann ihren Willen und die Laufrichtung ändert, wenn wenige Meter von ihr entfernt jemand auf ein Knöpfchen drückt und damit einen winzigen elektrischen Impuls auslöst.

Ein lebender Roboter

Dem Tier wurde ein winziger elektronischer Schaltkreis in sein stecknadelkopfgroßes Gehirn zwischen den beiden Fazettenaugen implantiert. Drückt einer der Wissenschaftler auf den Knopf, kann es gar nicht anders, als sich nach vorwärts zu orientieren und, beim erneuten Impuls, seine Bewegungsrichtung umzukehren, je nachdem, wie der von Menschenhand gesetzte elektrische Reiz die Nervenzellen im zentralen Nervenknoten beeinflußt. Die Küchenschabe wird dadurch zu einem lebenden Roboter. Den Wissenschaftlern der Universität Tokio schwebt ein Einsatz ihres Cyborgs als Inspekteur in für Menschen unzugänglichen Rohrleitungssystemen vor. Pipelines oder Abwasserrohre könnte das ferngesteuerte Insekt inspizieren. Eine Minikamera, die mit der Schabe huckepack auf Reisen ginge, würde unsichtbare Risse im Material sichtbar machen. Eine ferngesteuerte Schabe als Serviceroboter?

Der Versuch ähnelt Experimenten, die Verhaltensforscher vor einigen Jahrzehnten am Haushuhn vornahmen. Wird bei den Vögeln eine bestimmte Stelle im Stammhirn mit einer elektrisch leitenden Sonde gereizt, reagieren die zunächst normalen Tiere mit einer drastischen Verhaltensänderung. Das Stammhirn ist bei allen Wirbeltieren der entwicklungsgeschichtlich älteste Teil des Gehirns und daher Sitz lebenswichtiger Funktionen wie Regulierung des Stoffwechsels, Steuerung von Herzschlag und Atmung oder Aufrechterhaltung der Körpertemperatur bei Warmblütern.

Im Versuch sträubten die Tiere ohne erkennbaren Grund die Federn, stießen Kampfrufe aus und gingen wie von Sinnen auf Gegner los, die es aber gar nicht gab. Vielleicht glaubten sie einen Marder zu sehen. Um sie herum war jedoch alles ruhig, kein gefährlicher Räuber, der sich näherte.

Wurde die Elektrode um den Bruchteil eines Millimeters ins Hirn vorgeschoben und die Reizspannung ein wenig erhöht, reagierten die Versuchstiere völlig anders. Wie aus heiterem Himmel begannen die Vögel heftig nach vermeintlichen Körnern zu picken. Auf dem Boden fand sich jedoch nicht die Spur eines Körnchens.

Erfolgte der elektrische Impuls noch ein Stückchen tiefer im Stammhirn, reagierten sie wieder anders, etwa indem sie sich ängstlich zu Boden duckten. Das Merkwürdige an den makaber anmutenden Versuchen, die auch bei anderen Tierarten durchgeführt wurden, ist jedoch, daß die hervorgerufenen Verhaltensweisen ebenso an anderer Stelle im Stammhirn oder mit einer anderen Reizintensität ausgelöst werden konnten. Das läßt nur einen Schluß zu: Das Gehirn der Wirbeltiere ist nicht wie ein Schrank übersichtlich in Fächer gegliedert, bei dem man lediglich Schubladen mit Aufschriften wie »Angriff«, »Nahrungssuche« oder »Sichern« aufziehen muß, um das entsprechende Verhalten auszulösen.

Der Kosmos im Kopf

Bestätigt wurden diese Erkenntnisse auch beim Menschen, wenn auch auf völlig andere Art und Weise. Mit Hilfe hochempfindlicher bildgebender Verfahren läßt sich die Durchblutung und damit die Aktivität des Gehirns bei einem denkenden oder sprechenden Menschen sichtbar machen. Je nachdem, welcher Bereich des Gehirns gerade aktiv ist, steigt an dieser Stelle der Umsatz bestimmter für den Energiestoffwechsel notwendiger Substanzen deutlich an. Mit Hilfe der Kernspintomographie läßt sich das momentane Aktivitätsmuster sichtbar machen.

Wenn Sie jetzt den Satz: »Ich stelle mir einen roten Apfel vor« laut lesen, hat das Gehirn, noch bevor Ihre Lippen die Laute dieses Satzes formen, die Worte verstanden und den Sinn erkannt. Ein schlichter Satz, der aber in seiner vielschichtigen Bedeutung von keinem noch so leistungsfähigen »Elektronengehirn« nachempfunden werden kann.

Gewiß, Computer können heute sprechen. Sie haben gelernt, Texte in grammatikalisch einwandfreies Englisch zu übersetzen. Mittlerweile gibt es sogar Sprachcomputer im Laptop-Format, die Plaudereien über das Wetter ebenso souverän beherrschen wie eine Konversation, die sich am Wirtschaftsteil der *Times* orientieren könnte. Doch welcher Computer sieht schon den rotleuchtenden Apfel vor seinen »geistigen Augen«, kann sich den köstlichen Duft der ausgereiften Frucht vorstellen, so daß ihm das Wasser im Munde zusammenläuft, oder in ihm die Erinnerungen an Weihnachten oder an ein Kindheitsabenteuer im Apfelbaum wachrufen? Kein noch so intelligent geschalteter Chip wird bei einem Automaten die Vorstellung des lustvollen Hineinbeißens auslösen können, die bei uns Vorfreude auf den Genuß und damit den Appetit auf den Apfel weckt. Alles vielschichtige Leistungen unseres Gehirns.

Tatsächlich zeigen Momentaufnahmen des aktiven Gehirns, daß in der einige Millisekunden währenden Zeit, die zwischen dem Lesen und Aussprechen liegt, ganz verschiedene Gebiete in unserer Großhirnrinde zusammenarbeiten. Die Momentaufnahmen erinnern an ein Puzzlespiel, bei dem immer neue Mosaiksteine aufleuchten und in verwirrenden Sprüngen ihre Plätze wechseln. Im Unterschied zum klassischen Elektronengehirn arbeitet unser Gehirn »chaotisch«, ohne einen festgelegten Schaltplan und ohne ein voreingestelltes Programm.

Wenn wir einen Satz laut lesen, sind nicht nur die beiden sogenannten Sprachzentren, das mehr grammatikalisch orientierte Broca-Zentrum und das eher für die Wortbedeutung zuständige Wernicke-Areal, aktiv. Zunächst müssen die laut gelesenen Worte vom Sehzentrum und der Hörrinde aufgenommen werden, bevor sie verstanden werden und Erinnerungen oder Assoziationen in anderen Bereichen des Großhirns wachrufen können. Ein sehr komplexer Austausch von Informationen also, der von den insgesamt hundert Milliarden Nervenzellen unseres Gehirns in jedem Augenblick unseres Lebens bewältigt wird.

Die Leistungen dieses Organs sind geradezu atemberaubend. In einem Volumen von tausendvierhundert Kubikzentimeter Nervenmasse findet die Vorstellung des gesamten Universums Platz, von der kleinsten sinnmachenden Größe, der sogenannten Planck-Länge – das sind 10^{-35} Meter – bis zum sichtbaren Horizont des Alls in rund achtzehn Milliarden Lichtjahren Entfernung. Vom ersten Augenblick des Urknalls bis zu den Grenzen einer sich vielleicht ewig ausdehnenden Welt.

Um diese Leistung zu ermöglichen, müssen die einzelnen Nervenzellen des Gehirns kooperieren. Daher steht jede der hundert

Milliarden Nervenzellen im Durchschnitt mit zehntausend anderen Nervenzellen über Ausläufer in Kontakt. Daraus ergibt sich eine geradezu astronomische Zahl: 10^{15} oder eine Billiarde Nervenverbindungen. So unbegreiflich diese Zahl auch ist, die eigentliche Leistung unseres Denkorgans liegt wohl darin, daß diese Anzahl in ihm auf ein Volumen von knapp 1,5 Liter verdichtet ist.

In diesem superdichten Netzwerk läuft die Kommunikation auf zwei Ebenen ab. Wird eine Nervenzelle erregt, leitet sie die Signale in Form elektrischer Impulse weiter. Wie bei einem Elektrokabel wird die Erregungswelle über die langen dünnen Nervenfasern transportiert. An der Kontaktstelle zum Nervenfortsatz der Nachbarzelle muß ein schmaler Spalt von dem elektrischen Nervensignal überbrückt werden. Hier, an der sogenannten Synapse, springt die Information auf ein chemisches Signal um. Ausgelöst durch den elektrischen Reiz, entleeren kleine Vesikel ihre Botenstoffe aus der Nervenendigung in den synaptischen Spalt. In Blitzeseile wandern die Überträgermoleküle durch den nur ein hunderttausendstel Millimeter breiten »Graben«, der sie von der Nachbarzelle trennt. Am anderen Ende werden sie von Rezeptormolekülen aufgefangen, die wie kleine Antennen aus der Nachbarzelle herausragen. Dort verwandelt sich die chemische Nachricht wieder in eine elektrische Rohrpost, die nun die Fortsätze der Nachbarzelle durcheilt. Blitzschnell breitet sich so ein Erregungsmuster in den Nervenzellen aus. Dabei wird alles, was unsere Sinnesorgane auffangen, ob Bilder, Laute, Wärme- und Kälteempfindungen oder Druckreize in Informationen umgewandelt. Wie aus den elektrischen Irrlichtern, die durch das Nervengeflecht unseres Gehirns sausen, Selbstbewußtsein, geniale Geistesblitze und Erinnerungen werden, gehört immer noch zu den größten Rätseln.

Dennoch versuchen Menschen, den von ihnen erschaffenen Maschinen das Denken beizubringen. Vorbild ist die sich selbstorganisierende Nervenarchitektur unseres Gehirns. Besondere elektronische Schaltkreise, Neuronale Netze, ahmen die Verschaltungsmuster unserer Nerven nach. Ein Vorteil der Verschaltungsarchitektur, die sich an der Bauweise des menschlichen Gehirns orientiert, ist auf Anhieb offenkundig. Ein solches Netzwerk kann die eintreffenden Signale parallel, das heißt, gleichzeitig verarbeiten. Die Informationen laufen dann nicht mehr über einen zentralen Speicher, der alles hintereinander abarbeiten muß, sondern sie verteilen sich über das ganze Netzwerk. Fällt eine Schaltstelle aus, bricht nicht das gesamte Netzwerk zusammen, sondern nur ein kleiner Teil. Wir kennen dieses Prinzip bereits von der Organisation von Ökosystemen. Auch sie sind Netzwerke, die dynamisch auf Veränderungen der Umwelt reagieren können.

Die Netzwerkarchitektur hat auch den Vorteil, daß die An- oder Aus-Zustände der künstlichen Neuronen unterschiedlich gewichtet werden können. Im einfachsten Fall feuern sie oder bleiben stumm und leiten oder sperren so die Weitergabe eines Signals zum benachbarten Neuron. Freilich sind aufgrund von Wichtungen alle möglichen Übergänge möglich. Die Verbindungen der Neuronen übertragen somit Signale unterschiedlicher Stärke. Ein Signal, das durch das Netzwerk läuft, wird spezifisch in seiner Stärke verändert, je nach den aktuellen Bedingungen. Auf diese Weise »erkennt« bereits ein einfaches Neuronales Netz, das aus einer Schicht von Eingabeneuronen und einer nach dem »Jeder-mit-Jedem«-Prinzip verknüpften Schicht von Ausgabeneuronen besteht, spezifische Umweltreize, wie zum Beispiel ein Farbmuster. Die aktuelle Information ist dann in der spezifischen Wichtung der Neuronen gespeichert; sie prägen das durchlaufende Signal. Auf Grund dieses Prinzips können Neuronale Netze vieles klassifizieren. Ob dies Farbe, Form und Größe eines tumorverdächtigen Hautmals ist, einer Unterschriftenprüfung auf Bankformularen, einer Aktienkursanalyse und -vorhersage oder – wie wir schon kennengelernt haben – einer Bildkorrektur bei Teleskopen.

Freilich soll das Neuronale Netz überdies noch lernen können, wenn eine Signaleingabe – etwa ein vorgegebenes Bildmuster – fehlerhaft verarbeitet wurde. Weil dann auch die Ausgabe falsch ist, muß es sich natürlich selbst kontrollieren. Das Netzwerk soll also, wie wir, durch Vergleich lernen, was »richtig« und was »falsch« ist. Dazu verändert es die Gewichtung in seinen Verbindungen: Es geht noch einmal alles in umgekehrter Reihenfolge durch. Verbindungen, die ein falsches Signal weitergeleitet haben, werden nun geschwächt. Die Informationswege, die zum richtigen Ergebnis geführt haben, werden verstärkt. Damit hat sich die Wahrscheinlichkeit für ein besseres Ergebnis beim nächsten Durchlauf verbessert. Das Neuronale Netz tastet sich auf diese Weise mit jedem Durchlauf immer besser an das richtige Ergebnis heran – es »lernt«.

Noch stoßen komplexe Netzwerke, die tatsächlich den Vergleich mit einem einfachen Gehirn nicht zu scheuen brauchen, wegen der rasch ins Unermeßliche anwachsenden Zahl von gleichzeitig aufzubauenden Verbindungen an technische Grenzen. Die Komplexität fordert ihren Preis, nämlich den Raum für die elektronischen Verbindungen auf einem Chip und lange Rechenzeiten. Die Miniaturisierung schreitet jedoch rasant fort.

Künftige Computergenerationen benötigen keine elektrischen Ströme mehr für ihre Berechnungen. Ein einziger Ladungsträger, ein Elektron, wird dann bereits für eine Rechnung genügen. Sogar an der Entwicklung von Computern, die mit Licht Informationen verarbeiten können, wird gearbeitet. Theoretisch sollte bereits ein Lichtquant, ein Photon genügen, um ein künstliches Neuron zu aktivieren. Diese Reizempfindlichkeit entspricht der Leistung unserer Augen. Bereits ein Lichtquant genügt, um ein Molekül des Sehfarbstoffs Rhodopsin in der Retina unserer Augen zu verändern und dadurch eine Nervenerregung auszulösen.

Selbst wenn es gelänge, eine Maschine zu konstruieren, die Informationen auf derselben Komplexitätsstufe wie unser Gehirn verarbeiten würde, könnte dieser Automat dann so empfinden, denken und fühlen wie ein Lebewesen? Was macht den Schaltplan des Geistes aus?

Der Geist erforscht sich selbst

Mit biologischen Informationssystemen von höchstem Komplexitätsgrad beschäftigt sich Dieter Weiss, Professor für Physiologie an der Universität Rostock. Der Wissenschaftler zapft Nervennetze an, um ihre elektrische Kommunikation zu untersuchen. Gemeinsam mit seinem Kollegen Günter Gross von der University of Texas in Denton hat er einen Neurosensor entwickelt (siehe Bildteil).

Auf dem einen Quadratzentimeter großen Siliziumchip mit vierundsechzig Ableiteelektroden läßt der Forscher ein lockeres Geflecht aus einigen hundert Nervenzellen mehrere Monate lang wachsen. Einen Schaltplan für das künstliche Miniatur-Nervensystem aus embryonalen Mäusezellen braucht er nicht. Erstaunt stellte der Wissenschaftler fest, daß sich das Nervennetzwerk selbst organisiert. Der Schaltplan der Nervenzellen prägt sich zufällig aus.

Dieter Weiss will seinen Neurochip als Biosensor einsetzen. Pharmakologische Substanzen könnten damit auf ihre spezifische Wirksamkeit getestet werden. »Das Nervennetzwerk erzeugt ein komplexes, aber gut meßbares Signalmuster, das durch Einbringen verschiedener Testsubstanzen spezifisch verändert wird. Damit könnte die Wirkung von Arzneimitteln auf das Nervensystem untersucht werden«, erläutert der Rostocker Wissenschaftler. Er hofft mit Hilfe des Neurochips jenen fatalen Mechanismen auf die Spur zu kommen, die zu Nervenerkrankungen, wie der Schüttellähmung oder Morbus Alzheimer, führen. Denkbar sei auch der Einsatz des chimären Bauteils als Vermittlungsstelle für eine willkürliche Steuerung von Körperprothesen.

Kündigt sich da bereits der nächste Sprung in der Evolution der Materie an? Künstliches Leben, der Geist losgelöst von Fleisch und Blut, reduziert auf komplex miteinander vernetzte elektronische Schaltkreise? Ist die alte Spekulation über ein Leben auf einer anderen stofflichen Grundlage, als der uns beherrschenden Kohlenstoffchemie, die Vorstellung von einem andersartigen Leben auf der Basis von Silizium, vielleicht schon dabei, mit der Chiptechnologie Realität zu werden?

Zu diesen Fragen nahmen hochkarätige Wissenschaftler aus verschiedensten Fachgebieten, darunter Hirnforscher, Neurochirurgen, Informatiker, Physiker und Computerforscher auf einem internationalen Kongreß 1995 in Düsseldorf Stellung. Die schönschreckliche Vision von der sich selbst bewußten, denkenden und fühlenden Maschine bleibt für den chilenischen Neurobiologen Prof. Humberto Maturano ein ewiger (Alp)traum: »Ein Roboter, der aus Siliziumchips besteht, kann nicht menschlich sein. Er ist vielleicht ein Humanoid, aber niemals ein Mensch«, parierte der Wissenschaftler allzu euphorische Visionen.

Während Maturano den Geist vor allem in den Beziehungen und Wechselwirkungen zwischen Mensch und seiner Umwelt zu erkennen glaubt, suchte ihn der große alte Herr der Hirnforschung, Sir John Eccles, mit Hingabe in den mikroskopisch winzigen Schaltstellen des Hirnnervengeflechts, den Synapsen. »Wir steuern unser Gehirn, der Geist wirkt somit auf die Materie«, bekannte er. Und dennoch haben die Wissenschaftler bislang vor der komplizierten Organisation unseres Denkorgans kapitulieren müssen.

Einzelne Funktionen unseres Gehirns wie Assoziationen, Schlußfolgerungsketten oder Mustererkennungsprozesse sind zwar leidlich verstanden und können sogar von Computern und Robotern nachgeahmt werden. Jedoch: »Der Geist ist mehr als nur die Summe der Bestandteile unseres Gehirns«, brachte der amerikanische Physiker und Nobelpreisträger Leon Cooper das Problem der Künstlichen Intelligenz auf den Punkt.

Das ist eigentlich kein Wunder – immerhin hat die Natur für die

Die Grenzen der Logik

Der damals vierundzwanzigjährige deutsche Mathematiker Kurt Gödel untersuchte 1930, ob es mit Hilfe der menschlichen Logik möglich sein könnte, die Welt mathematisch beweisbar zu ergründen. Gödel kam zu dem Schluß, daß ein logisch aufgebautes System seine eigene Konsistenz nicht selbst begründen kann. Kurzum: Die Richtigkeit einer logischen Aussage läßt sich nicht aus ihr selbst, also von innen heraus begründen. Dazu müßte man außerhalb des Systems stehen. Das aber ist unmöglich, denn das System, um das es geht, ist das gesamte Universum. Die Begründung für diese philosophisch revolutionäre Aussage Gödels ist gar nicht so paradox, wie sie auf den ersten Blick erscheinen mag.

Sie gleicht der verzweifelten Situation, in der jemand steckt, der, eingesperrt in sein Haus, mitten in einer großen Stadt wohnt und vor der Aufgabe steht, neben einem genauen Stadtplan auch die Karte für das gesamte Land zu erstellen. Ein aussichtsloses Unterfangen. Die Aufgabe ist nur zu meistern, wenn sich der Geplagte aus seinem Gefängnis befreien kann, um sich aus der Satellitenperspektive einen Überblick zu verschaffen. Genau dieser letzte Schritt ist im übertragenen Sinne dem menschlichen Geist nicht möglich. Er bleibt Gefangener seiner eigenen, selbstgefärbten Erkenntnis von Raum und Zeit.

Evolution dieser wohl am komplexesten organisierten materiellen Struktur auf dem Planeten Erde gut vier Milliarden Jahre Entwicklungszeit benötigt. Aus diesem Blickwinkel betrachtet, erscheint es geradezu vermessen anzunehmen, daß wir dabei seien, die letzten Türen der Hirnforschung aufzustoßen und jenes Geheimnis zu lüften, wie es denn zugehe, daß aus dem Feuerwerk elektrischer und chemischer Signale Gedanken werden.

Angesichts der Vielschichtigkeit des menschlichen Gehirns scheint es fraglich, daß der Schaltplan des Geistes von uns jemals dechiffriert werden kann. Der Versuch des menschlichen Gehirns, sich bis ins kleinste Detail selbst zu analysieren, dürfte denn auch auf Grund eines grundlegenden Prinzips zum Scheitern verurteilt sein: »Wir können unser Gehirn nicht mit seinem eigenen Inventar auf derselben Ebene analysieren, dazu wäre eine höhere Ebene oder Dimension nötig. Doch welches Organ auf der Erde besäße eine derartige Potenz?«, stellte bereits vor Jahren der deutsche Wissenschaftsphilosoph Professor Hoimar von Ditfurth fest.

16. Die Zukunft des Lebens

Eine klare Nacht im Herbst 1926 auf dem Mount Wilson, unweit von Los Angeles. Der Himmel über dem Observatorium war mit funkelnden Sternen übersät. Neugierig hatte der amerikanische Astronom Edwin Powell Hubble das bis dahin größte Fernrohr der Erde, ein Spiegelteleskop von 2,5 Meter Durchmesser, auf einen verwaschenen Lichtfleck im Sternbild Andromeda gerichtet. Welcher Natur war das eigentümliche milchige Leuchten, das von dort ausging und sogar mit dem bloßen Auge zu erkennen war?

Der seltsame Lichtfleck am nördlichen Himmel war schon Astronomen früherer Zeiten aufgefallen. Im achtzehnten Jahrhundert sah der Philosoph Immanuel Kant in dem Nebel im Sternbild Andromeda eine eigenständige »Welteninsel«, eine »ungeheure Ansammlung von Sternen jenseits der Milchstraße«. Eine kühne Spekulation, denn damals war noch nichts über die wahre Natur der Sterne und die Ausdehnung des Kosmos bekannt.

Hubble wollte es wissen, und so nahm er den Andromeda-Nebel ins Visier. Das Riesenteleskop offenbarte, daß das vermeintliche »Nebelwölkchen« keines ist. Fotografien, die der amerikanische Astronom wenig später machte, zeigen den Andromeda-Nebel als eigenständige Galaxie vom selben Typ wie unsere Milchstraße. Ein gewaltiges kosmisches Feuerrad aus Milliarden von Sternen, die zuvor noch nie ein Mensch gesehen hatte. Eine Welteninsel, wie sie Immanuel Kant vorhergesehen hatte, die unserer Welteninsel sehr ähnlich ist, die jedoch unvorstellbar weit entfernt sein mußte.

Reichte die Vorstellung vom Kosmos in jener Zeit allenfalls einige tausend Lichtjahre in den Raum hinaus, so sprengte Hubbles Entdeckung in jener Nacht alle Utopien. Der Astronom schätzte die Entfernung zu dieser Galaxie auf viele hunderttausend Lichtjahre.

Heute wissen wir, daß Hubble die Distanz noch unterschätzt hat und unser kosmischer Nachbar, die Andromeda-Galaxie, viel weiter, nämlich 2,25 Millionen Lichtjahre von uns entfernt ist.

Nach dieser bewegenden Entdeckung packte die Astronomen das Jagdfieber. Sie spürten immer entferntere Galaxien im Kosmos auf. Das Licht der Spektren verriet, daß sie sich ausnahmslos alle von uns fortbewegen. Je weiter die Galaxien entfernt sind, um so rasanter ist ihre Flucht. Unwillkürlich drängt sich der Eindruck auf, daß wir im Zentrum einer gigantischen Explosion sitzen, deren Splitter die davonstiebenden Galaxien sind. Das Phänomen deutete Hubble als erster. Er nahm an, daß sich das gesamte Weltall ausdehnt. Damals, in den zwanziger Jahren unseres Jahrhunderts, explodierte der Kosmos in den Köpfen der Forscher. Das war die Geburtsstunde unseres modernen Weltbildes vom expandierenden Universum, das in einem heißen, unvorstellbar dichten Urknall geboren wurde. Verfolgt man die Expansion zurück bis zu jenem Augenblick, an dem der Kosmos in einem Punkt unendlicher hoher Dichte und Temperatur vereinigt war, ergibt sich daraus das Alter der Welt.

Wir leben in einer explodierenden Welt

Seit jenen Tagen jagen Astronomen den Spektren der Galaxien hinterher, um daraus die »Hubble-Konstante«. zu ergründen. Ihr Wert setzt die Fluchtgeschwindigkeiten der Galaxien in Beziehung zu deren Entfernungen. Heraus kommt somit die Ausdehnungsrate des Alls. Wenn die Wissenschaftler nun den Film sozusagen rückwärts laufen lassen, erhalten sie eine Abschätzung für das Weltalter. Nach den gängigen kosmologischen Modellen ergeben sich dafür siebzehn bis achtzehn Milliarden Jahre.

Ob sich das Universum ewig ausdehnen wird oder ob die Expansion des Weltraums durch die Anziehungskraft der in ihm vereinigten Massen irgendwann einmal gestoppt wird, die Bewegung dadurch umkehren und das All in einem »großen Knall« enden könnte, ist eine der aktuellsten Brennpunkte naturwissenschaftlicher Spekulation. Vom Schicksal des Universums hängt freilich auch die Zukunft des irdischen Lebens und die Chancen für Leben im Kosmos schlechthin ab – wenn auch die Ereignisse in einer für uns Menschen fernen Zukunft liegen.

Es liegt offenbar in der menschlichen Psychologie, daß wir stets nach Anfang und Ende der Dinge suchen, so, wie auch unser Leben mit der Geburt beginnt und dem Tod endet. Die Beziehung zwischen Ursache und Wirkung, zwischen Vergangenheit und Zukunft ist für uns die Grundlage unseres Denkens und bestimmt unsere Erkenntnisse. Vielleicht ist das auch der Grund, warum uns Modelle sympathisch erscheinen, in denen die Welt einen Anfang und ein Ende hat. Der Wunsch nach einem Neuanfang ist uns wohl von unserem Überlebenstrieb eingepflanzt. So wie auf jeden Herzschlag ein weiterer folgt, hoffen wir im tiefen Innern unserer Vorstellungswelt auf eine Welt, der stets nach dem Erlöschen des alten Kosmos ein neuer folgt.

Doch so sehr sich die Wissenschaftler auch bei der Suche nach der fehlenden Materie mühen, nach bisherigen Erkenntnissen reicht die im Universum enthaltene Masse nicht aus, um der Ausdehnung des Alls Einhalt zu gebieten.

Mit Hilfe verschiedener Methoden versuchen Forscher neben der in den Sternen zusammengeballten, leuchtenden Materie auch den Anteil an dunkler, unsichtbarer Materie zu bestimmen. Von der Gesamtmenge aller Materie hängt die Zukunft der Welt ab. Die herauszufinden ist eine äußerst knifflige Angelegenheit.

Bei dieser Suche können etwa explodierende Sterne eines besonderen Typs helfen. Ihre tatsächliche Helligkeit ist genau bekannt, weshalb sie sich als kosmische Eichkerzen eignen. Supernovae vom Typ I können für kurze Zeit die Helligkeit einer kleinen Galaxie aus Milliarden Sternen erreichen. Sie sind daher noch in einer Milliarde Lichtjahre Entfernung sichtbar.

Wie bei einer Glühbirne sollte auch die Helligkeit der Supernovae genau mit dem Quadrat der Entfernung abnehmen. Forschergruppen unter Leitung von Saul Perlmutter von der Universität von Kalifornien in Berkeley und Brian Schmidt von den Mount Stromlo und Siding Spring Observatorien in Australien fanden jedoch eine leichte Abweichung von dem physikalischen Gesetz. Diese Abweichung macht sich erst über große Entfernungen hinweg bemerkbar.

Die Diskrepanz hat ihre Ursache in der besonderen Krümmung des Weltalls. Die Schwerkraft der versammelten leuchtenden und unsichtbaren Materie verbiegt die Geometrie des Raumes. Anhand dieser Spuren rekonstruierten die Wissenschaftler, daß das Universum zuwenig Materie beherbergt, um seine Ausdehnung je zum Stillstand zu bringen. Es enthält nur vierzig bis achtzig Prozent der dafür erforderlichen Masse.

Rückendeckung erhielten diese Befunde vor kurzem von einem deutsch-britischen Team unter Leitung des Max-Planck-Instituts für Astrophysik in Garching bei München. Die Wissenschaftler hatten mit dem Computer die Effekte von Gravitationslinsen untersucht. Dabei verursachen Zusammenballungen von vielen hundert oder tausend Galaxien eine meßbare Krümmung des Weltraums. Die Forscher fanden heraus, daß Simulationen und tatsächliche Beobachtungen am besten übereinstimmen, wenn man ein offenes Universum annimmt. Wie es aussieht, steht dem Weltall eine ewige Zukunft bevor, in der sich die Galaxien immer weiter voneinander entfernen, ohne je an ein räumliches und zeitliches Ende zu gelangen.

Was bedeutet das für die Zukunft der Materie, dem stofflichen Fundament des Lebens? Wird es in einem alternden Universum auch weiterhin die Möglichkeit für Leben und Bewußtsein geben? Diese Fragen stoßen an die Grenzen unseres Wissens. Es sind jedoch Fragen, die sich Menschen schon immer stellten, solange sie über sich und ihre Stellung im Universum nachgedacht haben. An dieser Stelle schließen sich unsere anfänglichen Fragen über die Voraussetzungen für Leben im All zu einem Kreis. Auf der Suche nach Antworten, die in der Zukunft liegen, sind wir freilich auf Spekulationen angewiesen, können unser Wissen nur fortschreiben. Wir haben nicht die Gewißheit, ob es sich dabei auch tatsächlich um eine geradlinige Entwicklungslinie zwischen zwei Punkten in Raum und Zeit handelt.

Wagen wir dennoch den Blick in die ferne Zukunft und versuchen wir die Chancen für die weitere Evolution des Lebens auszuloten. Wie wir anfangs gesehen haben, ist die Existenz von Leben auf einem Planeten unmittelbar an das Schicksal des Muttersterns geknüpft. Was bedeutet das nun für uns und für das Leben auf der Erde?

Die Sonne versorgt uns seit rund fünf Milliarden Jahren mit Energie. Die wird im atomaren Ofen, im Kern der Sonne produziert, wo in jeder Sekunde vier Millionen Tonnen Wasserstoff durch Fusion in Strahlung umgesetzt werden. Das hört sich dramatisch an. Trotz des gewaltigen Umsatzes hat die Sonne seit ihrer Entstehung nicht einmal ein Promille ihrer Masse auf diese Weise verloren. Würde sie auch künftig mit der gleichen Rate in ihrem Innern Wasserstoff zu Helium verbrennen, dann könnte sie nach Berechnungen, noch weitere fünfzig bis hundert Milliarden Jahre leuchten.

Allerdings sorgt die bei der Fusion mit schweren Elementen angereicherte Asche dafür, daß Druck und Temperatur im Inneren der Sonne ansteigen werden. Die Sonne wird daher ihren Kernbrennstoff nicht immer mit der gleichen Rate verbrauchen, sondern ihren Wasserstoffvorrat immer schneller verbrennen müssen. Ist der Kernbrennstoff erschöpft, beginnt die Sonne zu altern, zunächst unmerklich, dann immer schneller und schneller. Daher ist die anfängliche Schätzung für das Alter der Sonne zu optimistisch. Aller Voraussicht nach wird unser Heimatstern »nur« zehn Milliarden Jahre alt werden. Mit einem Alter von fünf Milliarden Jahren hat die Sonne heute bereits die Hälfte ihrer Lebenserwartung hinter sich; sie ist ein durchschnittlicher Stern in seinen besten Jahren.

Der stabile Zustand, in dem sich unser Stern befindet, wird noch knapp fünf Milliarden Jahre andauern. Währenddessen wird in jeder weiteren Milliarde Jahre die Helligkeit der Sonne um zehn Prozent zunehmen. Der Fusionsmotor im Innern unseres Sterns wird auf immer höheren Touren laufen müssen, damit der Energiehaushalt in der Balance bleibt. Das Gleichgewicht ist nur dann gewahrt, wenn der Strahlungsdruck im Innern des Sterns seiner Schwerkraft in jedem Augenblick Paroli bieten kann. Das fällt der Sonne im Laufe der kommenden Milliarden Jahre immer schwerer. Unser Stern kommt in die Jahre.

Die Erde, ein Wüstenplanet

Wenn die Berechnungen der Astrophysiker stimmen, verheißt die Entwicklung für die inneren Planeten und die Erde nichts Gutes. Bereits in zwei Milliarden Jahren werden sich die ersten Auswirkungen der alternden Sonne deutlich bemerkbar machen. Bis dahin wird die Sonne weiter an Helligkeit zugenommen haben. Könnten wir die Erde dann aus der Satellitenperspektive betrachten, würden wir die vertrauten Konturen der Erdteile und Ozeane nicht wiedererkennen, weil alles längst durch die Kontinentalverschiebung »umgebaut« wurde. Die Sommer auf unserem Planeten werden überall wärmer ausfallen und die Winter nicht mehr so kalt sein, weil sich die Klimazonen auf der Erde drastisch verschoben haben. Die Trockengebiete auf der Erde, Wüsten und Steppen, werden wachsen, die Süßwasservorräte werden knapp und die Landlebewesen werden gezwungen sein, Anpassungsmechanismen gegen Hitze, Wasserverlust und die stark gestiegene UV-Strahlung zu entwickeln. Problematisch dürfte es bei der Gewöhnung an die erbschädigende UV-Strahlung werden.

Wie niederländische Forscher vor kurzem in Experimenten mit genmanipulierten Mäusen herausgefunden haben, löst schon eine kleine Dosis von UV-Strahlung irreparable Schäden im Erbmolekül aus, die zu Hautkrebs führen können. Die Wissenschaftler wiesen zudem nach, daß sich das Erbgut von Hautzellen nicht an eine allmählich gesteigerte Dosis der Strahlung gewöhnen läßt. Die in Jahrmilliarden entwickelten Reparaturmechanismen der Organismen stoßen hier offenbar an ihre Grenzen. Vielleicht, so läßt sich spekulieren, reagiert das irdische Leben auf die Veränderungen mit einem Rückzug in das schützende Meer. Doch das wäre nur eine Rettung auf Zeit.

Die zunehmende Helligkeit der Sonne läßt die Temperaturen auf der Erdoberfläche weiter in die Höhe klettern. Die intensive Sonneneinstrahlung wird dann zu einer dramatischen Verschärfung des Treibhauseffekts in der Erdatmosphäre führen. Die Verdunstungsrate der Ozeane steigt drastisch an, und ihr Wasser beginnt allmählich zu verdampfen. Die energiereiche UV-Strahlung spaltet die Wasserdampfmoleküle in der Erdatmosphäre in ihre atomaren Bestandteile, so daß der leichtflüchtige Wasserstoff auf Nimmerwiedersehen in den Weltraum entweicht.

Auch der schützende Ozonschild in der Erdatmosphäre hält der intensiven Sonnenstrahlung nicht mehr stand und beginnt sich aufzulösen. Damit wird eine der wichtigsten Voraussetzungen für die Existenz von Leben vernichtet sein. Von nun an gelangt die energiereiche UV-Strahlung der Sonne ungehindert auf den Boden. Wo die Strahlung auf Lebewesen trifft, schädigt sie deren Erbsubstanz, so daß alles irdische Leben nach einer Weile erlischt. Vielleicht können Bakterien dann noch in tiefen Bodenschichten existieren. Doch spätestens in drei Milliarden Jahren hat sich die Erde in einen öden und trostlosen Wüstenplaneten verwandelt, auf dem es kein Leben mehr gibt.

Die Sonne ist nun acht Milliarden Jahre alt und an einem neuralgischen Punkt ihrer Entwicklung angekommen: Die Fusion von Wasserstoff im Kern ist ausgereizt. Von nun an geht nichts mehr, so daß die Schwerkraft die Oberhand gewinnt und der Kern der Sonne langsam zusammensackt. Da sich in den kühleren Außenbereichen des Kerns jedoch noch Reste des einstigen Wasserstoffvorrats finden, kann hier die Fusion weiterlaufen.

Die Sonne versucht die Fusion von Wasserstoff in einer Schale um den Kern aufrechtzuerhalten. Diese Zone des Wasserstoffbrennens frißt sich aber immer weiter nach außen durch. Auch das nützt der Sonne am Ende wenig, denn die massiven Veränderungen in ihrem Innern hinterlassen unabänderliche Spuren in der Struktur des Sterns. Da das Gleichgewicht zwischen Strahlungsdruck und Schwerkraft aus dem Lot zu geraten droht, reagiert die Sonne, indem sie sich aufbläht.

In vier Milliarden Jahren wird unser Stern einen neuen Entwicklungsweg einschlagen. Die Sonne wird sich dann zu einem roten Riesenstern entwickeln. Am Nachthimmel fremder Planeten, in der Nachbarschaft des Sonnensystems, wird unser Stern dann einen glanzvollen Eindruck bieten. Rotfunkelnd wie heute Aldebaran, der Hauptstern im Sternbild Stier, wird die Sonne in ferner Zukunft zu sehen sein.

Ihr Durchmesser hat sich dann fast verdoppelt, während ihre Oberflächentemperatur nur noch viereinhalbtausend Grad beträgt. Damit ist die Sonnenoberfläche merklich kühler als heute. Das ist bereits eine Folge der sich ausdehnenden Gasschichten.

Einem hypothetischen Beobachter auf der Erde – Überlebende gibt es dann auf unserem Planeten nicht mehr – böte das auf die doppelte Größe angeschwollene, orangerot leuchtende Tagesgestirn einen ähnlich eindrucksvollen Anblick wie für uns heute die untergehende Sonne. Die Sonne ist nun endgültig auf dem Weg zu einem Roten Riesen.

Ihre äußeren Schichten blähen sich gewaltig auf und kühlen sich dabei zugleich auf dreieinhalbtausend Grad ab. Der Sonnenleib entspricht nun etwa dem Hundertfachen seines heutigen Durchmessers. Die glühenden Gasschichten der Sonne machen jedoch nicht vor dem innersten Planeten Merkur halt – er wird von ihnen verschluckt.

Der letzte Akt

Die Sonne hat sich nun zu einem roten Riesenstern entwickelt, dessen Ausmaße uns am irdischen Himmel riesig erscheinen würden. Bereits drei aneinandergereihte Sonnenscheiben überdecken in jener fernen Zukunft den gesamten Himmel. Dagegen läßt sich heute die Sonnenscheibe mit einem Pfennigstück abdecken. Könnten wir dann die Erde besuchen, unser Planet böte ein jämmerliches Bild. Ohne eine Spur von Wasser, ohne schützende Atmosphäre gleicht er einer ausgedörrten, felsigen Gluthölle, wie wir sie heute nur vom sonnennächsten Planeten Merkur kennen.

Schließlich nimmt ein tiefrot glühender, aufgequollener Gasball fast den gesamten irdischen Himmel ein. Längst ist die Sonne über die Umlaufbahn des inneren Planeten Merkur hinaus angeschwollen und hat nun auch Venus erreicht. Auch dieser Planet wird von den lodernden Gasmassen des roten Riesensterns verschluckt.

Von nun an beginnt die Sonnenhülle instabil zu werden. Die Sonne hat sich zu einem veränderlichen Stern entwickelt, der pulsiert. Ihr Durchmesser ist von heute rund 1,4 Millionen Kilometer auf dann rund hundertdreißig Millionen Kilometer angewachsen. Die Sonne hat sich also um das rund Hundertfache vergrößert. In diesem Stadium produziert sie einen mächtigen Sternwind, der ihre äußeren Hüllen in den Weltraum fortträgt; auf dem Höhepunkt dieser Entwicklung verliert sie jedes Jahr etwa ein Zehntausendstel ihrer Masse. Nur wenige tausend Jahre dauert es, bis ihre Masse auf die Hälfte geschrumpft ist. Die geringere Massenanziehung der sterbenden Sonne auf die Planeten führt zu einem seltsamen Effekt: Die Planeten rücken von der Sonne weiter ab, ihre Umlaufbahnen verlaufen fortan viel weiter draußen als heute.

In fünf Milliarden Jahren bricht das letzte Kapitel in der Lebensgeschichte der Sonne an. Unser Stern ist nun zehn Milliarden Jahre alt. Auf die Hälfte seiner Masse abgemagert, ist die Sonne zu einem stechendweiß leuchtenden, an der Oberfläche hunderttausend Grad heißen Stern geworden, der von nur noch sieben Planeten in weitem Abstand umkreist wird. Die Planeten Merkur und Venus werden dann wohl Bestandteile der abgestoßenen Gashüllen der Sonne sein.

Die Hüllen der Sonne haben sich in den Weltraum verflüchtigt und umgeben den heißen, weißen Zwergstern als gewaltige Gaskugel, die einen Durchmesser von etlichen Lichtjahren erreichen kann. Die Sonne böte dann einen ähnlichen Anblick wie heute der Ring-Nebel in der Leier oder der Helix-Nebel im Sternbild Wassermann. Auch diese Nebel sind Überreste sterbender Sterne, die ihre Hüllen verloren haben. Sie tragen dazu bei, daß aus ihrer Asche wieder neue Sterne entstehen können.

Wenn die Kernfusion vollständig erloschen ist und die Temperatur an der Oberfläche der dichten, auskühlenden Sternleiche unter viertausend Grad sinkt, beginnt die dichte Materie in ihrem Innern, wie Wasser in einem gefrierenden Teich, langsam zu kristallisieren. Es wird jedoch viele Milliarden Jahre dauern, bis die Sonne völlig erkaltet ist und sich der Umgebungstemperatur des eisigen Weltalls angeglichen hat.

Das triste Schicksal der Sonne und ihrer Planeten muß uns nicht traurig stimmen. Wenn sich in ein paar Milliarden Jahren die ersten Alterungsprozesse bei unserem Stern bemerkbar machen, so könnte unsere technisch hochentwickelte Zivilisation auswandern, könnten wir einwenden. Doch ganz so einfach ist die Sache nicht.

Abgesehen davon, ob es uns dann noch gibt, wären allenfalls die Nachbarsterne für uns erreichbar. Und auch eine Reise mit einem noch so komfortablen Raumschiff zu den nächsten Sonnen könnte aus physikalischen Gründen nie mit Lichtgeschwindigkeit vor sich gehen. Unser Auswanderungsplan wäre somit zu einem Generationenunternehmen verdammt.

Freilich müßten wir uns einen Stern aussuchen, der nicht nur über einen für uns bewohnbaren Planeten verfügt, sondern der auch noch ausreichend Entwicklungszeit vor sich hat. Immerhin sind von den rund sechzig Sternen, die sich in einem Umkreis von fünfzehn Lichtjahren um die Sonne befinden, achtzig Prozent rote

Zwergsterne. Ihre geringe Masse läßt den Fusionsmotor auf niedrigeren Touren als bei sonnenähnlichen Sternen laufen. Rote Zwerge haben somit einen langsameren stellaren Stoffwechsel. Ihre durchschnittliche Lebenserwartung übertrifft die der Sonne um mehr als das Doppelte. Die Sache hat jedoch auch ihre Schattenseiten. Wenn wir uns noch einmal die Liste der Sterne anschauen, von denen heute Planeten bekannt sind, so ist nur ein roter Zwergstern darunter. Es ist zu vermuten, daß es in punkto Planeten bei solchen massearmen Sternen mit langer Lebensdauer nicht zum Besten bestellt ist.

Da ist es beruhigend zu wissen, daß inzwischen neue Sterne in der Milchstraße geboren werden. Zwar sind ihre Planeten heute erst im Stadium einer den Stern umgebenden, pfannkuchenförmigen Scheibe aus Gas und Staub. In ferner Zukunft werden aus der protoplanetaren Scheibe längst echte Planeten hervorgegangen sein. Davon dürften viele dem Leben eine Heimstatt bieten. Auch wenn die nächstgelegenen, sich zu jungen Sternen und Planeten verdichtenden Staub- und Gaswolken der Milchstraße deutlich weiter entfernt sind als ein paar Lichtjahre, ist es tröstlich zu wissen, daß zumindest die nächsten Sterngenerationen dem Leben eine Chance geben. Doch gilt diese Garantie für alle Zeiten?

Sterne und Leben, Ying und Yang

Die Grundlage für das Leben sind die Sterne selbst. Sie erzeugen durch die Kernfusion neben der Strahlung, die einen Planeten erst mit Licht und der nötigen Wärme versorgt, die stoffliche Grundlage für die Existenz von Lebewesen. Die Asche der Fusion besteht aus Kohlenstoff, Sauerstoff, Stickstoff, Schwefel, Phosphor und vielen anderen Elementen, ohne die ein Stoffwechsel bei Bakterien, Pflanzen und Tieren undenkbar ist.

Die andere Seite der Medaille: Je mehr Sterngenerationen wie Phönix aus der Asche ihrer Vorgänger entstehen, um so mehr nimmt der Anteil des Wasserstoffs im Universum ab. Wasserstoff, jenes kosmische Urelement, das ausschließlich im Feuerball des Urknalls entstand, kann nicht recycelt werden. Sein Gehalt betrug am Anfang des Universums rund fünfundsiebzig Prozent. Mit jedem Fusionszyklus nimmt er jedoch ab, weil der Wasserstoff in den Sternen in andere Elemente umgewandelt wird.

In der Sonne, die sich vor fünf Milliarden Jahren bildete, liegt der Wasserstoffgehalt daher etwas niedriger. Kein Wunder, handelt es sich bei der Sonne schon um einen Stern der dritten oder vierten Generation. Dieser Effekt wird sich in Zukunft weiter verstärken.

Wasserstoff wird im Kosmos mehr und mehr verbraucht, er wird also seltener. In hundert Milliarden Jahren, wenn vielleicht die zehnte Sterngeneration leuchtet, beginnt Wasserstoff allmählich knapp zu werden. Ohne Wasserstoff ist jedoch Leben, wie wir es kennen, undenkbar. Das irdische Leben, das auf einer komplexen Chemie aufbaut, ist vor allem ein Kind des Wasserstoffs. Der Verbrauch von Wasserstoff in den Sternen hat aber noch einen anderen Aspekt. Je höher der Anteil anderer Elemente dabei wird, desto kürzer wird auch die Lebensdauer eines Sterns. Das bedeutet, daß den Planeten künftiger Sterngenerationen immer weniger Zeit zur Entwicklung von Lebensformen zur Verfügung stehen wird. Auch in anderer Hinsicht wird sich dann das Weltall verändert haben.

Die Milchstraße wird es in hundert Milliarden Jahren nicht mehr geben, jedenfalls nicht in ihrer heutigen Form als Spiralgalaxie, einem kosmischen Feuerrad aus zweihundert Milliarden Sternen. Die gegenseitige Anziehungskraft der Heerscharen von Sternen wird Milchstraße und ihren galaktischen Nachbarn, den Andromeda-Nebel mit seiner doppelt so großen Masse, immer näher zusammenrücken lassen. Heute sind die beiden einander sehr ähnlich sehenden Schwestergalaxien durch eine riesige Distanz von 2,25 Millionen Lichtjahren getrennt. Doch wird diese Entfernung durch die gegenseitige Massenanziehung immer kürzer. Jede Sekunde bringt uns der Andromeda-Galaxie um fünfundsiebzig Kilometer näher. In hundert Milliarden Jahren werden die beiden majestätischen Spiralgalaxien längst zu einem gigantischen Koloß aus vielleicht einer Billion Sterne verschmolzen sein.

Wie ein solcher Gigant aussehen könnte, läßt sich schon heute am Beispiel der Riesengalaxie M 87 studieren. Die elliptische Galaxie beherbergt schätzungsweise drei Billionen Sterne und ist das beherrschende Sternsystem des Galaxienhaufens im Sternbild Jungfrau (lat. Virgo). An seiner Peripherie befindet sich heute die lokale Gruppe von zwei Dutzend kleinen Galaxien, die von Milchstraße und Andromeda-Galaxie angeführt werden.

In hundert Milliarden Jahren wird jedoch die Ausdehnung des Universums die Galaxienhaufen in weite Ferne getragen haben. Die Galaxien des benachbarten Virgo-Haufens werden von uns aus betrachtet dann nur noch winzige Lichtflecken sein. Von den anderen Galaxienhaufen, die uns heute wie dichtgedrängte Bienenschwärme in einer Entfernung von ein paar hundert Millionen oder gar einer Milliarde Lichtjahre erscheinen, ist dann nichts mehr zu sehen. Sie hätten sich in der Dunkelheit des immer größer werdenden Alls verflüchtigt.

In einer Billion Jahre, wenn die hundertste Sterngeneration verlöscht, wird aller Kernbrennstoff und sämtliche interstellare Materie in den Galaxien endgültig verbraucht sein. Im Universum wird es dann für immer dunkel werden, die Ära der Sterne ist zu Ende. Damit ist auch dem Leben die stoffliche und energetische Basis entzogen.

Wie es aussieht, steht dem Universum eine ewige Zukunft bevor, in der sich die erloschenen Galaxien mit den erkalteten Überresten ihrer Sterne und Planeten immer weiter voneinander entfernen, ohne je an ein räumliches und zeitliches Ende zu gelangen. Damit verbunden ist letztlich unser eigenes Schicksal, denn längst sind wir dann wieder zu dem geworden, was wir ganz am Anfang unserer Geschichte waren: Sternenstaub.

Glossar

abiotisch: bezeichnet Stoffe oder Vorgänge, die nichtorganischer Natur sind.

Aerosole: Mikroskopisch kleine Teilchen, die aufgrund ihres geringen Gewichts lange in der Luft schweben können. Bestehen aus feinsten Stäuben oder, in Küstennähe, aus kleinsten Salzkristallen der Meeresgischt.

Asteroiden: Gesteinsbrocken von 100 m bis 1000 km Durchmesser, die im sogenannten Asteroidengürtel zwischen Mars und Jupiter die Sonne umkreisen. Ihre Gesamtmasse würde etwa 5 Prozent der Mondmasse ausmachen, ihre Gesamtzahl wird, nur Exemplare größer als 1 km Durchmesser berücksichtigt, auf etwa eine Million geschätzt.

Atmosphäre: Lufthülle der Erde, reicht von der Erdoberfläche bis in etwa 150 km Höhe. Gliedert sich von unten nach oben in folgende Teilschichten: Troposphäre (0 bis 13 km), Stratosphäre, die mit dem schützenden Ozon angereichert ist (13 bis 30 km), Mesosphäre (30 bis 80 km) und Thermosphäre (80 bis 150 km Höhe). In derselben Reihe nimmt der Luftdruck nach oben hin rasch ab. Die Gase der Atmosphäre setzen sich zu etwa 78 Prozent Stickstoff, 21 Prozent Sauerstoff und 1 Prozent sonstiger Gase wie Argon und Kohlendioxid zusammen.

Bakterien: Gruppe von einzelligen Kleinstlebewesen ohne eigentlichen Zellkern. In allen Lebensräumen zu finden, besonders im Boden, Abwasser oder verschmutzter Luft. Oftmals Krankheitserreger.

Doppelsterne: paarig auftretende Sterne, die sich gegenseitig umkreisen.

Einschlüsse: während des Kristallwachstums eingeschlossene Fremdsubstanzen in Mineralen. Sehr berühmt sind auch die Insekteneinschlüsse im baltischen Bernstein, wobei es sich bei ihm nicht um mineralisches Material, sondern um organisches, fossiles Harz handelt.

Fossilien: versteinerte Reste einstiger Lebewesen in Form von Schalen, Gehäusen, Spuren, aber auch komplett erhaltener Körper, wie zum Beispiel im Dauerfrostboden konservierter Mammuts. Die Wissenschaft der Paläontologie versucht mit Hilfe der Fossilien, die Entwicklungsgeschichte der Lebewesen zu rekonstruieren. – Als »Lebende Fossilien« bezeichnet man heute lebende Tiere, die es schon seit sehr langer Zeit, bis zu mehreren hundert Millionen Jahren, gibt, und die sich seither kaum verändert haben.

Kernfusion: im einfachsten, und im Kosmos häufigsten Fall, die Verschmelzung von Wasserstoffkernen zu Heliumkernen unter extrem hohem Druck und hohen Temperaturen. Dabei werden gewaltige Energien in Form von Strahlung frei.

Kettenreaktion: einmal angestoßener, dann lawinenartig ablaufender Zerfallsprozeß bestimmter radioaktiver Elemente. Besonders schnell zerfallen angereicherte radioaktive Stoffe, wie zum Beispiel Uran-235.

Lichtjahr: astronomische Entfernungsangabe; ein Lichtjahr ist die Strekke, die das Licht in einem Jahr zurücklegt, nämlich 9,5 Billionen Kilometer. Zum Vergleich: Das Licht braucht von der Sonne zur Erde, das sind etwa 150 Millionen Kilometer, etwa 8 Minuten.

Pyrit: Eisensulfid-Mineral, FeS_2, das sich besonders unter sauerstoffarmen Bedingungen bildet. Weil es in sehr alten Gesteinen des Präkambriums auffällig oft vertreten ist, schloß man daraus auf eine sauerstoffarme Uratmosphäre der Erde.

Treibhausgase: Gase in der Lufthülle der Erde, die die kurzwellige Sonnenstrahlung durchlassen, die langwellige, von der Erde reflektierte Wärmestrahlung, jedoch zurückhalten. Dadurch ergibt sich eine langfristige Aufheizung der Atmosphäre, der Treibhauseffekt.

Register

Bildnachweis

Die Autorin und der Verlag danken für die freundliche Genehmigung des Abdrucks der Bilder. *Nach Seite 96:* S. 1: ESA; S. 2: Max-Planck-Gesellschaft; S. 3 oben: Max-Planck-Gesellschaft; S. 3 unten: Silvestris Fotoservice; S. 4: ESO, München. *Nach Seite 192:* S. 1 oben: H. Hammel, MIT und NASA; S. 1 unten: Dornier Satellitensysteme GmbH; S. 2: v. Steger/Baxter; S. 3: Meile/Weiss, Rostock; S. 4 oben: Bayer-Bilderservice, Bayer AG; S. 4 unten: Stetter, Ravensburg.